I0069697

Réduire la pauvreté et investir dans le capital humain

DIRECTIONS DU DÉVELOPPEMENT
Développement humain

Réduire la pauvreté et investir dans le capital humain

Le nouveau rôle des filets sociaux en Afrique

Victoria Monchuk

GROUPE DE LA BANQUE MONDIALE

© 2015 Banque internationale pour la reconstruction et le développement/La Banque mondiale
1818 H Street NW,
Washington, DC 20433
Téléphone : 202–473–1000 ; Internet : www.worldbank.org

Certains droits réservés

La version originale de cet ouvrage a été publiée en anglais sous le titre de *Reducing Poverty and Investing in People: The New Role of Safety Nets in Africa* en 2014. En cas de contradictions, la langue originelle prévaudra.

Cet ouvrage a été établi par les services de la Banque mondiale avec la contribution de collaborateurs extérieurs. Les observations, interprétations et opinions qui y sont exprimées ne reflètent pas nécessairement les vues de la Banque mondiale, de son Conseil des Administrateurs ou des pays que ceux-ci représentent. La Banque mondiale ne garantit pas l'exactitude des données citées dans cet ouvrage. Les frontières, les couleurs, les dénominations et toute autre information figurant sur les cartes du présent ouvrage n'impliquent de la part de la Banque mondiale aucun jugement quant au statut juridique d'un territoire quelconque et ne signifient nullement que l'institution reconnaît ou accepte ces frontières.

Rien de ce qui figure dans le présent ouvrage ne constitue ni ne peut être considéré comme une limitation des privilèges et immunités de la Banque mondiale, ni comme une renonciation à ces privilèges et immunités, qui sont expressément réservés.

Droits et autorisations

L'utilisation de cet ouvrage est soumise aux conditions de la licence Creative Commons Attribution 3.0 IGO (CC BY 3.0 IGO) http://creativecommons.org/licenses/by/3.0/igo/ Conformément aux termes de la licence Creative Commons Attribution (paternité), il est possible de copier, distribuer, transmettre et adapter le contenu de l'ouvrage, notamment à des fins commerciales, sous réserve du respect des conditions suivantes :

Mention de la source — L'ouvrage doit être cité de la manière suivante : Monchuk, Victoria. 2015. *Réduire la pauvreté et investir dans le capital humain : Le nouveau rôle des filets sociaux en Afrique*. Directions du développement. Washington, DC : La Banque mondiale. DOI : 10.1596/978-1-4648-0570-7. Licence : Creative Commons Attribution CC BY 3.0 IGO

Traductions — Si une traduction de cet ouvrage est produite, veuillez ajouter à la mention de la source de l'ouvrage le déni de responsabilité suivant : *Cette traduction n'a pas été réalisée par la Banque mondiale et ne doit pas être considérée comme une traduction officielle de cette dernière. La Banque mondiale ne saurait être tenue responsable du contenu de la traduction ni des erreurs qu'elle pourrait contenir.*

Adaptations — Si une adaptation de cet ouvrage est produite, veuillez ajouter à la mention de la source le déni de responsabilité suivant : *Cet ouvrage est une adaptation d'une oeuvre originale de la Banque mondiale. Les idées et opinions exprimées dans cette adaptation n'engagent que l'auteur ou les auteurs de l'adaptation et ne sont pas validées par la Banque mondiale.*

Contenu tiers — La Banque mondiale n'est pas nécessairement propriétaire de chaque composante du contenu de cet ouvrage. Elle ne garantit donc pas que l'utilisation d'une composante ou d'une partie quelconque du contenu de l'ouvrage ne porte pas atteinte aux droits des tierces parties concernées. L'utilisateur du contenu assume seul le risque de réclamations ou de plaintes pour violation desdits droits. Pour réutiliser une composante de cet ouvrage, il vous appartient de juger si une autorisation est requise et de l'obtenir le cas échéant auprès du détenteur des droits d'auteur. Parmi les composantes, on citera, à titre d'exemple, les tableaux, les graphiques et les images.

Tous les renseignements sur les droits et licences doivent être adressés à World Bank Publications, The World Bank, 1818 H Street, NW Washington, DC, 20433, USA ; télécopie : 202–522–2625 ; courriel : pubrights@worldbank.org.

ISBN (imprimé): 978-1-4648-0570-7
ISBN (digital): 978-1-4648-0571-4
DOI: 10.1596/978-1-4648-0570-7

Photo de couverture : © Dasan N. Bobo/Banque mondiale (Bénéficiaire du Tanzania Social Action Fund du district de Chamwino).
Conception de la couverture : Debra Naylor, Naylor Design, Inc.

Table des matières

Carte

Encadrés

Figures

Tableaux

Avant propos

Au cours des 2 dernières décennies, la forte croissance économique de l'Afrique a ouvert la voie à une accélération de la réduction de la pauvreté. Néanmoins, les taux de pauvreté restent élevés, particulièrement dans les zones rurales et l'écart entre les différents quintiles de revenus s'accentue, notamment en matière de capital humain et d'accès aux services essentiels. Outre la pauvreté chronique, la vulnérabilité est omniprésente alors que différents chocs environnementaux, économiques et autres affectent directement de nombreux ménages.

En raison de leur capacité à accélérer une réduction durable de la pauvreté, les filets sociaux peuvent agir comme instruments privilégiés au service des stratégies nationales de développement. En garantissant un soutien régulier et fiable aux ménages pauvres et en aidant ces derniers à investir dans des activités productives et génératrices de capital, les interventions ciblées – et particulièrement les filets sociaux – peuvent contribuer à réduire les taux élevés de pauvreté persistante et à renverser l'accentuation des inégalités à travers toute l'Afrique. Lorsque survient une crise, les filets sociaux peuvent en outre fournir un soutien additionnel aux personnes qui ont basculé dans une pauvreté transitoire et les aider à renforcer leur résilience, notamment afin d'éviter la dilapidation des actifs dans les moments difficiles.

Entre 2009 et 2013, le Département de la région Afrique de la Banque mondiale a entrepris, avec les autorités nationales respectives, une série d'analyses des filets sociaux mis en œuvre dans différents pays d'Afrique subsaharienne. Jusqu'à maintenant, 22 évaluations ont été réalisées (Bénin, Botswana, Burkina Faso, Cameroun, Éthiopie, Ghana, Kenya, Lesotho, Libéria, Madagascar, Malawi, Mali, Maurice, Mauritanie, Mozambique, Niger, Rwanda, Sierra Leone, Swaziland, Tanzanie, Togo et Zambie). Ces analyses examinent l'évolution, les forces et les faiblesses des filets sociaux en Afrique. Elles identifient les domaines d'amélioration, ce qui devrait aider les pouvoirs publics et les partenaires techniques et financiers à renforcer la capacité des systèmes de filets sociaux africains à mieux protéger et promouvoir les personnes pauvres et vulnérables. Cette étude synthétise, dans une perspective régionale, les constats de ces 22 analyses nationales et des autres études récentes portant sur les programmes de filets sociaux en Afrique.

Jusqu'à tout récemment en Afrique, les filets sociaux étaient essentiellement ponctuels. Cependant, les analyses ont constaté que, dans la foulée des crises

économiques, alimentaires et pétrolières mondiales, les décideurs africains considèrent de plus en plus les filets sociaux comme essentiels à la réduction de la
pauvreté et à la gestion des risques. Ainsi, non seulement les filets sociaux sont-ils
en croissance en Afrique, mais on assiste à la transformation progressive de programmes autonomes et disparates en systèmes de filets sociaux intégrés. La programmation de la protection sociale délaisse graduellement les interventions
d'aide alimentaire à grande ampleur pour se tourner vers des filets sociaux ponctuels puis, dans certains pays, vers des filets sociaux réguliers et prévisibles, qui
prennent la forme de programmes ciblés de transferts monétaires et d'argent
contre travail. Certains pays, notamment le Ghana, le Kenya, le Mozambique, le
Rwanda et la Tanzanie, ont entrepris la fusion de leurs programmes dans un seul
système national de filets sociaux. Plusieurs autres formulent progressivement
des stratégies nationales de protection sociale, qui serviront d'assise à la mise en
place de systèmes de filets sociaux efficaces. En outre, la conduite d'évaluations
d'impacts des programmes de filets sociaux s'accentue en Afrique. Celles-ci,
comme d'ailleurs les recherches récentes sur les aspects productifs des programmes de transferts monétaires, ont dégagé des données probantes encoura-
geantes sur l'efficacité des filets sociaux dans la réduction de la pauvreté et de la
vulnérabilité en Afrique.

L'analyse en temps utile de la situation des filets sociaux nationaux assure une
assise solide et fiable à un dialogue politique et à une programmation fondée sur
des éléments factuels. Suite aux résultats de ces évaluations et à la disponibilité
croissante de données probantes démontrant que les filets sociaux réduisent la
pauvreté et contribuent à la croissance inclusive, les décideurs africains placent
maintenant ces derniers en tête de leurs programmes de développement.

Remerciements

Cette étude a été réalisée par l'Unité de protection sociale, Région Afrique, de la Banque mondiale. Victoria Monchuk en a assuré la direction technique et en est l'auteur principal. Mme Monchuck est économiste et se consacre essentiellement aux questions relatives à la protection sociale, au travail, aux enfants et aux jeunes. Ses mandats actuels à la Banque mondiale concernent notamment le soutien aux gouvernements d'Afrique centrale et de l'Ouest dans l'établissement de systèmes de filets sociaux. Elle a également réalisé diverses évaluations des transferts monétaires, des travaux publics et des programmes de développement des compétences. Elle a auparavant œuvré au sein du Département des finances publiques du Fonds Monétaire International où elle a analysé l'efficience de la dépense publique en santé et en éducation. Elle a concentré ses recherches sur l'impact du travail des enfants sur la réussite scolaire en Amérique latine.

Cette étude a bénéficié des apports importants de Sarah Coll-Black, Siddharth Sharma et Frieda Vandeninden. Fiona Mackintosh en a assuré l'édition et Ana Lukau et Lily Wong Chun Sen le soutien éditorial. L'étude a été placée sous la direction générale de Deon Filmer, Stefano Paternostro, Manuel Salazar, et Lynne Sherburne-Benz. Anne-Marie Blouin en a assuré la traduction.

L'étude repose essentiellement sur les 22 analyses nationales des filets sociaux et les diverses évaluations des programmes de protection sociale réalisées par la Banque mondiale entre 2009 et 2013. Ces analyses et évaluations ont examiné la situation, les forces et les faiblesses des filets sociaux mis en œuvre en Afrique. Elles ont également identifié les domaines potentiels d'amélioration afin d'aider les différents gouvernements et partenaires techniques et financiers à renforcer la capacité des systèmes de filets sociaux africains à mieux protéger et promouvoir les personnes pauvres et vulnérables. Les analyses ont été préparées en collaboration avec les autorités nationales respectives et certaines d'entre elles ont été publiées sous forme de document conjoint du gouvernement et de la Banque mondiale. Plusieurs d'entre elles ont bénéficié du soutien du Département du développement international du Royaume-Uni et du Programme de Réponse Sociale Rapide qui est d'ailleurs le fruit d'un effort concerté de plusieurs partenaires techniques et financiers (Australie, Norvège, Fédération Russe et Royaume-Uni) en vue du développement de systèmes nationaux de protection sociale efficaces, aptes à mieux protéger les personnes pauvres et vulnérables contre les chocs, notamment les crises alimentaires, énergétiques et financières.

Plusieurs membres de l'Unité de protection sociale, Région Afrique de la Banque mondiale ont été impliqués dans la préparation des analyses nationales, notamment Philippe Auffret, Anush Bezhanyan, Emily Weedon Chapman, Sarah Coll-Black, Carlo del Ninno, Randa El-Rashidi, Qaiser Khan, Alex Kamurase, Ida Manjolo, Emma Mistiaen, Nina Rosas Raffo, Setareh Razmara, Manuel Salazar, Cornelia Tesliuc, Fanta Touré, John Van Dyck, et Will Wiseman. En outre, de nombreux consultants internationaux et nationaux ont préparé les données et élaboré les rapports. L'étude a bénéficié des apports de Patrick Premand, particulièrement sur les questions d'évaluation des impacts et de programmes de recherche.

Andrew Dabalen, Margaret Grosh, et Ruslan Yemtsov ont assuré la revue externe et émis des commentaires sur le document. Ce dernier a également bénéficié des recommandations et observations pertinentes émises par différents collègues de la protection sociale, notamment Harold Alderman, Anush Bezhanyan, Carlo del Ninno, Marito Garcia, Camilla Holmemo, Alex Kamurase, Phillippe G. Leite, Cem Mete, Emma Mistiaen, Setareh Razmara, Dena Ringold, Cornelia Tesliuc, Andrea Vermehren, et Will Wiseman.

Acronymes

AGETUR	Agence d'exécution des travaux urbains
ALC	Amérique latine et Caraïbe
BAD	Banque Africaine de Développement
BIRD	Banque Internationale pour la Reconstruction et le développement
BM	Banque mondiale
CT-OVC	*Cash Transfer for Orphans and Vulnerable Children program* (Programme de transferts monétaires aux orphelins et enfants vulnérables)
DRMFSS	*Disaster Risk Management and Food Security Sector* (Secteur de gestion des risques de catastrophe et de la sécurité alimentaire)
DSRP	Document de Stratégie de réduction de la pauvreté
EEAC	Europe de l'Est et Asie centrale
FARG	Fonds d'Assistance aux Rescapés du Génocide
FMI	Fonds monétaire international
FS	Filets sociaux
GSDPM	*General Services Department, Map design Unit* (Unité d'élaboration des cartes)
HSNP	*Hunger Safety Net Programme* (programme de filets sociaux contre la faim)
LEAP	*Livelihood Empowerment against Poverty,* (Renforcement des moyens de subsistance contre la pauvreté);
LEEP	*Emergengy employment program* (Programme d'emploi d'urgence)
MASAF	*Malawi Social Action Fund* (Fonds d'action sociale)
MDABJEJ	Ministère du Développement à la Base, de l'Artisanat, de la Jeunesse et de l'emploi des Jeunes
MINALOC	Ministère de l'Administration Locale, de la Bonne Gouvernance, du Développement Communautaire et des Affaires Sociales

MOAN	Moyen-Orient et Afrique du Nord
MOARD	*Agriculture and Rural Development* (ministère de l'Agriculture et du Développement Rural)
NHIS	*National Health Insurance System* (régime national d'assurance maladie)
NISSA	*National Information System for Social Assistance* (Système national d'information pour l'assistance sociale)
NSNP	*National Safety Net Program* (Programme national de filets sociaux)
OEV	Orphelins et enfants vulnérables
OIT	Organisation Internationale du Travail
ONG	Organisation non-gouvernementale
OPCT	*Older Persons Cash Transfers* (Transferts monétaires aux personnes âgées)
OPSF	*Oil Price Stabilization Fund* (Fonds de stabilisation des prix pétroliers)
PAD-Y	Projet d'assainissement de Yaoundé
PAM	Programme alimentaire mondial
PASD	*Programa Apoio Social Directo,* (Programme d'assistance sociale directe)
PASR	Programme d'appui au secteur routier
PEJHIMO	Programme d'emploi des jeunes par HIMO
PFR	Pays à faible revenu
PGUD	Programme de gestion urbaine décentralisée
PIB	Produit intérieur brut
PrEst	Programme pistes rurales, désenclavement à l'Est
PRI	Pays à revenu intermédiaire
PRII	Pays à revenu intermédiaire inférieur
PRIS	Pays à revenu intermédiaire supérieur
PSA	*Programa Subsidio de Alimentos* (Programme de subventions alimentaires)
PSNP	*Productive Safety Net Program* (Programme de filets sociaux productifs)
PTF	Partenaires techniques et financiers
PUSH	*Peri-Urban Community Self-Help* (auto-assistance communautaire périurbaine)
PV	Pension de vieillesse
SAVS	Stock Alimentaire Villageois de Sécurité
SCP	*Smallholder Commercialisation Programme* (Programme de commercialisation pour petits agriculteurs)

SDERP Stratégie de développement économique et de réduction de la pauvreté

SIG Système d'information et de gestion

SNPS Stratégie nationale de protection sociale

SPLASH *Sustainable program for livelihood and solutions for hunger* (Programme durable de soutien aux moyens de subsistance et solutions contre la faim)

TASAF *Tanzania Social Action Fund* (Fonds d'action sociale de la Tanzanie)

TIC Technologies de l'information et de la communication

TM Transfert monétaire

TMC Transfert monétaire conditionnel

TMNC Transfert monétaire non conditionnel

UE Union européenne

UNICEF Fonds des Nations Unies pour l'Enfance

VIH Virus d'immunodéficience humaine

VUP Vision 2020 Umurengue programme

WAO World Association for Orphans

YES *Youth employment skills* (aptitudes à l'emploi des jeunes)

YESP *Youth Employment Support Project* (Projet de soutien à l'emploi des jeunes)

Synthèse

Au cours des 2 dernières décennies, la forte croissance économique de l'Afrique a ouvert la voie à une accélération de la réduction de la pauvreté. Entre 1995 et 2008, le pourcentage de la population africaine vivant dans la pauvreté a en effet chuté de 58 pour cent à 48 pour cent (Banque mondiale 2011). Néanmoins, les taux de pauvreté restent élevés, surtout en zone rurale, et l'écart entre les différents quintiles de revenu s'accentue, particulièrement en matière de capital humain et d'accès aux services essentiels. Outre la pauvreté chronique – une situation qui ne permet pas aux ménages d'améliorer leur niveau de vie et d'échapper à la pauvreté au fil du temps – la vulnérabilité reste importante sous l'effet de la fréquence des chocs environnementaux, économiques, individuels et de gouvernance qui affectent de nombreux ménages.

En raison de leur capacité à accélérer une réduction durable de la pauvreté, les filets sociaux peuvent agir comme instruments privilégiés au service des stratégies nationales de développement. Les taux élevés de pauvreté persistante et les inégalités croissantes suggèrent en effet que les interventions ciblées – notamment les filets sociaux qui assurent un soutien régulier et fiable aux ménages pauvres et aident ces derniers à investir dans des activités productives et génératrices de capital – pourraient s'avérer importantes pour une accélération de la réduction de la pauvreté (voir Encadré S.1). Les filets sociaux peuvent en effet apporter en période de crise un soutien additionnel à ceux qui basculent dans une pauvreté transitoire et les aider à développer des stratégies d'amélioration de leur résilience, particulièrement en évitant la dilapidation des actifs lors des périodes difficiles. Dans cette perspective, les filets sociaux seront essentiels à l'atteinte des nouveaux objectifs de la Banque mondiale.[1]

Avant les interventions récentes de renforcement d'urgence des filets sociaux desservant les plus pauvres, notamment à la suite de la crise mondiale et des sécheresses répétées, la protection sociale n'était mise en œuvre que de façon ponctuelle en Afrique. Au cours des dernières années, et dans la foulée des crises économiques, alimentaires et pétrolières mondiales, plusieurs pays ont commencé à fusionner leurs différents programmes de filets sociaux en un seul système national. À cela s'ajoute une dynamique régionale d'ensemble voulant que

---

Encadré S.1 Définition des termes

L'expression filets sociaux désigne les programmes de transferts non contributifs qui ciblent d'une façon quelconque les personnes pauvres et vulnérables (Grosh *et al.* 2008). Les filets sociaux ont pour objectif d'accroître la consommation des ménages – directement ou par effet de substitution – en biens et services essentiels. Ils s'adressent aux personnes pauvres et vulnérables – soit celles qui vivent dans la pauvreté et sont incapables de satisfaire à leurs besoins de base ou encore risquent de basculer dans la pauvreté en raison d'un choc externe ou d'une situation socio-économique attribuable à l'âge, à la maladie ou à un handicap. Les *filets sociaux* forment, avec l'assurance sociale et la législation sociale, un sous-ensemble des programmes plus généraux de protection sociale. Celle-ci inclut donc à la fois des programmes contributifs et non contributifs – parmi lesquels figurent les filets sociaux.

---

la rationalisation de la dépense publique favorise un meilleur ciblage et un soutien plus adéquat aux personnes les plus pauvres. Ces efforts font écho à la somme croissante de données probantes démontrant que les filets sociaux réduisent la pauvreté chronique et la vulnérabilité tout en favorisant la croissance inclusive. Les évaluations d'impact des programmes de filets sociaux mis en œuvre en Afrique confirment en effet qu'ils aident les ménages à combler leurs besoins de consommation de base, à protéger leurs actifs et à investir dans leur capital humain. En outre, les dernières recherches sur les aspects productifs des programmes de transferts monétaires en Afrique indiquent également que ces derniers pourraient accélérer le bien-être dans l'avenir à travers la concrétisation d'investissements productifs (voir Encadré S.2).

Objectifs et méthodes

Cette étude évalue la situation actuelle des filets sociaux en Afrique. La Stratégie de protection sociale en Afrique 2012-2022 de la Banque mondiale souligne que la disponibilité d'une base solide de données probantes est essentielle, particulièrement pour renseigner la conception et la mise en œuvre des programmes de protection sociale en Afrique (Banque mondiale 2012). Cette étude contribue à cet objectif. Elle examine et analyse les objectifs, les caractéristiques, les systèmes, la performance et le financement de filets sociaux mis en œuvre dans 22 pays d'Afrique subsaharienne (voir la Carte S.1).[2]

Au fil de son analyse, l'étude identifie les domaines à améliorer, ceci afin de guider les gouvernements et les partenaires techniques et financiers (PTF) dans le renforcement des systèmes de filets sociaux africains et de les aider à protéger et à promouvoir les personnes pauvres et vulnérables. L'étude s'adresse essentiellement aux autorités nationales qui souhaitent comparer leurs systèmes avec ceux d'autres pays africains et aux personnels de la Banque mondiale et des PTF qui appuient la conduite de filets sociaux en Afrique. Parmi les principales

---

Encadré S.2 La productivité des transferts monétaires en Afrique

La plupart des programmes de filets sociaux sont axés sur la réduction de l'indice de pauvreté. Cependant ils ont également la capacité d'accroître la productivité et de réduire la pauvreté à long terme. D'ailleurs, les travaux publics sont considérés comme productifs même à court terme puisque, outre le transfert de revenus aux ménages défavorisés, ils encouragent les petits investissements communautaires. Les programmes de transferts monétaires (souvent conditionnels) peuvent également aider les ménages pauvres à investir dans le capital humain de leurs enfants, par exemple en favorisant une fréquentation scolaire plus régulière. Néanmoins, certains groupes très pauvres et indigents pourraient ne pas être en mesure de participer à la productivité de la société et devoir consacrer le soutien monétaire accordé à l'achat d'aliments et autres biens essentiels (le rôle protecteur des filets sociaux). L'augmentation de la consommation peut par ailleurs être considérée comme productive en elle-même puisque, par exemple, un meilleur apport nutritionnel aide les enfants à développer et à améliorer leurs perspectives d'avenir. Il a été démontré qu'au Kenya et en Afrique du Sud, les pensions de vieillesse versées aux grands-parents avaient été réinvesties dans la scolarisation de leurs petits-enfants.

Les filets sociaux mis en œuvre en Afrique accordent une importance croissante à la productivité des ménages. Même si leur potentiel à cet effet n'est pas encore pleinement exploité, certains constats tirés des évaluations d'impact et autres recherches menées dans plusieurs pays africains font état de résultats prometteurs. Les conclusions initiales de ces travaux (plus amplement présentées à l'Encadré 4.5 du Chapitre 4) indiquent que même l'octroi d'un faible montant régulier – voire non conditionnel – permet aux ménages de diversifier leurs moyens de subsistance, d'accroître leur utilisation de « stratégies positives » (par exemple, investissements dans les actifs, le capital humain et le développement d'une petite entreprise) et de diminuer le recours aux « stratégies négatives » d'adaptation (notamment l'augmentation du travail abusif ou risqué et de la vente d'actifs dans les périodes de détresse). En tant que tels, les filets sociaux permettent donc aux ménages d'investir dans des activités plus productives et à meilleur rendement. En outre, il a été démontré que les transferts monétaires renforçaient l'économie locale grâce aux effets multiplicateurs générés par la dépense de proximité effectuée à l'aide des prestations des bénéficiaires.

---

sources d'informations exploitées, il faut mentionner les 22 analyses nationales de filets sociaux et diverses évaluations de programmes de protection sociale réalisées par la Banque mondiale entre 2009 et 2013, ainsi que toutes les autres études pertinentes de filets sociaux spécifiques mis en œuvre en Afrique (transferts monétaires, travaux publics, cantines scolaires).

À travers la synthèse de cette documentation, l'étude résume en premier lieu les profils de pauvreté et de vulnérabilité des 22 pays examinés. Elle identifie ensuite les types de programmes les plus répandus dans la région et s'attache à décrire les systèmes et contextes institutionnels dans lesquels ils évoluent, particulièrement le rôle des filets sociaux dans l'échéancier de réduction de la

Carte S.1 Les 22 pays examinés par l'étude

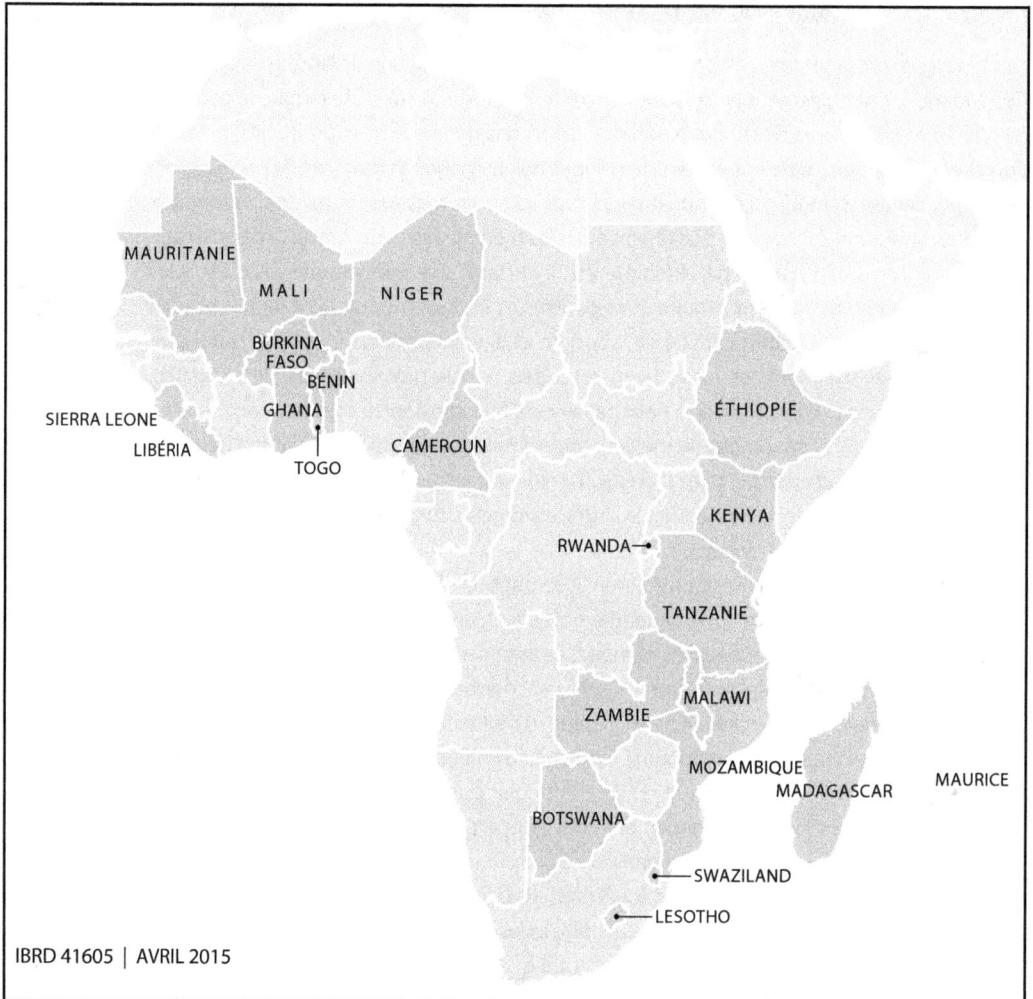

MAURITANIE

MALI

NIGER

BURKINA
FASO

BÉNIN

SIERRA LEONE

GHANA

ÉTHIOPIE

LIBÉRIA

CAMEROUN

TOGO

KENYA

RWANDA

TANZANIE

MALAWI

ZAMBIE

MOZAMBIQUE

MADAGASCAR

MAURICE

BOTSWANA

SWAZILAND

LESOTHO

IBRD 41605 | AVRIL 2015

pauvreté, la présence ou non de cadres stratégiques de protection sociale et l'ampleur de la coordination des programmes dans un pays donné. En troisième lieu, l'étude aborde les critères de performance les plus fréquemment utilisés dans l'évaluation des filets sociaux, soit l'efficacité du ciblage, la couverture, la générosité (ampleur des prestations), la flexibilité et les résultats ou impacts. Finalement, l'étude examine les coûts et les sources de financement des programmes de filets sociaux africains ainsi que leur durabilité politique, institutionnelle et financière.

L'étude procède par comparaisons et explique pourquoi les différents pays de la région adoptent une approche distincte aux filets sociaux et pourquoi leurs objectifs et programmes sont diversifiés. Il s'agit en fait ici de favoriser le transfert des enseignements tirés de l'expérience de certains pays au bénéfice des autres. En outre, l'étude donne un aperçu des différents incitatifs au développement de filets sociaux dans les contextes examinés et des raisons pour lesquelles la mise en œuvre de filets sociaux en Afrique demeure un défi. L'analyse met également en lumière les caractéristiques des systèmes de filets sociaux examinés qu'il faudrait améliorer. À cet effet, elle utilise des exemples tirés de pays qui travaillent à rendre leurs filets sociaux plus efficaces.

Toutefois, les filets sociaux évoluent rapidement dans plusieurs des pays examinés, souvent à la suite des constats tirés des évaluations réalisées. Plusieurs d'entre elles avaient d'ailleurs comme objectif implicite de renseigner les politiques et programmes de filets sociaux étatiques. Dans certains cas, leurs analyses et recommandations ont incité les pouvoirs publics, soit à réformer des programmes existants, soit à élaborer de nouveaux filets sociaux offrant un soutien plus prévisible aux ménages pauvres et vulnérables (par exemple au Cameroun). En outre, les avancées rapides des technologies de l'information et de la communication (TIC) offrent maintenant aux pays africains de nouvelles opportunités d'adoption de pratiques internationales optimales, notamment en matière de systèmes de gestion de l'information, de registres des bénéficiaires et de modalités de paiement. Ces différents aspects seront abordés tout au long de cet ouvrage.

Conclusions basées sur l'expérience des 22 pays

Les filets sociaux sont essentiels en Afrique pour soutenir les pauvres et les aider à atténuer les chocs. L'Afrique possède une longue tradition de filets sociaux traditionnels basés sur l'entraide familiale et communautaire. Cependant, dans la foulée de la prospérité nationale, les inégalités augmentent et les structures sociales sont en voie d'érosion à la suite des changements économiques et sociaux. Dans la plupart des pays africains, les filets sociaux dirigés par l'État sont relativement nouveaux, mais les autorités sont maintenant de plus en plus conscientes du besoin de filets sociaux pour les ménages pauvres et vulnérables, ceci afin de faciliter non seulement leur riposte aux crises, mais aussi leur sortie de la pauvreté extrême au fil du temps. Cependant, en raison de la vaste prévalence de la pauvreté et de la vulnérabilité en Afrique, les filets sociaux seront incapables de rejoindre l'ensemble des pauvres. Pour obtenir un effet maximal et demeurer abordables, ils devront se concentrer sur les personnes extrêmement pauvres et sur certains groupes vulnérables – non seulement en contribuant à les protéger, mais également en leur fournissant les moyens d'échapper à la pauvreté à plus long terme.

En Afrique, les filets sociaux ont évolué diversement selon les différents contextes socioculturels et d'économie politique. Sur le continent, les cadres de politiques, les approches et les dispositifs institutionnels qui gouvernent les systèmes de filets sociaux présentent donc un profil hétérogène. Ainsi, alors que les pays à revenu intermédiaire (PRI) de la région sud-africaine ont essentiellement adopté des systèmes étatiques basés sur l'équité horizontale, les programmes de protection sociale des États fragiles et des pays à faible revenu (PFR), notamment d'Afrique de l'Ouest, restent davantage soumis à l'influence des PTF. Par conséquent, toute mesure de renforcement des filets sociaux devra être conçue de façon à prendre en considération tous ces facteurs contextuels spécifiques.

En dépit de l'hétérogénéité qui marque le continent, les filets sociaux s'imposent graduellement en tant instruments essentiels de réduction de la pauvreté en Afrique. De plus en plus de pays africains élaborent des stratégies de protection sociale qui serviront d'assise à des systèmes de filets sociaux efficaces et efficients. Leur priorité au sein des programmes d'action étatiques s'est d'ailleurs considérablement améliorée. L'étude a en effet constaté qu'environ les trois quarts des pays analysés avaient inclus une composante *Filets sociaux* à leur stratégie globale de réduction de la pauvreté et que plus de 50 pour cent d'entre eux avaient déjà ou étaient en voie d'élaborer une stratégie de protection sociale. La concrétisation opérationnelle de cette stratégie sera ensuite soumise, comme le démontre l'expérience de certains pays africains tels que le Rwanda, à l'articulation de plans d'action clairs, assortis d'une ventilation rigoureuse des coûts et de schémas de mise en œuvre précis.

Même si les filets sociaux d'Afrique souffrent généralement de l'absence de cadres institutionnels et d'organismes de coordination solides, certains dispositifs robustes de mise en œuvre ont fait leur apparition. La responsabilité des pouvoirs publics en matière de filets sociaux est souvent répartie entre plusieurs ministères techniques – Affaires sociales, de la Femme et de la Famille, de l'Emploi – ou encore à travers différents ministères transversaux qui, souvent, ne disposent pas de pouvoirs décisionnels importants. Le *Productive Safety Net Program* (Programme de filets sociaux productifs) (PSNP) d'Éthiopie illustre bien, par ailleurs, comment les pays peuvent mettre en place des dispositifs efficaces malgré l'implication de plusieurs ministères. Parallèlement, le soutien fragmentaire des PTF laisse souvent les PFR aux prises avec une gamme de petits programmes hétéroclites, qui souffrent d'un manque de coordination ou de champion politique. Ainsi, le Libéria et Madagascar gèrent tous deux plus de 5 programmes de travaux publics différents, chacun mis en œuvre par un PTF ou un organisme gouvernemental spécifique.

Les résultats de cette étude indiquent que peu de pays africains disposent de systèmes de filets sociaux bien planifiés, susceptibles de concrétiser une approche stratégique à la réduction de la pauvreté et de la vulnérabilité. Au contraire, les interventions restent majoritairement disparates, initiées par des PTF et incapables – même toutes ensemble – d'atteindre efficacement les pauvres. Dans les PFR, par exemple d'Afrique de l'Ouest, les filets sociaux prennent surtout la forme d'une aide d'urgence, particulièrement alimentaire. Peu d'entre eux assurent un soutien continu à un bassin substantiel de pauvres chroniques, alors que dans les PRI par contre (notamment au Botswana, en Afrique du Sud et au Swaziland), ce type d'intervention est beaucoup plus fréquent en raison de l'omniprésence de régimes nationaux d'assistance sociale et de pensions sociales. L'examen de l'ensemble des analyses a permis de constater que les programmes de cantines scolaires, de travaux publics, d'aide en nature (d'urgence ou non), de transfert catégoriel et de subventions générales étaient les plus répandus. Par contre, les programmes nationaux de transferts monétaires axés sur la pauvreté sont peu fréquents, même si certaines des multiples interventions à petite échelle font l'objet d'expansion. Ainsi, le Rwanda procède actuellement à la mise à l'échelle de la couverture du programme Vision 2020 *Umurenge*, alors qu'au Kenya, les autorités sont en voie d'intégrer 5 programmes de transferts monétaires au sein du *National Safety Net Program* (Programme national de filets sociaux).

En l'absence de filets sociaux à long terme orientés vers le développement, plusieurs PFR et États fragiles ont encore recours à l'aide d'urgence en cas de crise ou de catastrophe. Or ces instruments de riposte aux chocs sont généralement faibles, inflexibles et imprévisibles. En outre, l'efficacité de la distribution alimentaire et de l'aide d'urgence fréquemment utilisées en Afrique de l'Ouest (par exemple au Bénin, au Burkina Faso, au Cameroun, au Mali et en Mauritanie) est mal connue. Cependant, les pays s'intéressent de plus en plus à l'expérience positive de la composante de financement du risque du PSNP éthiopien.

En Afrique, la disponibilité accrue de données sur les programmes de filets sociaux faciliterait l'évaluation de leur efficacité. En général, la rareté des informations à cet effet et l'absence de systèmes élémentaires de gestion de l'information et des données afférentes constituent une lacune grave. Plusieurs pays ne disposent même pas de données administratives précises sur le nombre de bénéficiaires rejoints et l'ampleur des prestations versées par chacun des programmes. Les interventions de distribution alimentaire menées en riposte à une urgence sont à cet égard particulièrement peu documentées.

Malgré qu'elle soit croissante dans certains pays, la couverture des personnes pauvres et vulnérables par les programmes de filets sociaux reste insuffisante et ne permet d'atteindre qu'une très faible part de l'ensemble des individus concernés. Au Bénin par exemple, on estime que l'indice net de couverture des pauvres par tous les programmes de filets sociaux ne dépasse pas 5 à 6 pour cent. En 2010, les transferts monétaires du Kenya n'auraient, pour leur part, atteint qu'environ 9 pour cent de la population pauvre, une situation que les autorités entendent améliorer grâce à une extension de la couverture qui devrait faire passer ce taux à 17 pour cent en 2018. Dans la région sud-africaine, les nombreux régimes de pensions sociales universelles, qui couvrent une large part de la population âgée, font à cet égard figure d'exceptions. Enfin, même dans plusieurs pays à revenu intermédiaire (PRI), la couverture des programmes axés sur la pauvreté reste limitée. Afin d'atteindre leurs objectifs à un coût raisonnable, les filets sociaux doivent donc voir à la qualité de leur ciblage, à l'atteinte des groupes identifiés, au versement de prestations adéquates et au maintien de la flexibilité nécessaire à l'adaptation aux changements dans les besoins et la riposte aux différents chocs.

En Afrique, la présence de programmes ciblés est limitée. En fait, les programmes ciblant la pauvreté sont rares et le plus souvent mis en œuvre sous forme de petites initiatives pilotes novatrices. L'étude a constaté que seulement 20 pour cent d'entre elles utilisaient une forme quelconque de déclaration vérifiée des ressources (sur la base du revenu réel de consommation) ou de test multidimensionnel des moyens d'existence (*proxy means test*, PMT) pour identifier les pauvres. Les données indiquent par ailleurs que, dans certains cas, le ciblage à base communautaire à des fins de filet social s'est avéré efficace dans l'identification des ménages les plus pauvres. Cependant, en raison des contraintes de données et de capacités actuelles, la question-clé reste donc de déterminer dans quelle mesure les filets sociaux africains peuvent identifier et rejoindre les personnes ciblées, particulièrement lorsque celles-ci vivent dans une pauvreté et une vulnérabilité extrêmes. En outre, cette amélioration de la capacité des filets sociaux à rejoindre les pauvres dépend également de la viabilité politique.

Dans plusieurs pays, les analyses plus poussées des filets sociaux, notamment leur évaluation, ont favorisé le développement de systèmes plus efficaces. Notre étude a pu constater que si 36 pour cent des pays analysés avaient commencé à élaborer leur propre système, la moitié des pays analysés devaient encore accentuer leurs efforts à cet effet. Certains pays cherchent activement à améliorer l'efficacité et la portée de leurs programmes existants, dont certains sont déjà relativement bien ciblés (notamment les programmes mis en œuvre par le *Tanzania Social Action Fund* [Fonds d'action sociale], le programme *Livelihood Empowerment against Poverty* [Renforcement des moyens de subsistance contre la pauvreté] du Ghana, et le programme *Cash Transfer for Orphans and Vulnerable Children* [Programme de transferts monétaires aux orphelins et enfants vulnérables] du Kenya). Dans une poignée de pays, notamment au Rwanda et en Tanzanie, des programmes plus institutionnalisés, plus durables et soutenus par des ministères influents – ministères des Finances, de l'Économie et du Plan – ont fait leur apparition. En outre, les systèmes et programmes de filets sociaux privilégiés par un nombre croissant de pays sont suffisamment prévisibles et souples pour favoriser une riposte aux crises (par exemple, au Cameroun, en République du Congo, en Guinée, au Mali, au Mozambique, au Niger et au Sénégal). Le PSNP de l'Éthiopie a longtemps joué à cet égard un rôle avant-gardiste.

Les filets sociaux bien ciblés sont abordables en Afrique, particulièrement lorsqu'il s'avère possible à la fois de rediriger les subventions universelles et catégorielles au profit de personnes vivant dans une pauvreté et vulnérabilité extrêmes et d'harmoniser les programmes disparates existants.

• Dans les PFR, en raison de l'ampleur de la pauvreté et de la faiblesse des revenus étatiques, il reste vital, à court comme à plus long terme, d'avoir recours à la contribution des PTF pour la création de filets sociaux. Exception faite des régimes universels de pension de vieillesse et des subventions générales, les bailleurs financent d'ailleurs déjà une large part des filets sociaux d'Afrique – par exemple plus de 80 pour cent de la dépense en filets sociaux au Burkina Faso, au Libéria, au Mali et en Sierra Leone.

• Par contre, dans les PRI, les budgets publics actuels peuvent soutenir adéquatement l'aide aux plus pauvres. Au Cameroun par exemple, les estimations indiquent qu'un investissement de 0,5 pour cent du produit intérieur brut (PIB) suffirait à déployer un filet social adéquat auprès de la moitié des pauvres chroniques.

- Les subventions générales restent des instruments coûteux de redistribution des revenus dont les pauvres bénéficient peu, comme l'ont démontré par exemple les subventions sur le carburant versées au Cameroun, en Mauritanie et en Sierra Leone et le programme de soutien aux intrants agricoles de la Zambie. Une réduction des subventions et programmes mal ciblés permettrait de dégager les ressources monétaires nécessaires à la mise en place de filets sociaux plus efficaces et mieux ciblés. Ces derniers, performants et actifs auprès des segments les plus vulnérables, pourraient également s'avérer déterminants dans l'atténuation des risques lors de la réforme de subventions générales coûteuses.

- La multiplication des découvertes en matière de ressources naturelles à travers toute l'Afrique (voir Banque mondiale 2013) contribuera probablement à dégager un espace fiscal additionnel pour la mise en œuvre de filets sociaux.

Faire progresser le renforcement des filets sociaux en Afrique

Il faudra améliorer systématiquement les dispositifs de collecte de données et de suivi qui soutiennent les programmes de filets sociaux, et ceci partout en Afrique. Il est en effet essentiel de disposer de données primaires sur le nombre et le type de bénéficiaires rejoints et d'informations sur les résultats des programmes et leurs impacts, si l'on veut améliorer la conception et la coordination des programmes, assurer l'information des décideurs, attirer des ressources financières et maintenir le soutien des partenaires. Lorsque des données à cet effet sont disponibles, l'impact des filets sociaux sur la pauvreté et les indicateurs de bien-être semble généralement positif, quoique mitigé. Les évaluations d'impact se font de plus en plus nombreuses, ce qui permet d'alimenter une masse croissante de données factuelles sur les programmes de filets sociaux en Afrique. Ainsi, alors que la plupart des évaluations d'impact antérieures ne concernaient, à titre expérimental, que de petites interventions pilotes financées par les PTF – par exemple les transferts monétaires de Zomba au Malawi ou Bourse maman au Mali – les programmes de plus grande envergure, notamment en Éthiopie, au Kenya et en Tanzanie font désormais l'objet d'évaluations d'impact rigoureuses.

L'harmonisation et la coordination de différents programmes de filets sociaux au sein de systèmes cohérents sont prioritaires. Ainsi, dans un pays donné – le Rwanda par exemple –, un petit nombre de programmes bien coordonnés et mis en œuvre peut parvenir à satisfaire efficacement les besoins des plus pauvres. En outre, les autorités africaines doivent maintenant, avec le soutien des partenaires techniques et financiers, élaborer des stratégies de protection sociale qui permettent à la fois de relier, d'unifier et harmoniser les programmes et de traduire ces stratégies en actions.

L'élaboration des filets sociaux devrait reposer à la fois sur des outils administratifs solides, capables de garantir une mise en œuvre et un suivi efficaces, et sur des entités institutionnelles et de coordination aptes à assurer l'organisation et la planification des programmes. Les outils administratifs de base – par exemple les registres de bénéficiaires, méthodes de ciblage, modalités de paiement et systèmes de suivi et évaluation – offrent une plate-forme de mise en œuvre efficace du soutien aux bénéficiaires ciblés. Il faudra par ailleurs davantage de recherches pour bien saisir le rôle que les programmes alimentaires et leurs infrastructures peuvent jouer dans les nouveaux systèmes améliorés de filets sociaux en Afrique.

Ces systèmes doivent être élaborés au cours des périodes de stabilité pour être prêts à une riposte rapide en cas de crise. Leur mise en place demande du temps. D'ailleurs, la plupart des pays d'Afrique (notamment le Bénin, le Cameroun, la Mauritanie et la Sierra Leone) qui ne disposaient pas encore de filets sociaux aptes à contrer efficacement les chocs ont dû déployer des subventions universelles inefficaces et coûteuses lors des dernières crises mondiales.

Un ciblage plus précis des programmes de filets sociaux africains favorisera certainement la combinaison de différentes méthodes de ciblage qui, prises collectivement, permettent de mieux identifier les ménages et individus visés. Le choix de la ou des méthode (s) utilisée (s) dépendra des objectifs du programme, de la capacité institutionnelle des organismes de mise en œuvre, du profil de pauvreté et de l'économie politique du pays concerné. Actuellement, les données sur le revenu et la consommation des ménages ne sont pas suffisamment précises pour permettre à elles seules de recenser ceux dont les besoins sont les plus importants. La précision du ciblage des programmes sera donc déterminante, quelle que soit la méthode employée.

Évidemment, les programmes bien ciblés, qui desservent efficacement les pauvres, devraient être mis à l'échelle alors que ceux qui sont inefficaces pourraient être graduellement éliminés. Comme mentionné antérieurement, et en raison de l'omniprésence de la pauvreté et de la vulnérabilité en Afrique, les filets sociaux ne sont pas en mesure de venir en aide à tous les démunis, mais doivent plutôt mettre l'accent sur les populations les plus pauvres et les plus vulnérables, ceci afin d'avoir un effet optimal tout en demeurant abordables. Ainsi, une répartition de la dépense en filets sociaux entre plusieurs programmes d'urgence dispersés indique généralement que, jusqu'à maintenant, ni les partenaires ni les pouvoirs publics n'ont concentré leurs filets sociaux sur la lutte à la pauvreté chronique à long terme. Cette situation tend à changer. L'Éthiopie, le Kenya, le Mozambique, le Rwanda et la Tanzanie s'emploient désormais à harmoniser leurs programmes dans une perspective de couverture et d'efficacité améliorées.

Le rôle des filets sociaux dans un contexte de réforme des subventions et d'utilisation des recettes minières devra faire l'objet d'un examen plus approfondi, qui tient compte de l'économie politique nationale. Les pays africains qui s'emploient à rationaliser les dépenses publiques pour mieux venir en aide aux segments les plus pauvres de leurs sociétés ont tout intérêt à se doter de filets sociaux efficaces. Or, les différents aspects de l'économie politique doivent être considérés minutieusement lorsque l'on cherche à équilibrer des programmes rigoureusement ciblés avec d'autres investissements qui profitent à un éventail plus large d'individus et contribuent à l'amélioration des résultats sociaux en général. Alors que l'exploitation récente des ressources minières procure à un nombre grandissant de pays africains une nouvelle prospérité,[3] il est particulièrement important de maintenir un équilibre judicieux entre la part de cette nouvelle richesse qu'il convient de consacrer aux filets sociaux axés sur les plus démunis et celle qui doit servir à l'amélioration des services sociaux et à la mise sur pied de systèmes de protection sociale viables, à la fois au plan politique et au plan budgétaire.

Traduire la vision en actions : enseignements utiles pour les pays

Les pays doivent adopter le programme de réformes qui convient le mieux à leur contexte. Il n'y a pas de solution universelle. Les avenues de développement et de renouvellement des filets sociaux retenues devront reposer sur une analyse soignée des besoins et enjeux nationaux. Les 22 analyses de filets sociaux réalisées ont d'ailleurs favorisé la transformation des expériences des uns en enseignements pour les autres. En outre, la typologie des pays adoptée pour l'étude (voir le Tableau 1.1 du Chapitre 1) a été porteuse de recommandations générales et catégorielles. Ces dernières ont été émises afin de guider les autres pays africains dans l'élaboration de leurs systèmes de filets sociaux et de tirer des enseignements de l'expérience des 22 pays examinés.

Les recommandations suivantes s'appliquent aux pays considérés par l'étude « à un stade précoce ou sans planification ». Ces pays ne disposent pas de programmes de filets sociaux adéquats et n'ont aucun plan précis d'établissement d'un tel système national.[4] Il s'agit généralement d'États fragiles ou de PFR, mais cette catégorie renferme aussi certains PRI dans lesquels les subventions générales restent la principale forme de redistribution des revenus.

- *Élaborer et mettre en œuvre une stratégie de développement des filets sociaux.* Il s'agit de répartir clairement les responsabilités institutionnelles et politiques relatives aux programmes et filets sociaux et de définir les rôles et responsabilités concrètes des ministères et organismes concernés. La stratégie devrait ici servir d'assise à un soutien politique et financier solide des filets sociaux. Ces derniers devraient en outre être intégrés au programme national de réduction de la pauvreté.

- *Créer les outils administratifs principaux nécessaires à la bonne marche des filets sociaux.* Il s'agit notamment ici de définir des méthodes de ciblage, des registres de bénéficiaires, des modalités de paiement et un système de suivi solides. Ce sont ces outils qui permettront d'acheminer les transferts effectués par divers programmes vers les groupes pauvres et vulnérables ciblés avec la redevabilité et la transparence requises. Les différents programmes devraient également évoluer vers l'adoption d'un registre unique, de modalités de paiement commununes et d'un système de suivi et évaluation coordonné, ceci même s'ils s'adressent à différents groupes de bénéficiaires.

- *Coordonner le soutien disparate des partenaires techniques et financiers.* Dans ce groupe de pays, le développement des filets sociaux reste soumis au soutien des partenaires, à tout le moins à moyen terme. Pour réussir à se doter à plus long terme de systèmes de filets sociaux coordonnés, les pays concernés devraient d'abord veiller à harmoniser les financements et les approches des différents partenaires avec leurs propres stratégies de filets sociaux et systèmes y afférents. Dans les pays post-conflit, la mise en place de dispositifs étatiques d'identification et de suivi des différents programmes mis en œuvre par les partenaires servirait tout au moins d'assise concrète aux interventions publiques et favoriserait l'appropriation nationale, particulièrement dans les contextes fragiles et de faible capacité.

- *Élaborer quelques programmes clés de filets sociaux fondés sur une analyse approfondie des besoins du pays concerné.* Ces petits ensembles de programmes clés devraient (a) soutenir de façon régulière les personnes souffrant de pauvreté chronique et extrême et, (b) pouvoir être amplifiés ou réduits selon les besoins des ménages pauvres et vulnérables, notamment en cas d'urgence ou de fluctuation saisonnière des revenus et de la consommation. Le choix des programmes et la façon dont ils sont mis en œuvre devraient correspondre au profil national de pauvreté, aux enseignements tirés des interventions pilotes et aux résultats des études de faisabilité. Le développement de méthodes de ciblage solides devrait faire l'objet d'efforts concertés afin que, lorsque les programmes sont jugés fonctionnels et que l'économie politique et les recettes fiscales le permettent, les interventions puissent être mises à l'échelle et intervenir efficacement en tant que programmes nationaux. Cependant, il n'est pas nécessaire de faire passer immédiatement les programmes à une échelle supérieure, ceci alors que certaines interventions de petite envergure peuvent être renforcées, en particulier dans une perspective de collecte des données de suivi susceptibles de renseigner les décisions relatives à leur avenir.

- *Autres recommandations spécifiques au contexte.* Les pays qui disposent de programmes généreux de subventions générales et d'aide d'urgence devraient considérer la réallocation de certains de ces fonds à des interventions mieux ciblées. En outre, en raison de la faiblesse des résultats du développement humain dans ce groupe de pays, les décideurs auraient tout intérêt à promouvoir les synergies entre les filets sociaux et les interventions dans les secteurs de la santé, de l'éducation et de la nutrition.

Les recommandations suivantes s'appliquent aux pays dont le système de filets sociaux est toujours « en gestation »[5], ou encore, en voie d'élaboration. Il s'agit généralement de PFR, mais aussi de certains PRI.

- *Poursuivre la réforme des programmes catégoriels, universels ou ponctuels d'aide alimentaire d'urgence pour les rendre plus efficaces dans la lutte contre la pauvreté.* L'amélioration du ciblage de la pauvreté est particulièrement importante. Ainsi, les régimes de pension sociale feraient état d'un meilleur rapport coût – efficacité s'ils ciblaient exclusivement les personnes âgées et les handicapés pauvres, alors que les prestations pour orphelins, enfants vulnérables et autres enfants pourraient, dans la même foulée, ne cibler que les ménages pauvres et vulnérables. Les efforts consacrés à la réallocation des subventions universelles et des programmes d'urgence ponctuels et coûteux au profit de filets sociaux mieux ciblés et davantage orientés vers le développement doivent être maintenus.

- *Poursuivre les efforts de mise à l'échelle d'un petit nombre de programmes clés relativement bien ciblés.* L'expérience des 22 pays analysés permet de conclure qu'un petit nombre de programmes complémentaires et bien coordonnés est souvent suffisant à la satisfaction des besoins des pauvres. Le choix des programmes sélectionnés peut varier d'un pays à l'autre, mais le soutien aux ménages ou individus souffrant de pauvreté chronique devrait être régulier; les interventions devraient en outre disposer de la souplesse nécessaire à leur expansion ou réduction – à court terme ou de façon répétitive – en réponse aux besoins des groupes pauvres exposés aux chocs. À la suite de leur mise à l'échelle, les filets sociaux devraient faire l'objet d'évaluations continuelles afin de s'assurer que les groupes vulnérables sont adéquatement soutenus. Il pourrait en outre s'avérer approprié de compléter ces programmes essentiels par des interventions et services complémentaires d'appui aux bénéficiaires dans la conduite d'activités productives et promotionnelles, notamment en matière d'investissement dans la santé et l'éducation de leurs enfants.

- *Poursuivre le travail d'harmonisation et d'intégration des divers programmes de filets sociaux.* Les pays qui ont élaboré des stratégies de protection sociale ou de filets sociaux doivent encore préparer des plans d'action soigneusement chiffrés. En outre, au-delà de la mise en œuvre des programmes essentiels, ces pays devraient maintenir leurs efforts d'harmonisation et de fusion des objectifs et outils administratifs de leurs différents programmes, par exemple à travers la création d'un dispositif unique d'enregistrement des bénéficiaires, ce qui permettrait de réduire considérablement les dédoublements et les chevauchements. La capacité à élaborer des systèmes d'information, de suivi et évaluation et de paiement solides devrait en outre être renforcée ou établie.

- *Coordonner l'assistance technique et les financements des partenaires techniques et financiers en les intégrant à seul « panier commun ».* Comme on a pu l'observer en Éthiopie, ce type de coordination permet de minimiser les doubles emplois et de maximiser l'efficacité des premières étapes de prise en charge par les pouvoirs publics du financement à moyen et long terme d'un système de filets sociaux. Pour établir la durabilité, les pays concernés devraient s'assurer d'une enveloppe financée à moyen terme à partir des recettes intérieures. D'ici là, le soutien des partenaires et l'assistance technique demeureront vraisemblablement essentiels au renforcement des systèmes et à la mise à l'échelle des programmes.

Les recommandations suivantes s'appliquent aux pays « dotés de systèmes établis », c'est-à-dire qui disposent déjà d'un système national de filets sociaux et de protection sociale[6]. Il s'agit principalement de PRI.

- *Renforcer le système de filets sociaux et de protection sociale afin de s'assurer qu'il vient en aide aux plus pauvres.* Même lorsque les pays disposent de programmes bien établis, des chevauchements, des lacunes et des erreurs d'inclusion majeures peuvent persister, avec pour effet un soutien insuffisant à certains groupes les plus pauvres et les plus exclus. Il est par contre tout à fait possible, sans modifier l'enveloppe disponible, de procéder à l'affinement des méthodes de ciblage utilisées par les programmes universels et catégoriels afin d'assurer un soutien adéquat aux ménages et individus les plus pauvres des groupes de populations ciblés.

- *Poursuivre l'harmonisation et la fusion de programmes de filets sociaux disparates.* Tout comme les pays dans lesquels les systèmes sont encore en gestation, les pays qui disposent de systèmes bien établis devront procéder à l'intégration de leurs différents programmes dans un système national. Il est possible que, suite à l'évaluation de l'efficacité de leur ciblage et de leurs impacts comparatifs, les décideurs doivent à cet effet réduire le nombre de programmes en cours.

- *Poursuivre le renforcement de l'efficacité du ciblage, de dispositifs d'enregistrement unifiés, des modalités de paiement, des systèmes de suivi et évaluation et des modalités d'examen des plaintes.* Il s'agit notamment d'inclure les nouvelles TIC dans une perspective de gestion, de redevabilité et de gouvernance améliorées des programmes comme d'associer l'éligibilité et les registres des différentes interventions aux bases de données nationales sur l'état civil.

L'avancement des connaissances

L'avancement des connaissances sur les filets sociaux est en grande partie soumis à la présence de systèmes de suivi et d'information solides, complétés par des analyses fondées sur des enquêtes nationales représentatives et des évaluations d'impact rigoureuses. Cependant, même si ces informations de base sont essentielles et ne peuvent être obtenues qu'à travers les systèmes de suivi des programmes, elles ne comblent qu'une partie des besoins et doivent être complétées par d'autres types de données et d'analyses, notamment (a) la collecte et l'analyse des données recueillies au cours d'enquêtes des ménages rendant compte des retombées d'un filet social sur les ménages bénéficiaires et, (b) la conduite d'évaluations d'impact et la mise à l'épreuve de différentes modalités et caracté-ristiques programmes susceptibles de combler les lacunes de connaissances et de fournir de plus amples informations sur les types de filets sociaux qui donnent des résultats en Afrique. Parmi les domaines futurs d'évaluation et de recherche en Afrique – dont certains font déjà l'objet d'examen –, il faut mentionner les aspects productifs des filets sociaux, l'efficacité comparative des transferts moné-taires conditionnels et non conditionnels et les synergies entre les changements climatiques et la protection sociale.

La Banque mondiale contribue à l'avancement des connaissances en favori-sant et en facilitant la production et le partage de savoirs faire. Elle participe entre autres au développement de nouvelles connaissances à travers la con-duite de travaux analytiques. À l'heure actuelle, plus d'une vingtaine d'évaluations d'impact appuyées par la Banque sont en cours dans le secteur de la protection sociale en Afrique et plusieurs autres sont planifiées. Au-delà des 22 analyses de filets sociaux considérées par cette étude, les évaluations nationales menées à l'avenir devront considérer l'ensemble du secteur de la protection sociale, y compris l'assurance sociale contributive et les pro-grammes du marché du travail. Il existe actuellement de nombreuses oppor-tunités d'apprentissage Sud-Sud sur et hors du continent. La Banque mondiale appuie déjà activement ce type de partage de connaissances à travers la tenue du Forum d'apprentissage Sud-Sud sur la protection sociale et la promotion de nouvelles initiatives de partage d'informations et voyages d'études bilaté-raux entre chercheurs et responsables terrain, notamment à travers la Communauté de pratiques sur les transferts monétaires. Actuellement, 19 pays se rencontrent régulièrement dans le cadre de la Communauté de pra-tiques sur les programmes de transferts monétaires en Afrique et 9 pays addi-tionnels s'y adjoindront bientôt.

Notes

1. Lors des Assemblées de printemps d'avril 2013, le Comité du développement a approuvé les nouveaux objectifs du Groupe de la Banque mondiale : réduire à 3 pour cent la part de la population mondiale ayant une consommation journalière inférieure à 1,25 dollar (en parité de pouvoir d'achat) par personne d'ici 2030, et promouvoir la prospérité partagée en portant une attention particulière aux 40 pour cent les plus pauvres de la population.

2. Les pays sont les suivants : Bénin, Botswana, Burkina Faso, Cameroun, Éthiopie, Ghana, Kenya, Lesotho, Libéria, Madagascar, Malawi, Mali, Maurice, Mauritanie, Mozambique, Niger, Rwanda, Sierra Leone, Swaziland, Tanzanie, Togo et Zambie. Voir Encadré 1.4 au Chapitre 1.

3. On estime qu'au cours des 10 prochaines années, quelque 30 pays d'Afrique subsaha-rienne déprendront des ressources minières (plus de 20 pour cent de leurs exporta-tions), hormis les exportations de gaz et de pétrole (Banque mondiale 2013).

4. Ce sous-groupe des 22 pays étudiés comprend les pays suivants : Bénin, Burkina Faso, Cameroun, Libéria, Madagascar, Malawi, Mauritanie, Sierra Leone, Togo et Zambie. Certains pays peuvent changer de sous-groupe au fil du temps.

5. Ce sous-groupe des 22 pays étudiés comprend les pays suivants : Éthiopie, Ghana, Kenya, Lesotho, Mali, Mozambique, Niger, Rwanda, Swaziland et Tanzanie. Certains pays peuvent changer de sous-groupe au fil du temps.

6. Ce sous-groupe des 22 pays étudiés comprend les pays suivants : Botswana et Maurice. Certains pays peuvent changer de sous-groupe au fil du temps.

Références

Banque mondiale. 2011. *Africa's Future and the World Bank's Support to It: Africa Regional Strategy*. Washington, DC : Banque mondiale.

———. 2012. Gérer les risques, promouvoir la croissance, développer des systèmes de protection sociale en Afrique — La Stratégie de protection sociale de la Banque mondiale en Afrique, 2012–2022. Washington, DC : Banque mondiale.

———. 2013. « *Securing the Transformational Potential in Africa's Mineral Resources.* » Présentation PowerPoint, Washington, DC : Banque mondiale.

Grosh, Margaret, Carlo del Ninno, Emil Tesliuc, et Azedine Ouerghi. 2008. *For Protection and Promotion: The Design and Implementation of Effective Safety Nets*. Washington, DC : Banque mondiale.

Un contexte en évolution : une introduction

L'essor des filets sociaux en Afrique

En raison de la forte poussée récente de sa croissance économique, l'Afrique dispose maintenant de l'impulsion nécessaire à la réduction durable de ses indices de pauvreté. Depuis les années 1990, la croissance de la plupart des pays africains a été très rapide. En conséquence, le pourcentage de la population africaine vivant dans la pauvreté est passé de 58 pour cent à 48 pour cent entre 1995 et 2008 (Banque mondiale 2011a).[1] Au cours de la même période, les indicateurs sociaux des pays africains se sont également considérablement améliorés. Cependant, en dépit de cette croissance soutenue, les taux de pauvreté chronique demeurent élevés et les revenus de la majorité des pays africains sont encore considérés faibles. L'emploi peu productif et l'agriculture de subsistance jouent un rôle prédominant dans l'activité économique. Plus d'un quart de la population régionale habite un pays fragile ou affecté par un conflit et, malgré la disponibilité maintenant accrue des infrastructures et services, une part considérable de la population n'a toujours pas accès aux services essentiels.

Les avancées récentes dans la réduction de la pauvreté restent fragiles en raison de la volatilité et des risques croissants. En outre, les chocs néfastes déclenchés par le ralentissement économique mondial et les changements climatiques pourraient ébranler les progrès récemment accomplis en matière de réduction de la pauvreté. La vaste majorité des Africains vivent de l'agriculture, ce qui les rend particulièrement vulnérables aux chocs climatiques et aux catastrophes naturelles. Au cours de la crise économique mondiale de 2008-2010, la hausse de 50 pour cent du prix des aliments a entraîné une élévation de 2,5 à 4,4 points de pourcentage des indices de pauvreté d'Afrique centrale et de l'Ouest (Banque mondiale 2011a). Plus récemment, l'indice des prix alimentaires de la Banque mondiale a atteint en juillet 2012 un sommet historique, soit 1 pour cent de plus que le record précédent de février 2011. Les prix élevés menacent le bien-être de millions d'individus, particulièrement dans plusieurs pays africains.

En outre, la fréquence des catastrophes naturelles – sécheresses et inondations par exemple – accentue les risques encourus par les pauvres.

Ces constats suggèrent que la croissance économique pourrait ne pas suffire à une réduction substantielle de la pauvreté extrême en Afrique. Lorsque la prospérité augmente, les inégalités sociales ont tendance à s'accentuer et les structures sociales à s'éroder sous l'effet des chocs et des développements économiques et sociaux. Ce phénomène se produit actuellement en Afrique. En Tanzanie par exemple, les 10 pour cent les plus pauvres de la population n'ont tiré aucun avantage de la croissance économique récente. Le processus de croissance a également laissé-pour-compte la zone de savanes du Nord du Ghana, où la part des pauvres ruraux est passée de 32,6 pour cent en 1991 – 1992 à 49,3 pour cent en 2005 – 2006.

Les données mises de l'avant par plusieurs études confirment que les filets sociaux peuvent réduire la pauvreté et les inégalités. Ainsi, la seule présence du *Bolsa Família* – le programme de transferts monétaires conditionnels le plus vaste au monde – serait responsable du cinquième de la réduction spectaculaire des inégalités au Brésil, ceci sans impacts adverses sur la croissance économique. Ailleurs, les pensions de vieillesse versées en Afrique du Sud auraient réduit de 13 pour cent l'écart de pauvreté entre les citoyens les plus riches et les plus pauvres. Parallèlement, le système exhaustif de transferts monétaires du pays permettait de doubler la part du revenu national rétrocédée aux 20 pour cent les plus pauvres de la population. Dès lors, il paraît de plus en plus évident qu'en Afrique, le soutien sous forme de filets sociaux est essentiel et doit compléter la croissance économique afin que les ménages les plus pauvres puissent satisfaire à leurs besoins immédiats et accroître leur capacité à échapper à la pauvreté.[2] Au cours de cette étude, le terme *filets sociaux* désignera exclusivement les programmes de transferts non contributifs qui ciblent d'une façon quelconque les personnes pauvres et vulnérables (Grosh *et al.* 2008; voir Encadré 1.1).

Toutefois, jusqu'à ce que la crise économique mondiale et la flambée des prix alimentaires et pétroliers n'entraînent le déploiement de mesures de protection d'urgence des personnes pauvres et vulnérables, les filets sociaux formels restaient essentiellement ponctuels. L'Afrique présente par contre une longue tradition de filets sociaux informels, enracinés dans le milieu familial et communautaire. Les analyses récentes ont néanmoins constaté que ces réseaux de soutien sont de plus en plus inadéquats face aux enjeux de la région (Banque mondiale 2012a). Les ministères responsables de l'assistance sociale sont souvent faibles et la dépense en programmes de filets sociaux ciblés est nettement insuffisante face à l'étendue de la pauvreté. En Afrique par conséquent, l'efficacité des systèmes de filets sociaux et leur capacité de riposte aux crises varient grandement d'un pays à l'autre. Ainsi, comme dans les autres régions du monde, les pays à revenu intermédiaire (PRI) d'Afrique (par exemple le Botswana, Maurice et l'Afrique du Sud) bénéficient de filets sociaux bien développés. En revanche, la plupart des pays à faible revenu (PFR) et des États fragiles ne disposent que de petits programmes dispersés et surtout régis par les partenaires techniques et financiers, une situation qui a cependant tendance à évoluer rapidement avec la croissance

Encadré 1.1 Définition des filets sociaux

Dans cette étude, l'expression *filets sociaux* désigne les programmes de transferts non contributifs qui ciblent d'une façon quelconque les personnes pauvres et vulnérables (Grosh *et al.* 2008) alors que l'expression *protection sociale* désigne à la fois les programmes contributifs et non contributifs. La définition est abordée de façon plus approfondie à l'Annexe A, qui spécifie les types de filets sociaux considérés par l'étude.

Les filets sociaux ont pour objectif d'accroître la consommation des biens et services essentiels, directement ou par effet de substitution. Les filets sociaux s'adressent aux personnes pauvres et vulnérables – soit celles qui vivent dans la pauvreté et sont incapables de satisfaire à leurs besoins de base ou encore risquent de basculer dans la pauvreté en raison d'un choc externe ou d'une situation socio-économique attribuable à l'âge, à la maladie ou à un handicap par exemple. Les *filets sociaux* forment un sous-ensemble des politiques et programmes plus généraux de protection sociale, comme d'ailleurs l'assurance sociale et la législation sociale, particulièrement les lois du travail et les standards de sécurité qui établissent les barèmes civiques minimums de protection des intérêts des individus.

Source : Grosh *et al.* 2008.

---

des investissements nationaux dans des programmes aux résultats probants et l'adoption de pratiques internationales optimales.[3]

Les gouvernements africains s'intéressent de plus en plus au développement de filets sociaux. Même si le concept reste relativement novateur en Afrique, les filets sociaux formels, particulièrement les transferts monétaires, font leur apparition à la suite de la constatation croissante par les pouvoirs publics de l'inefficacité de l'aide alimentaire et de l'affaiblissement des filets sociaux informels à la suite des migrations, de l'urbanisation, de la propagation du virus d'immunodéficience humaine (VIH) sida et de la récente crise mondiale.[4] Simultanément, plusieurs programmes africains de filets sociaux font état de résultats positifs, notamment en matière d'amélioration de la consommation, d'investissement dans les biens productifs et de réduction de la pauvreté.[5] Depuis 2009 (et même antérieurement dans certains pays comme l'Éthiopie), la programmation des filets sociaux a graduellement délaissé l'aide alimentaire d'urgence et les interventions de filets sociaux ponctuels au profit de filets sociaux réguliers et prévisibles tels que les programmes de transferts monétaires ciblés et d'argent contre travail.

En outre, plusieurs pays s'attellent maintenant à l'intégration de leurs programmes de filets sociaux individuels dans un système national cohérent. La Stratégie de protection sociale en Afrique de la Banque mondiale (2012 – 2022) encourage d'ailleurs les pays à transformer leurs différents filets sociaux en systèmes plus efficaces (Banque mondiale 2012b). Le Ghana, le Kenya, le Mozambique, le Rwanda et la Tanzanie se sont entre autres engagés dans cette direction. L' Encadré 1.2 illustre comment le Kenya est en voie de remplacer ses programmes dispersés par un véritable système de filets sociaux. Même certains

**Encadré 1.2 La stratégie de protection sociale en Afrique de la Banque mondiale :
l'évolution vers l'adoption de systèmes au Kenya**

La Stratégie de protection sociale en Afrique de la Banque mondiale (2012 – 2022) soutient les pays dans la transformation d'approches disparates à la protection sociale en systèmes harmonisés qui assurent une coordination plus efficace des programmes. Même si les approches varient d'un pays à l'autre, la Stratégie identifie 3 domaines d'action prioritaires : l'élaboration de systèmes gestionnaires et administratifs de base; l'intégration, l'harmonisation et/ou la coordination des programmes; et, l'ancrage dans la cohérence politique et la vision à long terme.

Le Kenya illustre de façon éloquente comment cette stratégie peut être concrétisée. Ainsi, en matière d'élaboration de systèmes gestionnaires et administratifs de base, le *National Safety Net Program* (Programme national de filets sociaux) (NSNP) – financé par le Programme pour des résultats de la Banque mondiale – maintiendra les bonnes pratiques développées par deux interventions pilotes du NSNP et renforcera les méthodes de ciblage, les modalités de paiement et les systèmes de traitement des plaintes et griefs. L'intégration, l'harmonisation et la coordination des programmes se feront à travers le développement d'une stratégie d'unification des 4 programmes actuellement gérés par le ministère du Genre, de l'Enfance et du Développement social; l'adoption d'un cadre de suivi et évaluation commun; et, l'établissement d'un registre unique. Qui plus est, la sphère politique responsable du secteur de la protection sociale au Kenya entrevoit transformer les programmes en systèmes à la fois dans les domaines de l'assistance sociale et de la protection sociale. En fait, au-delà du NSNP, les pouvoirs publics examinent les moyens qui permettront, dans le cadre de la mise en place de systèmes de protection sociale plus généraux, à la fois d'étendre l'application du registre unique à toutes les interventions axées sur la pauvreté et de créer des liens entre le NSNP et le Fonds national d'assurance maladie et les autres dispositifs d'emploi des jeunes.

Dans plusieurs domaines, le NSNP a intégré les bonnes pratiques internationales en matière de filets sociaux. Le registre unique, un nouveau concept en Afrique, est apparu dans la foulée de l'expérience brésilienne. Le versement électronique des paiements bancaires grâce à des cartes à puces biométriques indique à quel point les innovations offertes par les technologies de l'information et de la communication (TIC) peuvent être mises à profit pour l'amélioration de la sécurité comme de la capacité des filets sociaux à rejoindre les populations éloignées. Finalement, le NSNP atteste clairement de la capacité des pays africains à dépasser la fragmentation actuelle de leurs filets sociaux – constitués d'une abondance de petits programmes financés par les partenaires, mais dont la couverture est limitée et ponctuelle – pour se tourner vers l'adoption de systèmes gérés par les pouvoirs publics.

Source : Banque mondiale 2012 b.

États affectés par un conflit – le Libéria par exemple – qui disposent pourtant de programmes axés sur les ex-combattants, les jeunes et les pauvres chroniques se tourne de plus en plus vers le développement de stratégies nationales de protection sociale plus générales. D'ailleurs, le Rapport sur le développement dans le monde (Banque mondiale 2011c) admettait en 2011 que les filets sociaux efficaces favorisaient l'obtention des résultats rapides et tangibles nécessaires à la restauration de la confiance dans les États post-conflit.

La nécessité des filets sociaux en Afrique

La justification fondamentale des filets sociaux réside dans la vulnérabilité, la pauvreté et l'insécurité alimentaire d'une large part de la population africaine.[6] La forte croissance économique ne s'est pas nécessairement traduite en réduction de la pauvreté d'un grand nombre d'Africains et l'écart entre les personnes extrêmement pauvres et une classe moyenne émergente s'accentue dans plusieurs pays. En outre, la fragilité sociale, environnementale et économique croissante du continent rend déterminant le maintien par les pouvoirs publics de la paix sociale et de l'équilibre économique. Afin de conserver les gains tirés de la forte accélération de la croissance dans plusieurs pays africains, les gouvernements tiennent généralement à s'assurer que personne n'est laissé-pour-compte. Or, compte tenu de l'ampleur considérable de la pauvreté en Afrique, les filets sociaux ne peuvent desservir tous les pauvres avec les ressources limitées dont ils disposent et doivent donc se concentrer sur les ménages souffrant de pauvreté et de vulnérabilité extrêmes.

En Afrique, la faiblesse de la gestion du risque et la longue tradition d'exclusion sociale justifient l'introduction de filets sociaux. Les chocs répétés, notamment la hausse des prix alimentaires, les sécheresses et les inondations augmentent les risques auxquels sont confrontés les pauvres. Plus encore, les dispositifs formels de gestion des risques, notamment offerts par le marché du crédit, sont généralement inaccessibles aux plus pauvres et les systèmes informels de sauvegarde pourraient ne pas suffire à les protéger des risques systémiques (d'échelle communautaire) (voir Chapitre 2). Ainsi, à moins que des stratégies adéquates ne leur permettent de renforcer leur résilience et de puiser dans leurs actifs sans dommages, même une perte transitoire de revenus attribuable à un choc peut faire basculer un ménage vulnérable dans la pauvreté et entraîner une dilapidation accrue de ses biens productifs. L' Encadré 1.3 résume la théorie économique sous-jacente aux filets sociaux à l'aide d'exemples tirés des pays en développement du monde entier.

Les filets sociaux stimulent la résilience, l'équité et la saisie d'opportunités chez les personnes pauvres et vulnérables d'Afrique. La documentation identifie les 2 mandats fondamentaux des filets sociaux : (a) la protection des ménages aux prises avec la pauvreté chronique ou les effets d'un choc; et (b) la promotion de la transition hors de la pauvreté en permettant aux ménages de procéder aux investissements porteurs d'un meilleur capital humain et matériel (voir par exemple Fiszbein et Schady 2009; Grosh *et al.* 2008 ; Banque mondiale 2012b). En outre, la Stratégie de protection sociale en Afrique de la Banque mondiale explique comment la protection sociale réduit la pauvreté et contribue à une croissance durable et inclusive à travers ses 3 fonctions de résilience, d'équité et d'opportunité (Banque mondiale 2012b). Les différents objectifs des programmes de filets sociaux africains reflètent d'ailleurs ces multiples fonctions.

Encadré 1.3 La théorie économique : lorsque les marchés ne parviennent pas à investir dans les pauvres

Les défaillances du marché ouvrent souvent la porte à des investissements plus efficaces dans la pauvreté. Ainsi, en présence de certains types d'inefficiences du marché du crédit et malgré la possibilité d'économies d'échelle, les pauvres pourraient s'avérer incapables de tirer avantage d'opportunités rentables en raison de l'absence de capacité opérationnelle. Ils demeurent donc captifs des secteurs à faible productivité de l'économie, même lorsque des opportunités productives restent inexploitées, puisqu'ils sont incapables de rembourser un financement obtenu sur le marché du crédit. Par conséquent, les investissements dans les pauvres peuvent non seulement augmenter leur capacité à tirer parti d'investissements plus profitables, mais aussi réduire les inégalités et inefficacités.

Cette hypothèse a tout d'abord été formalisée par Loury (1981), qui a introduit les contraintes de crédit dans un modèle de mobilité intergénérationnelle. Galor et Zeira (1993) ont ensuite noté le lien entre l'efficacité globale et la réduction des inégalités en présence de sous-ensembles de production non convexes. Banerjee et Newman (1993) ont exploité les implications à long terme des mêmes types de mécanismes de base en notant l'effet des niveaux initiaux d'inégalité sur les modèles de choix professionnel et les trajectoires d'inégalités subséquentes. Toutes ces études démontrent la plausibilité théorique voulant qu'une certaine redistribution améliore l'efficacité.

Les exemples empiriques de sous-investissement global résultant de l'incapacité des pauvres à accéder aux marchés du crédit et de l'assurance à des conditions égales abondent. Dans l'un des cas africains les plus marquants rapportés par Goldstein et Udry (1999), de nombreux agriculteurs du sud du Ghana ont été incapables de passer de la culture intercalaire et à faible rendement du maïs et du manioc à la culture plus rentable de l'ananas. Ainsi, malgré un rendement attendu de 1 200 pour cent, seulement 190 des 1 070 parcelles de l'échantillon étudié étaient passées d'une culture à l'autre. Lorsque les enquêteurs ont demandé aux agriculteurs la raison de ce choix, la réponse type était « je n'ai pas l'argent nécessaire ». Au Sri Lanka, de Mel, Mackenzie, et Woodruff (2008) ont eu recours à un modèle expérimental randomisé pour estimer le rendement sur le capital de micro-entreprises généralement considérées en manque de crédit. Ils ont constaté que les taux de rendement mensuels moyens s'élevaient à 5,7 pour cent – soit à beaucoup plus que les taux d'intérêt du marché. À première vue, la présence (dans les entreprises existantes) de projets d'investissement rentables en vertu du taux du marché, mais qui ne se concrétisent pas (avant l'intervention) semble démontrer que le marché du crédit est imparfait.

Par conséquent, jusqu'à ce que les causes sous-jacentes des défaillances des marchés du crédit et de l'assurance puissent être redressées, ces constats indiquent que les transferts monétaires ciblés peuvent jouer un rôle utile, non seulement dans la réduction des inégalités et de la pauvreté actuelles, mais aussi dans la compensation de l'inefficience de l'allocation des ressources par l'économie dans son ensemble.

Sources : Fiszbein et Schady 2009; Encadré 2.1.

Ainsi, plusieurs programmes de filets sociaux axés sur la protection de la consommation immédiate et la garantie que les individus et les ménages ont accès à un minimum de bien-être contribuent parallèlement à réduire les dommages socio-économiques attribuables à la sévérité des inégalités et à augmenter la productivité de façon plus permanente. En outre, les filets sociaux sont porteurs de plusieurs autres objectifs complémentaires, notamment (a) l'appui aux pauvres lors de chocs et en matière de gestion des risques ; (b) la promotion d'investissements dans leur propre capital humain et de l'interruption du cycle intergénérationnel de la pauvreté ; (c) l'octroi de soutien au cours de la saison de soudure agricole afin d'éviter la vente des actifs nécessaires à la croissance entrepreneuriale à plus long terme ; (d) la facilitation du capital de façon à encourager la diversification des activités génératrices de revenus ; et (e) l'injection directe de fonds dans l'économie locale, de manière à générer des effets multiplicateurs dans les zones pauvres. Ces objectifs et l'efficacité des programmes qui les soutiennent sont examinés dans les chapitres subséquents de cette étude.

Les programmes de filets sociaux seront essentiels à l'atteinte des nouveaux objectifs d'éradication de la pauvreté extrême du Groupe de la Banque mondiale. Lors des Assemblées de printemps d'avril 2013, le Comité du développement a approuvé les nouveaux objectifs du Groupe de la Banque mondiale : réduire à 3 pour cent la part de la population mondiale ayant une consommation journalière inférieure à 1,25 dollar (en parité de pouvoir d'achat) par personne d'ici 2030, et promouvoir la prospérité partagée en portant une attention particulière aux 40 pour cent des plus pauvres de la population. En raison de l'accélération des découvertes minières dans plusieurs pays africains (voir Banque mondiale 2013), l'atteinte de ces objectifs par le biais de programmes de transferts tels que les filets sociaux paraît de plus en plus réalisable au plan fiscal.

La Stratégie de protection sociale de la Banque mondiale en Afrique résume bien la problématique ; il ne s'agit plus de savoir si les pays africains à faible revenu ont les moyens de mettre en œuvre des filets sociaux, mais bien s'ils peuvent se permettre de ne pas le faire (Banque mondiale 2012b). En réalité, outre la contribution des filets sociaux à la réduction de la pauvreté et à la promotion d'une croissance inclusive, il est certain que la non-protection des ménages pauvres contre les effets néfastes des chocs et de la pauvreté chronique génère des coûts importants et a des répercussions à long terme, tout particulièrement chez les enfants. Les filets sociaux sont abordables en Afrique, si la dépense en protection sociale gagne en efficacité et que les partenaires techniques et financiers (PTF) assurent à court et moyen terme le soutien à cet effet (Banque mondiale 2012b).

Objectifs, méthodologie et typologie

Cette étude évalue la situation des filets sociaux en Afrique, examine leurs forces et leurs faiblesses et identifie les domaines d'amélioration dans une perspective de soutien aux pouvoirs publics et aux PTF dans le renforcement de la capacité des systèmes de filets sociaux africains à mieux protéger et promouvoir les ménages pauvres et vulnérables. L'étude résume et procède à l'analyse croisée

des expériences de filets sociaux menées par 22 pays d'Afrique subsaharienne.[7]
À moins d'indications contraires, la majorité des données (qualitatives et quanti-
tatives) utilisées ici ont été tirées des 22 analyses nationales afférentes de programmes de filets sociaux et de protection sociale (pour une liste des 22 pays,
voir l' Encadré 1.4). Les tendances et les contrastes y sont mis en lumière et
plusieurs expériences nationales sont utilisées à titre d'exemple. L'étude s'appuie
également sur les études portant sur des programmes spécifiques de transferts
monétaires (Garcia et Moore 2012), de travaux publics (McCord et Slater 2009;
Milazzo et del Ninno 2012) et de cantines scolaires (Bundy *et al.* 2009) mis en
œuvre en Afrique. Cependant, le contexte évolue rapidement et plusieurs pays
progressent rondement vers l'adoption de filets sociaux plus efficaces.

Afin de pouvoir comparer les systèmes de filets sociaux des différents groupes
de pays, il a paru utile de procéder à une typologie des différents contextes
nationaux. Cette typologie peut être fondée sur la présence d'un environnement
facilitateur (exogène), notamment le niveau de revenu, le contexte socio-
économique, l'héritage colonial et tout facteur de gouvernance susceptible
d'influencer l'approche nationale aux filets sociaux. La typologie peut également
tenir compte de la situation des filets sociaux existants dans le pays (endogène)
notamment en matière de capacité à protéger les pauvres et à riposter rapidement en présence de crises ou d'avancement de la coordination et de l'organisation
des programmes de filets sociaux au sein d'un système global. Les différentes
typologies sont abordées en détail à l'Annexe B.

Pour les besoins de cette étude, les pays ont été regroupés en combinant des
typologies exogènes et endogènes. On a estimé le degré de facilitation du contexte dans lequel évoluent les filets sociaux (importance du revenu)[8] et émis un
jugement sur la situation des systèmes de filets sociaux existants, ceci à partir de
la classification effectuée par la Région Afrique de la Banque mondiale. La
typologie des pays et leur classification sont présentées au Tableau 1.1. Celles-ci
seront utilisées tout au long de l'analyse, à la fois pour illustrer certaines des
différences substantielles qui sous-tendent les systèmes de filets sociaux des différents groupes de pays, mais aussi pour expliquer pourquoi certains pays ont été
en mesure d'établir plus facilement que d'autres des systèmes de filets sociaux
efficaces et efficients. La typologie permettra de comparer les objectifs, les

---

Encadré 1.4 Rapports nationaux sur les filets sociaux utilisés lors de l'étude

1. **Bénin** : Banque mondiale. 2011. « Les Filets Sociaux au Bénin : Outils de Réduction de la
   Pauvreté — Rapport de Synthèse. », Washington, DC : Banque mondiale.
2. **Botswana** : Banque mondiale. 2011. « *Botswana : Challenges to the Safety Net—Preparing
   for the Next Crisis.* », Washington, DC : Banque mondiale.
3. **Burkina Faso** : Banque mondiale. 2011. « *Burkina Faso : Social Safety Nets.* », Washington,
   DC : Banque mondiale.

Suite de l'encadré page suivante

Encadré 1.4 Rapports nationaux sur les filets sociaux utilisés lors de l'étude *(suite)*

4. **Cameroun** : Banque mondiale. 2012. « Cameroun : Filets Sociaux. », Washington, DC : Banque mondiale.

5. **Éthiopie** : PSNP (*Productive Safety Net Program*). 2010. « *Designing and Implementing a Rural Safety Net in a Low-Income Setting: Lessons Learned from Ethiopia's Productive Safety Net Program 2005–2009.* » Addis Ababa : Gouvernement de l'Éthiopie.

6. **Ghana** : Banque mondiale. 2011. « *Republic of Ghana: Improving the Targeting of Social Programs.* » Washington, DC : Banque mondiale.

7. **Kenya** : Ministère d'État à la planification, au développement national et à la Vision 2030. 2012. « *Kenya Social Protection Sector Review.* » Nairobi : République du Kenya.

8. **Lesotho** : Banque mondiale. 2012. « *Lesotho : A Safety Net to End Extreme Poverty.* » Washington, DC : Banque mondiale.

9. **Libéria** : Banque mondiale. 2012. « *A Diagnostic of Social Protection in Liberia.* » Washington, DC : Banque mondiale.

10. **Madagascar** : Banque mondiale. 2012. « *Madagascar : Three Years into the Crisis—An Assessment of Vulnerability and Social Policies and Prospects for the Future.* » Rapport principal, vol. 1. Washington, DC : Banque mondiale.

11. **Malawi** : Banque mondiale. 2011. « *Review of Targeting Tools Employed by Existing Social Support Programs in Malawi : Final Report.* » Washington, DC : Banque mondiale

12. **Mali** : Banque mondiale. 2011. « *Mali : Social Safety Nets.* » Washington, DC : Banque mondiale.

13. **Maurice** : Banque mondiale. 2010. « *Mauritius: Social Protection Review and Strategy—Final Report.* » Washington, DC : Banque mondiale.

14. **Mauritanie** : Banque mondiale. 2013. « *Islamic Republic of Mauritania: Summary Analysis of Safety Net Programs and Costs.* », Washington, DC : Banque mondiale.

15. **Mozambique** : Banque mondiale. 2011. « *Mozambique : Social Protection Assessment— Review of Social Assistance Programs and Social Protection Expenditures.* » Washington, DC : Banque mondiale.

16. **Niger** : Banque mondiale. 2009. « *Niger : Food Security and Safety Nets.* » Washington, DC : Banque mondiale.

17. **Rwanda** : Banque mondiale. 2012. « *Rwanda Social Safety Net Assessment : Draft Report.* » Washington, DC : Banque mondiale.

18. **Sierra Leone** : Banque mondiale. 2012. « *Sierra Leone : Social Protection Assessment.* » Washington, DC : Banque mondiale.

19. **Swaziland** : Banque mondiale. 2012. « *Swaziland : Public Transfers and the Social Safety Net.* » Washington, DC : Banque mondiale.

20. **Tanzanie** : Banque mondiale. 2011. « *Tanzania: Poverty, Growth, and Public Transfers— Options for a National Productive Safety Net Program.* » Washington, DC : Banque mondiale.

21. **Togo** : Banque mondiale. 2011. « Les Filets Sociaux au Togo : Rapport de Synthèse. » Washington, DC : Banque mondiale.

22. **Zambie** : Banque mondiale. 2012. « *Zambia: Using Productive Transfers to Accelerate Poverty Reduction.* », Washington, DC : Banque mondiale.

Tableau 1.1 La typologie des pays utilisée par l'étude

Niveaux	Pays à faible revenu	Pays à revenu intermédiaire inférieur et supérieur
Niveau 1 : Systèmes nationaux de filets sociaux « établis »	Aucun	Botswana, Maurice
Niveau 2 : Systèmes de filets sociaux dont le développement est « en gestation »	Éthiopie, Kenya, Mali, Mozambique, Niger, Rwanda et Tanzanie	Ghana, Lesotho, Swaziland
Niveaux 3 et 4 : « Stade précoce et sans planification », soit aucun plan solide d'établissement d'un système national de filets sociaux ou aucun programme adéquat en cours.	Bénin, Burkina Faso, Libéria, Madagascar, Malawi, Mauritanie, Sierra Leone et Togo	Cameroun, Zambie

Sources : Banque mondiale 2011 b; base de données des indicateurs de développement dans le monde de la Banque mondiale.
Note : Ici, le nombre de niveaux du modèle initialement utilisé par la Région Afrique de la Banque a été réduit à 3 :
« établi » = niveau 1; « en gestation »= niveau 2 et, « stade précoce et sans planification » = niveaux 3 et 4.

politiques et les différents programmes de filets sociaux comme de mesurer leur efficacité à travers la région; en outre, les enseignements tirés pourront être extrapolés à d'autres pays non couverts par l'étude.

Par ailleurs, dans de nombreux pays, les filets sociaux ont poursuivi leur évolution depuis la conduite des 22 analyses. Celles-ci et les travaux présentés dans cette étude offrent donc un portrait transitoire, quoique détaillé, de la situation actuelle des filets sociaux dans plusieurs pays africains. En fait, dans de nombreux cas, les conclusions des analyses ont catalysé les efforts des gouvernements, de la Banque mondiale et des partenaires techniques et financiers dans la transformation des filets sociaux existants en soutien plus prévisible et productif aux populations pauvres et vulnérables. Au Cameroun par exemple, les pouvoirs publics préparent actuellement des programmes de transferts monétaires et de travaux publics tout en mettant en place, comme recommandé par l'analyse, les fondements opérationnels d'un système global intégré de ses filets sociaux. Par conséquent, l'information présentée dans cette étude ne reflète pas toujours la situation actuelle des filets sociaux dans les différents pays africains. Lorsque pertinent, l'étude fait d'ailleurs référence à l'évolution des filets sociaux survenue après la conduite des 22 analyses.

Ce Chapitre d'introduction, qui présente les définitions, les contextes et les justificatifs afférents aux filets sociaux en Afrique est suivi au Chapitre 2 d'une discussion sur la pauvreté et les profils de vulnérabilité des 22 pays examinés. Le Chapitre 3 traite des politiques et programmes de filets sociaux des 22 pays analysés, particulièrement des questions de dispositifs institutionnels et de mise en œuvre. Le Chapitre 4 analyse la performance des programmes, notamment en termes d'efficacité du ciblage, de générosité, de couverture, de système de suivi et évaluation et d'état de préparation aux crises. Le Chapitre 5 fait la synthèse des aspects liés au coût et au financement des programmes de filets sociaux en Afrique comme des principales considérations d'économie politique. Enfin, le Chapitre 6 émet des recommandations pour le renforcement des filets sociaux en Afrique et présente un programme prospectif tourné vers l'avenir.

Notes

1. Les calculs sont fondés sur PovcalNet, avril 2012. La pauvreté est établie à 1,25 dollar EU par jour. On peut consulter l'outil d'analyse de la pauvreté PovcalNet aux coordonnées suivantes : http://iresearch.worldbank.org/PovcalNet/.

2. Des données probantes solides et de plus en plus nombreuses indiquent de quelle façon les filets sociaux parviennent à réduire la pauvreté et à permettre aux ménages pauvres de participer au processus de croissance. Ces données sont examinées au Chapitre 4.

3. Le *Productive Safety Net Program* (Programme de filets sociaux productifs) d'Éthiopie, qui en est un exemple éminent, a été conçu sous forme de filet social fiable destiné aux ménages souffrant de pauvreté chronique, et dont le coût ne dépasse pas le tiers des sommes précédemment versées par l'Éthiopie dans la riposte ponctuelle aux sécheresses. Il a été mis à l'échelle une première fois en 2008 afin de verser des transferts additionnels à ses bénéficiaires affectés de façon néfaste par la crise mondiale et la sécheresse locale, puis subséquemment en 2009 face à la sévérité des sécheresses et en 2011 en réponse à la crise dans la Corne de l'Afrique.

4. En 2006, le sommet de l'Union Africaine a invité tous les gouvernements africains à développer des cadres nationaux de protection sociale, ce qui a marqué l'initiation, dans plusieurs pays africains, du développement systématique de filets sociaux ciblés et efficaces (Garcia et Moore 2012; Banque mondiale 2012b).

5. Ces données sont abordées au Chapitre 4.

6. La Stratégie de protection sociale de la Banque mondiale en Afrique (2012 – 2022) traite plus en détail de la nécessité et de la montée des filets sociaux en Afrique (Banque mondiale 2012b).

7. Entre 2009 et 2013, la Région Afrique de la Banque mondiale a entrepris une série de 22 analyses des filets sociaux nationaux. En 2014, quelques autres évaluations nationales auront été complétées et pourraient être ajoutées à une version subséquente de cet ouvrage afin de le rendre aussi représentatif que possible des systèmes de filets sociaux dans l'ensemble de la Région Afrique. Le lecteur est prié de noter que l'étude n'inclut pas les pays d'Afrique du Nord (tels que l'Algérie, la République arabe d'Égypte, Djibouti, le Maroc et la Tunisie). Elle n'a également pas considéré deux grands pays d'Afrique subsaharienne, l'Afrique du Sud et le Nigéria, puisqu'elle ne disposait d'aucune évaluation de leurs filets sociaux.

8. Le recours au niveau de revenu pour l'estimation de l'ampleur du développement est cohérent avec la catégorisation des systèmes nationaux dans les pays à revenu faible et intermédiaire mise de l'avant par la Stratégie de protection sociale de la Banque mondiale en Afrique (2012 – 2022) (Banque mondiale 2012b).

Références

Banerjee, Abhijit V., et Andrew F. Newman. 1993. « *Occupational Choice and the Process of Development.* » Journal of Political Economy 101 (2) : 274–98.

Banque mondiale. 2011a. *Africa's Future and the World Bank's Support to It: Africa Regional Strategy*. Washington, DC : Banque mondiale.

———. 2011b. « *Safety Nets in Africa.* » Communiqué à Robert Zoellick, Annexe 1, Washington, DC : Banque mondiale.

———. 2011c. Rapport sur le développement dans le monde 2011 : conflits, sécurité et développement. Washington, DC : Banque mondiale.

————. 2012a. « *Informal Safety Nets: A Literature Review of the Evidence in Africa.* » Washington, DC : Banque mondiale.

————. 2012b. Gérer les risques, promouvoir la croissance: Développer les systèmes de protection sociale en Afrique – Stratégie de protection sociale de la Banque mondiale en Afrique, 2012 – 2022. Washington, DC : Banque mondiale.

————. 2013. « *Securing the Transformational Potential in Africa's Mineral Resources.* » Présentation PowerPoint, Washington, DC : Banque mondiale.

Bundy, Donald, Carmen Burbano, Margaret Grosh, Aulo Gelli, Matthew Jukes, et Lesley Drake. 2009. *Rethinking School Feeding: Social Safety Nets, Child Development, and the Education Sector.* Washington, DC : Banque mondiale.

de Mel, Suresh, David McKenzie, et Christopher Woodruff. 2008. « *Returns to Capital in Microenterprises : Evidence from a Field Experiment.* » Quarterly Journal of Economics 123 (4) : 1329– 72.

Fiszbein, Ariel, et Norbert Schady. 2009. *Conditional Cash Transfers: Reducing Present and Future Poverty.* Washington, DC : Banque mondiale.

Galor, Oded, et Joseph Zeira. 1993. « *Income Distribution and Macroeconomics.* » Review of Economic Studies 60 (1) : 35– 52.

Garcia, Marito, et Charity M. T. Moore. 2012. *The Cash Dividend: The Rise of Cash Transfer Programs in Sub-Saharan Africa.* Washington, DC : Banque mondiale.

Goldstein, Markus, et Christopher Udry. 1999. « *Agricultural Innovation and Resource Management in Ghana.* » Université Yale, New Haven, CT.

Grosh, Margaret, Carlo del Ninno, Emil Tesliuc, et Azedine Ouerghi. 2008. *For Protection and Promotion: The Design and Implementation of Effective Safety Nets.* Washington, DC : Banque mondiale.

Loury, Glenn C. 1981. « *Intergenerational Transfers and the Distribution of Earnings.* » Econometrica 49 (4) : 843– 67.

McCord, Anna, et Rachel Slater. 2009. *Overview of Public Works Programmes in Sub- Saharan Africa.* Londres : Institut de développement outre-mer.

Milazzo, Annamaria, et Carlo del Ninno. 2012. *The Role of Public Works Programs in Sub- Saharan Africa.* Washington, DC : Banque mondiale.

CHAPITRE 2

Pauvreté et risque

Le rôle dévolu aux filets sociaux par un pays donné dépend de différents facteurs, notamment de la vision gouvernementale sur les politiques sociales, du contrat social entre l'État et ses citoyens et de l'espace fiscal disponible dans le budget. Néanmoins, le principal justificatif du développement de filets sociaux en Afrique reste la présence de taux élevés de vulnérabilité, de pauvreté chronique et d'insécurité alimentaire. Le profil de pauvreté et de vulnérabilité d'un pays, comme d'ailleurs le niveau et la répartition des avantages tirés de sa croissance économique sont décisifs dans l'identification du système de filets sociaux le plus approprié. En Afrique, la forte croissance économique des dernières décennies n'a pas permis d'amoindrir les niveaux de pauvreté de la population et, dans plusieurs pays, l'écart entre les personnes extrêmement pauvres et une classe moyenne émergente s'accentue. En outre, la fréquence et la gravité croissante des chocs portent continuellement atteinte à la pérennisation des reculs de la pauvreté. Ce chapitre examine l'incidence de la pauvreté et de la vulnérabilité des pays africains afin de déterminer comment les filets sociaux pourront contribuer à réduire la pauvreté chronique ou induite par des chocs et aider les ménages pauvres à investir dans leurs moyens de subsistance et le développement à long terme de leurs enfants.

Les principaux constats du Chapitre révèlent qu'en dépit de sa croissance économique, l'Afrique est aux prises avec des indices élevés de pauvreté persistante, ce qui rend les filets sociaux essentiels à ceux qui ne profitent pas de la nouvelle prospérité. En raison de l'ampleur considérable de la pauvreté et de la vulnérabilité en Afrique, il est certain que les filets sociaux sont actuellement incapables de rejoindre tous les pauvres et doivent être concentrés, pour un maximum d'effet et d'abordabilité, sur les ménages extrêmement pauvres et certains groupes vulnérables. Une analyse minutieuse du profil de pauvreté du pays considéré reste donc nécessaire pour que l'élaboration des filets sociaux corresponde adéquatement à sa situation particulière.

Croissance et incidence de pauvreté

Au cours de la dernière décennie et en dépit de la récente crise mondiale, la croissance économique a été soutenue et généralement stable dans l'ensemble de la région Afrique, où elle s'est élevée en moyenne à 5,0 pour cent par an (Figure 2.1).[1] La flambée des prix du pétrole, des minéraux et des autres biens d'exportation a contribué depuis l'an 2000 à la croissance du produit intérieur brut (PIB). En outre, l'amélioration de la gestion macro-économique et des politiques tournées vers les marchés ont stimulé les marchés intérieurs, notamment les secteurs du commerce de gros et de détail, du transport, des télécommunications et manufacturiers. Enfin, le renforcement de la paix et de la stabilité a contribué à la prospérité des différents pays.

Même si certains pays africains, notamment le Botswana, l'Éthiopie et le Rwanda ont bénéficié au cours de la décennie d'un recul sans précédent de leur indice de pauvreté, celui-ci demeure obstinément élevé et ne s'érode que très lentement dans plusieurs autres pays africains (Figures 2.2 et 2.3).[2] Ainsi, entre 2003 et 2009, le taux de pauvreté par habitant du Burkina Faso n'a régressé que légèrement, pour passer de 51,0 pour cent à 46,7 pour cent. En Tanzanie, l'indice de pauvreté, qui oscillait entre 34 et 35 pour cent en l'an 2000 avait peu évolué en 2007 (voir Encadré 2.1 pour une analyse de la croissance et de la pauvreté en Tanzanie). Au Mozambique, l'indice de pauvreté est passé de 54,0 pour cent en 2003 à 54,7 pour cent en 2008. Dès lors, en dépit de la croissance économique, il paraît certain que les Africains ne reçoivent pas tous leur part du gâteau et que les inégalités sont à la hausse. Au Kenya par exemple, les différences entre les différents quintiles de revenus sont substantielles, particulièrement en matière d'accès aux services essentiels et de résultats du développement humain. Les taux de mortalité du nourrisson et des enfants de moins de 5 ans

Figure 2.1 Croissance annuelle moyenne du PIB, 2000–10

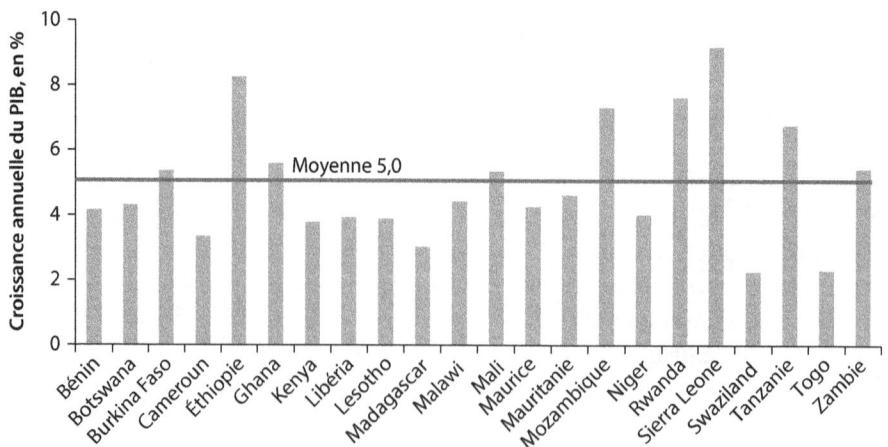

Source : Base de données des indicateurs du développement dans le monde de la Banque mondiale.

Figure 2.2 Pauvreté par habitant, dernière année disponible

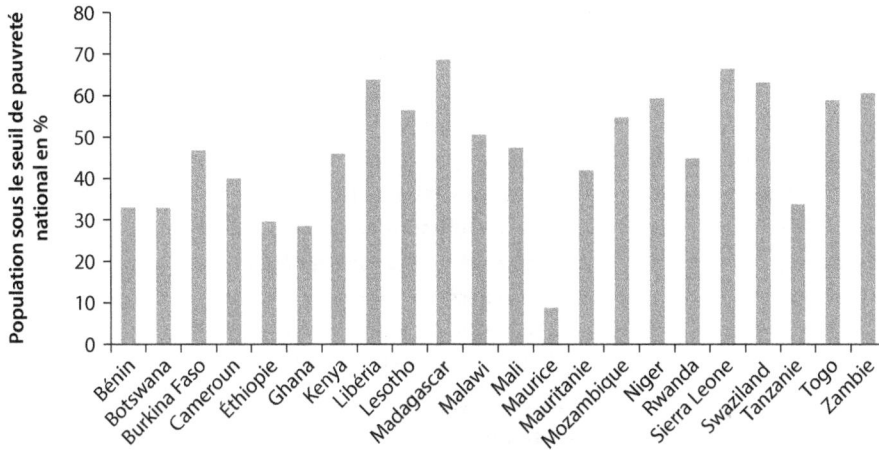

Source : Base de sonnées sur la pauvreté dans la région Afrique de la Banque mondiale.
Note : La figure utilise le seuil de pauvreté national défini pour chaque pays (données PovCalNet en parité de pouvoir d'achat, présentées à l'Annexe C).

Figure 2.3 Pauvreté par habitant, début et fin des années 2000

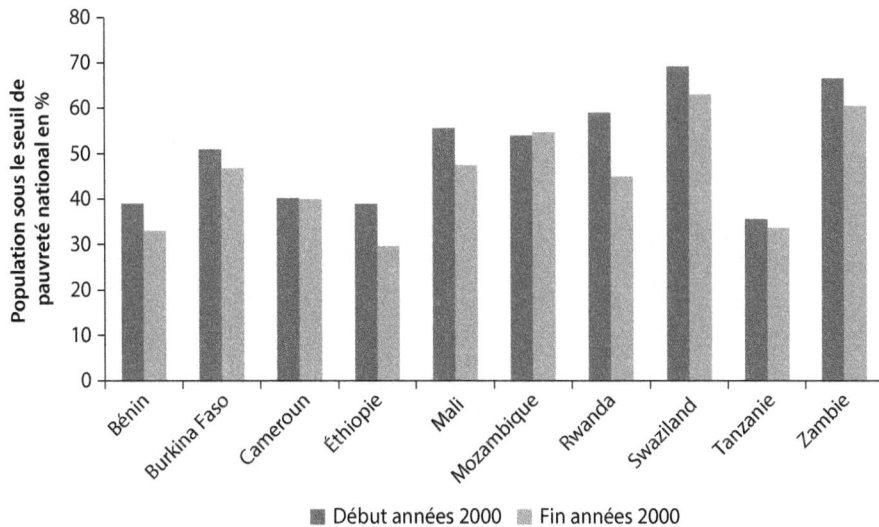

■ Début années 2000   ■ Fin années 2000

Source : Base de données sur la pauvreté dans la région Afrique, Banque mondiale, mars 2013.

issus de ménages appartenant aux 2 déciles les plus pauvres y sont de 50 pour cent plus élevés que ceux des ménages des 2 déciles les mieux nantis. Au Lesotho, la rapidité de l'expansion économique, qui a considérablement poussé à la hausse le produit intérieur brut (PIB), n'a pas favorisé un recul significatif de la pauvreté puisque la main-d'œuvre est restée coincée dans un secteur

Encadré 2.1 Croissance et réduction de la pauvreté en Tanzanie

Même si les données sur la Tanzanie font l'objet de certains débats, les chercheurs conviennent que les effets de la croissance sur la pauvreté n'y ont pas été aussi substantiels qu'ils auraient dû l'être. Du point de vue des filets sociaux, l'examen de l'impact distributionnel de la croissance et la mesure dans laquelle elle rejoint (ou ne parvient pas à rejoindre) les plus pauvres s'avère donc particulièrement intéressant. Ainsi, la Figure E2.1.1 illustre la courbe d'incidence de la croissance et de ce fait, l'impact de la croissance économique sur la consommation des différents quintiles de revenu. La courbe se révèle relativement égale, ce qui suggère que tous les groupes de revenu ont profité de la croissance de façon plus ou moins équivalente, ceci à deux exceptions près : la situation des 10 pour cent les plus pauvres de la population s'est détériorée alors que la consommation faisait un bond important chez les 10 pour cent les mieux nantis. Dans une perspective de stratégie de filets sociaux, ce constat est particulièrement important puisqu'il suggère, du moins en fonction des données 2001-2007, que les plus pauvres ne profitent pas de la croissance et auront donc besoin de filets sociaux durables.

Figure E2.1.1 Incidence de croissance, Tanzanie continentale, 2001-2007

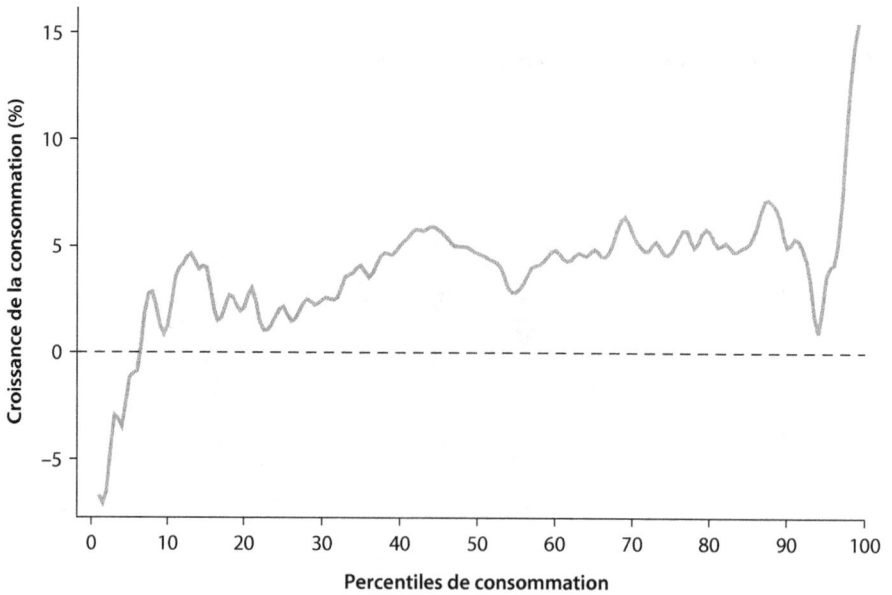

Source : Banque mondiale 2011.

agricole essentiellement stagnant. La réponse relativement léthargique du Lesotho à la croissance s'est traduite en inégalités radicales entre les revenus (un coefficient Gini de 0,53), plus proches en fait de celles observées en Amérique latine et en Afrique du Sud que de celles des autres pays d'Afrique subsaharienne. De même, en Zambie où le coefficient Gini s'élève à environ 0,52, les 20 pour cent les plus pauvres reçoivent moins d'un pour cent du revenu mensuel d'un ménage mieux nanti. Il est certain que dans un contexte d'inégalités aussi fortes, les programmes de filets sociaux qui investissent dans les pauvres peuvent jouer un rôle déterminant dans la réduction de la pauvreté.

L'incidence de la pauvreté varie largement d'un pays à l'autre, avec des taux généralement beaucoup plus élevés en zone rurale qu'en zone urbaine. De nombreux pays font face à une forte concentration de la pauvreté dans certaines zones géographiques, le plus souvent rurales (Figure 2.4). Ainsi, dans certains pays d'Afrique de l'Ouest tels que le Ghana et le Togo, les régions sahéliennes du Nord sont beaucoup plus affectées par la pauvreté que les zones côtières. Au Kenya, l'incidence de pauvreté est par contre beaucoup plus forte dans les provinces Côtière et du Nord-Est. Au Mozambique, les provinces du Nord sont les plus affectées. Au Mali, les taux de pauvreté non monétaire[3] les plus élevés sont enregistrés par la région de Tombouctou, dans le Nord du pays (plus de 92 pour cent). Toutefois, au Libéria et en Sierra Leone par exemple, même la pauvreté urbaine dépasse les 45 pour cent. Seule Maurice, dont la richesse dépasse celle des autres pays considérés par cette étude, fait état d'un taux de pauvreté urbaine plus élevé que celui de la pauvreté rurale, notamment en raison du fait que les groupes les plus vulnérables restent les habitants des bidonvilles.

Les fluctuations dans l'incidence de la pauvreté nationale sont souvent le fait de changements dans le niveau de vie et de migrations entre les zones urbaines et rurales. Au Cameroun, en Éthiopie et au Swaziland, la pauvreté urbaine a reculé considérablement au cours de la dernière décennie alors que la pauvreté rurale demeurait élevée, voire en augmentation, au Cameroun par exemple (Figures 2.5 et 2.6). Au Mali, il s'est produit exactement l'inverse : la pauvreté

Figure 2.4 Pauvreté urbaine et rurale par habitant, dernière année disponible

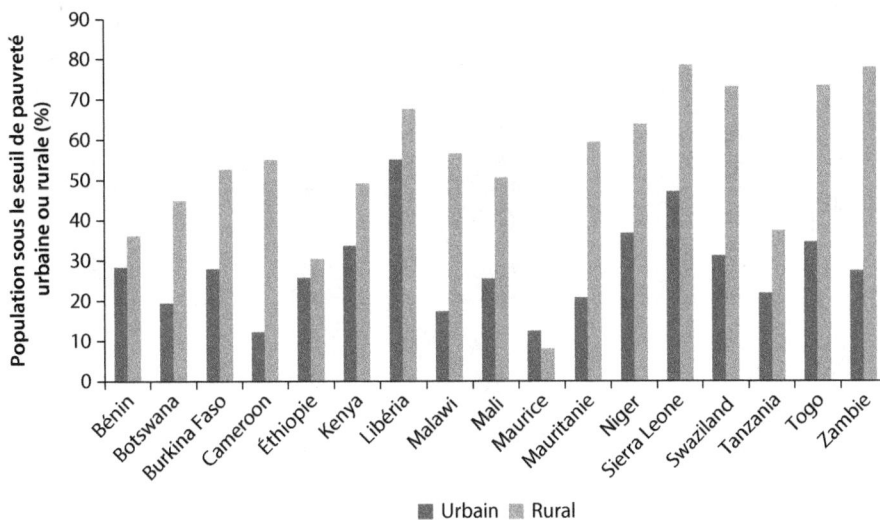

Source : Base de données sur la pauvreté dans la région Afrique, mars 2013.

Figure 2.5 Pauvreté urbaine par habitant, début et fin des années 2000

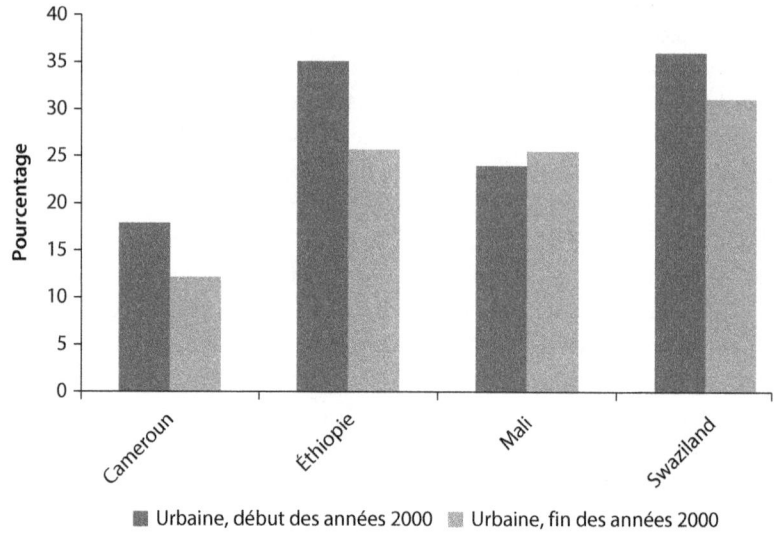

Source : Base de données sur la pauvreté dans la région Afrique, mars 2013, pays sélectionnés.
Note : Parmi ces pays, le déclin le plus important a été enregistré par l'Éthiopie, soit 9,4 % entre le début et la fin des années 2000.

Figure 2.6 Pauvreté rurale par habitant, début et fin des années 2000

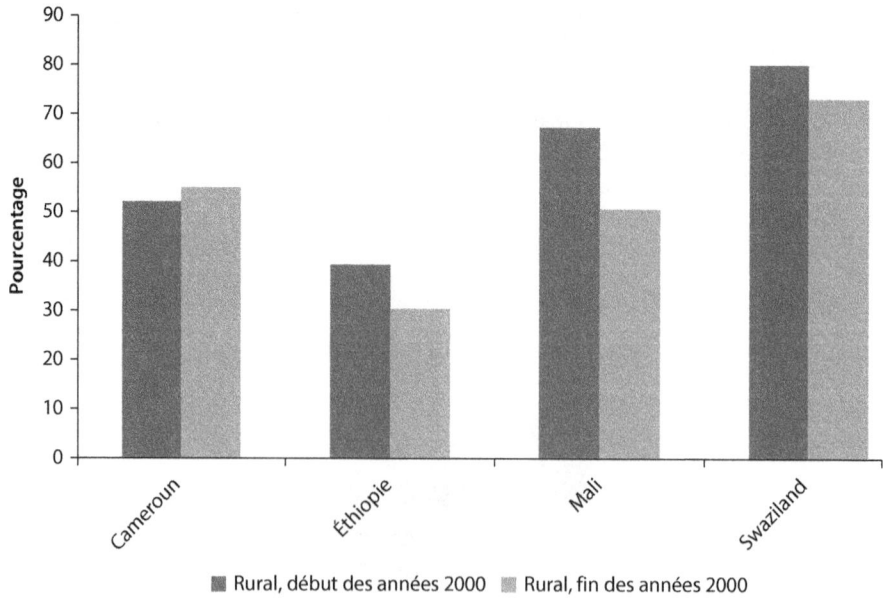

Source : Base de données sur la pauvreté dans la région Afrique, mars 2013, pays sélectionnés.

urbaine est demeurée stable alors que la pauvreté rurale, quoiqu'encore considérable, régressait de 17 points de pourcentage. Au Botswana et au Kenya, même si l'incidence de pauvreté est en moyenne plus forte en région rurale qu'en région urbaine, on a constaté que les résidents des lotissements informels des grandes villes – Gaborone et Nairobi par exemple – souffraient de privations majeures, souvent beaucoup plus qu'en zone rurale.

Vulnérabilité et insécurité alimentaire

Outre leur pauvreté persistante, les pauvres et quasi pauvres sont fortement vulnérables en raison de la large dépendance de la majorité d'entre eux envers une agriculture de subsistance. Dans les économies pluviales de subsistance, la consommation des pauvres varie en effet selon la période annuelle, le plus souvent en fonction de l'abondance de nourriture et de la disponibilité d'un emploi agricole rémunéré. En outre, en raison de l'absence d'actifs ou d'épargnes susceptibles de soutenir leur riposte aux chocs adverses, les pauvres forment sans aucun doute le groupe le plus vulnérable de la société; ils restent généralement prisonniers de la pauvreté ou s'y enfoncent de plus en plus profondément. Pour leur part, les quasi pauvres (qui vivent près du seuil de pauvreté) risquent à tout moment de basculer sous le seuil de pauvreté.

Lors de la planification de filets sociaux, il faut savoir si les bénéficiaires ciblés souffrent de pauvreté chronique ou s'ils passent périodiquement d'un côté à l'autre du seuil de pauvreté – autrement dit, si les ménages ont besoin d'un soutien complet et continu ou plutôt, selon leur spécificité, d'appuis ponctuels. Au Mozambique, au Swaziland et en Zambie par exemple, la répartition du revenu à travers les 3 ou 4 déciles les plus bas est relativement équivalente et seules quelques variables au niveau des ménages expliquent la profondeur de la pauvreté. Ainsi, au Mozambique, une large part de la population évolue près du seuil de pauvreté. Même si 54 pour cent des Mozambicains vivent sous le seuil national, plus de 60 pour cent se situent sous le seuil de pauvreté plus 10 pour cent et les 2/3 toujours sous le seuil de pauvreté, mais plus 25 pour cent. Au Cameroun, il y aurait 26 pour cent de personnes chroniquement pauvres et 9,9 pour cent de pauvres transitoires de plus. La pauvreté transitoire est généralement plus prononcée en zone urbaine qu'en zone rurale. À Madagascar, elle est plus élevée dans les milieux urbains (23 pour cent) que ruraux (15 pour cent) alors que la pauvreté chronique, qui est omniprésente en zone rurale (78 pour cent) reste beaucoup plus faible (19 pour cent) dans les centres urbains. En Tanzanie, des parts équivalentes de la population ont basculé dans, ou émergé hors de la pauvreté sur une durée de 5 à 10 ans. Les données de panel indiquent que sur une période de 5 ans, un peu plus de la moitié des pauvres n'avaient pu s'extraire de leur situation alors que 46 pour cent d'entre eux y étaient parvenus; parallèlement, le tiers des ménages qui n'étaient pas pauvres au moment du premier tour de l'enquête de panel avaient basculé dans la pauvreté 5 ans plus tard.

Dans les pays examinés, les chocs qui affectent le plus fréquemment les ménages pauvres et vulnérables sont essentiellement d'origine environnementale (sécheresse, inondation, infestation, etc.) ou humaine (maladie ou décès d'un membre du ménage par exemple). Ainsi, dans plusieurs pays africains, la fluctuation des prix alimentaires – particulièrement au cours de la crise de 2007 et 2008 – a surtout déstabilisé les pauvres et quasi pauvres, qui doivent consacrer une large part du budget du ménage à la dépense alimentaire. En Éthiopie, plusieurs d'entre eux ne parviennent pas à épargner ou à accumuler le bétail et les réserves alimentaires qui leur permettraient de surmonter les mauvaises saisons. Si, lors d'une sécheresse, la production agricole décline en moyenne de 25 pour cent, la chute du rendement céréalier peut par contre atteindre 75 pour cent au niveau local. Les données fournies par les études de cas indiquent en outre que les cheptels sont alors décimés, avec des pertes qui peuvent aller jusqu'à 70 pour cent des têtes. Les sécheresses répétées entraînent évidemment une hausse catastrophique des taux de malnutrition, alors que les ménages tentent de survivre à court terme en réduisant leur consommation pour protéger leurs actifs (PSNP 2010). Au Togo, à la suite des pluies dévastatrices de 2006 et de la montée des prix alimentaires et pétroliers en 2007, plus de 13 pour cent des ménages habitant les savanes du Nord du pays ont souffert d'une insécurité alimentaire aiguë, alors que la perte des moyens de subsistance menaçait sérieusement plus de la moitié des ménages (300 000 personnes) des régions Savane, Kara et Plateaux. Pour contrer les effets de ces différents événements, les ménages se voient souvent contraints de réduire leur apport alimentaire (soit en diminuant la quantité ou la qualité des aliments ou en réallouant les quantités consommées au sein du ménage); de vendre leurs actifs, notamment le bétail, leur propriété ou l'équipement; ou encore de retirer leurs enfants des écoles afin de les mettre au travail. Lorsque survient une crise, les ménages peuvent parfois compter, dans une certaine mesure, sur le soutien traditionnel des filets sociaux informels. Les chocs macro-économiques et de gouvernance peuvent également avoir des effets néfastes sur le bien-être des ménages de certains pays. Au Lesotho par exemple, l'économie dépend fortement des recettes tirées de l'Union douanière sud-africaine, essentiellement volatiles et récemment lourdement affectées par le recul de l'économie mondiale. La récurrence des crises de gouvernance internes constitue d'ailleurs un risque sérieux pour la population malgache.

Les risques auxquels sont confrontés les pauvres varient donc en fonction de facteurs macro-économiques, socioculturels et de géolocalisation (milieu rural, urbain). Dans les pays où les sources nationales de recettes sont peu diversifiées (par exemple au Burkina Faso, au Mali, en Mauritanie et au Niger), les pauvres restent particulièrement dépendants de la stabilité régionale des importations, d'un climat d'exportation favorable et de conditions commerciales propices. Qui plus est, les États fragiles, notamment le Libéria et la Sierra Leone, abritent un nombre important de populations délocalisées, de réfugiés, d'orphelins, d'ex-combattants et d'autres victimes des traumatismes générés par les conflits. De plus, la vulnérabilité varie à l'intérieur même du territoire national. Les personnes qui habitent en zone rurale sont généralement plus sensibles aux risques environnementaux en raison de leur forte dépendance à l'agriculture de subsistance et aux infrastructures d'accès aux marchés. Par contre, dans les zones urbaines, les fluctuations économiques et du marché de l'emploi affectent les salariés, les producteurs de cultures de rente et les commerçants. Les risques sociaux que constituent les mariages forcés, les grossesses précoces et les mutilations génitales affectent tout particulièrement les femmes.[4] Dans la région sud-africaine, où l'épidémie du virus d'immunodéficience humaine (VIH) sida est particulièrement sévère, plusieurs ménages souffrent de vulnérabilité en raison du décès de nombreux adultes en âge de travailler et de la prolifération des orphelins.

L'insécurité alimentaire est fortement corrélée à la pauvreté, particulièrement dans les zones rurales, et affecte tout autant la pauvreté chronique que saisonnière. Au Niger, plus de la moitié de la population consomme moins que l'apport calorique minimum recommandé[5] et, au Libéria, on considère que 41 pour cent de la population souffre d'insécurité alimentaire (Figure 2.7). Même si, dans d'autres pays, l'insécurité alimentaire nationale est inférieure à la moyenne, les zones rurales et arides y sont en général fortement affectées. Les analyses des filets sociaux ont relevé différents types d'insécurité alimentaire. Ainsi, dans la plupart des pays considérés, certains groupes de la population souffrent avant tout d'insécurité alimentaire chronique en raison d'une pauvreté monétaire constante et de l'incapacité à se procurer suffisamment d'aliments pour satisfaire aux besoins caloriques quotidiens. Cependant, l'insécurité alimentaire peut également prendre une forme saisonnière; elle frappe alors de façon répétitive au cours de la soudure agricole, ou encore suite à l'occurrence récurrente d'inondations et de sécheresses, au Sahel

Figure 2.7 Pourcentage de la population souffrant d'insécurité alimentaire, dernière année disponible

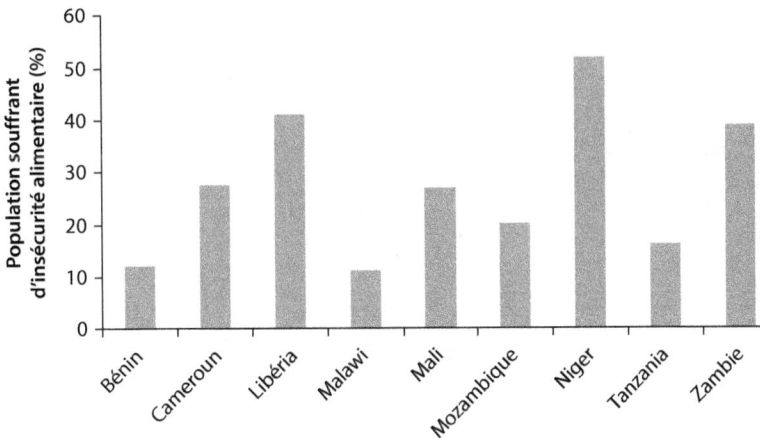

Source : Données secondaires, Évaluations nationales des filets sociaux.
Note : Les données sont fondées sur les différentes définitions de l'insécurité alimentaire utilisées par chaque pays.

par exemple. L'insécurité alimentaire transitoire est en fait relativement fréquente dans les régions rurales et éloignées au cours des saisons creuses. Il faut ajouter à ces difficultés l'influence de la fluctuation des prix alimentaires internationaux sur la disponibilité des denrées de base, notamment des céréales qui occupent une place prépondérante dans le régime alimentaire des pauvres. Même dans les zones rurales où la plupart des individus travaillent dans l'agriculture, la majorité des ménages doivent acquérir une partie de leurs denrées alimentaires.

Les chocs générés par la réduction du revenu et le manque d'accès aux aliments ont également des conséquences à long terme sur le bien-être des ménages. En fait, même si tous les types de chocs qui frappent les individus pauvres et vulnérables – par exemple la perte de revenus ou la famine – ont à l'évidence des impacts néfastes immédiats sur le bien-être, les chocs transitoires décuplent tout particulièrement la vulnérabilité aux événements futurs, particulièrement si les ménages doivent se départir de leurs actifs pour surmonter une catastrophe. D'autre part, la réduction de l'apport nutritionnel chez les jeunes enfants, même ponctuelle, augmente le risque de retard de croissance et d'émaciation, par exemple au Bénin, en Éthiopie, à Madagascar, au Malawi, au Mozambique, au Niger, au Rwanda, en Tanzanie et en Zambie, où les taux de malnutrition chez les enfants de moins de 5 ans sont faramineux (Figure 2.8). À long terme, outre le désinvestissement dans la scolarisation et les biens productifs, ces effets risquent d'affecter sérieusement les résultats en matière de pauvreté et de bien-être.

Figure 2.8 Prévalence de la malnutrition chez les enfants de moins de 5 ans, dernière année disponible

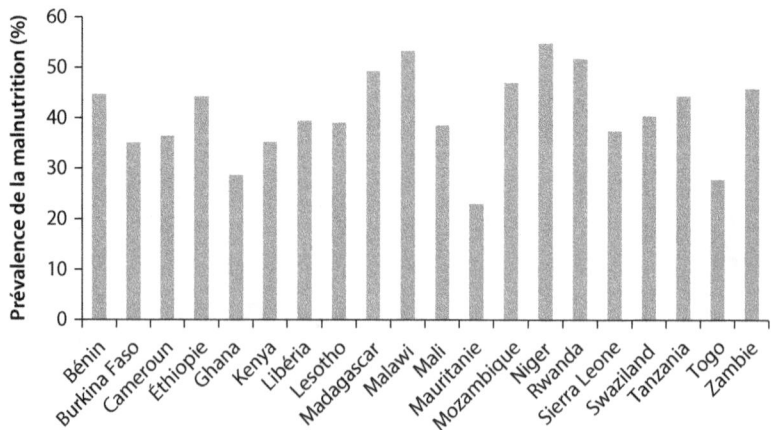

Source : Base de données sur les indicateurs de développement de la Banque mondiale.
Note : la *Prévalence de la malnutrition infantile* correspond au pourcentage d'enfants de moins de 5 ans dont la taille pour l'âge (retard de croissance) équivaut à plus de 2 déviations standards sous la moyenne de la population internationale de référence du même âge.

Déterminants de la pauvreté et de la vulnérabilité

Plusieurs facteurs expliquent clairement la pauvreté et la vulnérabilité des ménages. Comme souligné précédemment, les ménages ruraux sont plus sujets à la pauvreté en raison d'un accès généralement moindre aux services sociaux et économiques et de la pratique plus fréquente d'activités agricoles que les ménages urbains (Tableau 2.1). Le type de ménage est déterminant; les ménages nombreux à faible capital humain sont plus sujets à la pauvreté que les autres. Les données tirées de différents pays confirment que les ménages polygames ou dirigés par une veuve sont souvent les plus pauvres. Cependant, au Lesotho comme à Madagascar, aucune preuve ne confirme que les personnes âgées sont plus pauvres que le reste de la population.

La pauvreté est étroitement liée au sous-emploi – saisonnier ou permanent – dans l'agriculture à faible productivité et le secteur informel. Les évaluations de filets sociaux n'ont pas toutes examiné la correspondance entre les tendances du marché de l'emploi et la pauvreté, mais celles qui ont procédé à cet exercice ont

Tableau 2.1 Covariables de la pauvreté

Caractéristiques individuelles			Caractéristiques du ménage				Activité économique	Localisation géographique	
	Femme	Enfants/ personnes âgées	Dirigé par une femme	Éducation chef de ménage >primaire	Nombre membres/ enfants	Polygame ou veuve	Agriculture ou autre activité informelle	Zone rurale	Accès aux services
Bénin	+	+	-	-	+	+	auc. i.	+	-
Botswana	auc. i.	+	+	-	+	+	auc. i.	+	auc. i.
Burkina Faso	+	auc. i.	-	-	+	+	+	+	auc. i.
Cameroun	auc. i.	auc. i.	-	-	+	+	+	+	-
Kenya	auc. i.	+	+	auc. i.	+	auc. i.	auc. i.	+	-
Lesotho	auc. i.	-	+	auc. i.	+	auc. i.	+	+	auc. i.
Libéria	+	+	-	-	auc. i.	auc. i.	+	+	auc. i.
Madagascar	auc. i.	+ enfants; - pers. âgées	+	-	+	auc. i.	+	+	-
Mali	+	auc. i.	auc. diff.	-	+	+	+	+	auc. i.
Maurice	auc. i.	auc. i.	+	auc. i.	auc. i.	auc. i.	auc. i.	-	auc. i.
Mozambique	auc. i.	+	+	-	+	auc. i.	+	+	auc. i.
Niger	auc. i.	auc. i.	+	-	+	auc. i.	+	+	auc. i.
Tanzanie	auc. i.	+	auc. diff.	auc. i.	+	auc. i.	+	+	auc. i.
Togo	auc. i.	+	auc. i.	-	+	auc. i.	auc. i.	+	auc. i.
Rwanda	auc. i.	auc. i.	+	-	+	auc. i.	+	+	auc. i.
Sierra Leone	auc. i.	+	auc. i.	-	+	auc. i.	+	+	-
Swaziland	auc. i.	+	auc. i.	-	auc. i.	auc. i.	auc. i.	+	-
Zambie	auc. diff.	auc. diff.	auc. diff.	auc. i.	+	auc. i.	+	+	auc. i.

Sources : Données secondaires, Évaluations nationales des filets sociaux.
Note : + = corrélation positive à la pauvreté; - = corrélation négative à la pauvreté; auc. diff. = aucune différence; auc. i. = Aucune information dans l'analyse des filets sociaux.

démontré clairement qu'en Afrique, la pauvreté n'était pas corrélée au *chômage*, mais bien au *sous-emploi* (soit lorsque les activités économiques du ménage ne suffisent pas à assurer sa survie). En général, les pauvres ne peuvent pas se permettre d'être chômeurs et puisque le taux d'emploi formel reste très faible dans les déciles de revenus les plus bas, les ménages pauvres mènent différentes activités informelles, le plus souvent en lien avec l'agriculture (au Bénin, au Libéria et en Tanzanie par exemple). Au Bénin, le taux de sous-emploi invisible (dans des activités à faible productivité peu rémunératrices) dépasse 70 pour cent, surtout en zone rurale, et affecte davantage les femmes que les hommes. Au Cameroun, les 2/3 de la population active travaillent dans des activités connexes au secteur agricole (une proportion qui passe à 85 pour cent en zone rurale), et le secteur informel (agricole et non agricole) absorbe plus de 90 pour cent de la main-d'œuvre. Près de 40 pour cent des travailleurs ruraux gagnent moins que le salaire minimum. En 2008, les Nations Unies estimaient que, parmi les 300 000 ménages extrêmement pauvres du Libéria, 250 000 devaient leur situation au manque d'accès des adultes aptes au travail à un emploi productif. Les données provenant de Tanzanie font état de longues périodes au cours desquelles les pauvres aptes au travail ne sont pas suffisamment occupés et où les emplois non agricoles sont insuffisants à la compensation de la diminution du travail agricole au cours des périodes de soudure.

En résumé, quoique la pauvreté demeure omniprésente en Afrique, elle semble concentrée dans des zones spécifiques et certains groupes d'individus, qui restent prisonniers de la pauvreté et n'ont pas été en mesure de profiter de la croissance économique récente. Les filets sociaux ciblés se profilent donc comme des outils essentiels face à la forte prévalence de la vulnérabilité, de la pauvreté chronique et de l'insécurité alimentaire. En outre, ils ne devraient pas s'adresser qu'aux pauvres chroniques, qui n'ont pu tirer parti de la croissance économique, mais également assurer à ceux qui basculent dans la pauvreté transitoire à la suite d'un choc le soutien additionnel qui leur permettra d'éviter la dilapidation de leurs actifs pour assurer leur survie. Les inégalités croissantes suggèrent également que les interventions ciblées, axées sur la promotion de l'investissement des pauvres dans des activités productives et porteuses de capital humain, restent déterminantes pour l'accélération de la réduction de la pauvreté.

Résumé des principaux messages

Ce chapitre est porteur de plusieurs messages :

- En dépit de la croissance économique, de forts taux de pauvreté persistent en Afrique, particulièrement dans les zones rurales. En plus de la pauvreté chronique, la vulnérabilité reste élevée. Certains groupes se révèlent particulièrement vulnérables, notamment les enfants, les personnes âgées, les ménages nombreux disposant de peu de capital humain et les ménages ruraux affectés par la faible productivité agricole et le sous-emploi.

- Les forts niveaux de vulnérabilité, de pauvreté chronique et d'insécurité alimentaire en Afrique rendent les filets sociaux tout à fait essentiels. Ces derniers peuvent s'avérer déterminants pour le soutien aux laissés-pour-compte du processus de croissance économique, la réduction des inégalités et l'accélération de la réduction de la pauvreté.
- Les mesures ciblées que peuvent offrir les filets sociaux devraient s'adresser aux pauvres chroniques et leur offrir les ressources nécessaires à l'interruption du cycle de la pauvreté et à l'amélioration de leurs moyens de subsistance. Les filets sociaux devraient à la fois dispenser un soutien additionnel lorsque des chocs se produisent et aider les individus à se constituer des réserves pour éviter d'avoir à puiser dans leurs actifs lors des périodes difficiles.
- Compte tenu de l'ampleur de la pauvreté et de la vulnérabilité en Afrique, les filets sociaux ne sont pas en mesure de rejoindre tous les pauvres et doivent donc se concentrer, pour une influence et une abordabilité maximales, sur les ménages souffrant de pauvreté extrême et certains groupes vulnérables spécifiques.
- L'ampleur et les différents types de pauvreté et de vulnérabilité varient entre et au sein des pays africains. Par conséquent, seule une analyse rigoureuse des profils de pauvreté et de vulnérabilité spécifiques peut permettre d'adapter les systèmes de filets sociaux aux besoins nationaux.

Notes

1. Les calculs reposent sur le produit intérieur brut (PIB), tel que défini pour les 22 pays dans la Base de données sur les indicateurs du développement dans le monde de la Banque mondiale.
2. Les figures de l'Annexe C comparent les taux de pauvreté en fonction de la parité de pouvoir d'achat équivalente en 2005 à 1,25 dollar et 2,00 dollars EU, telle qu'établie par la base de données PovcalNet de la Banque mondiale.
3. La pauvreté non monétaire inclut généralement la mesure d'autres déterminants de la pauvreté, notamment l'espérance de vie, les taux de mortalité et les taux d'alphabétisation.
4. La législation sociale et sa mise en vigueur pourraient, au-delà des filets sociaux, régler plusieurs de ces facteurs de risque.
5. Le Programme alimentaire mondial fixe l'apport calorique minimum chez un adulte à 2100 calories par jour.

Références

Banque mondiale. 2011. *Tanzania: Poverty, Growth, and Public Transfers—Options for a National Productive Safety Net Program*. Washington, DC : Banque mondiale.

PSNP (*Productive Safety Net Program*. Programme de filets sociaux productifs). 2010. *Designing and Implementing a Rural Safety Net in a Low-Income Setting : Lessons Learned from Ethiopia's Productive Safety Net Program 2005–2009*. Addis-Ababa : Gouvernement de l'Éthiopie.

CHAPITRE 3

Politiques et programmes actuels de filets sociaux

Les filets sociaux sont relativement récents en Afrique, mais, depuis le début des années 2000, la protection sociale joue un rôle déterminant dans les efforts de réduction de la pauvreté dans la région. En 2009, les membres de l'Union Africaine ont adopté le Cadre de politique sociale pour l'Afrique.[1] Ce dernier s'éloigne de la vision voulant que le développement social soit subordonné à la croissance économique et affirme au contraire que le développement social et la protection sociale sont essentiels à la promotion de la croissance. Ainsi, cet accord, le soutien accru à la protection sociale par plusieurs partenaires techniques et financiers (PTF) et l'urgence de protéger les pauvres à la suite de la crise économique ont été déterminants dans l'expansion récente des filets sociaux à travers toute l'Afrique.

Dans chaque pays, l'approche aux filets sociaux reflète l'héritage sociopolitique et le contrat social qui relie l'État à ses citoyens. Certains pays à revenu intermédiaire (PRI) de la région sud-africaine ont fondé leurs interventions sur le droit à la protection sociale et disposent généralement d'un éventail de programmes de filets sociaux ciblés et relativement généreux. Ailleurs, les filets sociaux étatiques ne se sont pas toujours aussi prolifiques et sont parfois carrément inexistants. Ce chapitre examine les contextes politiques, les systèmes et les programmes actuels de filets sociaux dans 22 pays africains.

Les principaux constats font état d'un nombre croissant de filets sociaux en Afrique dont les caractéristiques sont, par ailleurs, en constante évolution. Néanmoins, les systèmes de filets sociaux sont généralement caractérisés par la conduite de nombreux petits programmes disparates, une particularité qui nuit considérablement à l'émergence de champions politiques. En outre, en raison de cette fragmentation et de l'absence de coordination des partenaires, peu de pays disposent d'un système susceptible de contribuer de façon sensible à la réduction de la pauvreté et de la vulnérabilité. Par conséquent, les pouvoirs publics africains devraient prioriser l'harmonisation et l'unification de leurs divers programmes de filets sociaux en un système cohérent. Les instruments administratifs afférents, soit les registres de bénéficiaires, méthodes de ciblage et modalités de paiement joueront pour leur part un rôle déterminant dans la capacité des programmes à soutenir de façon efficace, efficiente et transparente les groupes ciblés.

Politiques et stratégies

Les cadres de politiques de protection sociale permettent d'aborder de façon systématique la pauvreté et la vulnérabilité persistantes, comme de guider l'harmonisation et la coordination de programmes de protection sociale hétérogènes. Ainsi, dans un pays donné, la politique de protection sociale reflète la vision du gouvernement sur les politiques sociales, ses préférences quant à l'octroi direct de ressources aux pauvres et la teneur du contrat social qui lie l'État à sa population. En Tanzanie par exemple, les transferts monétaires constituent des instruments majeurs de protection des plus pauvres et des plus vulnérables. Par contre, dans des pays comme le Mozambique, l'octroi de prestations non conditionnelles (par exemple aux personnes âgées ou inaptes au travail) ou même conditionnelles (par exemple à l'obligation par les bénéficiaires de scolariser leurs enfants ou de les soumettre à des consultations médicales régulières) n'est pas considéré comme un type de soutien aux groupes vulnérables acceptable. L'accent porte alors plutôt sur le développement de l'assistance au travail et des services sociaux. Dans le pays limitrophe de Madagascar, l'élaboration d'une politique de protection sociale et de plans d'action a été freinée par les nombreuses crises politiques des dernières années.

Les différences d'économie politique et l'héritage des régimes antérieurs influencent fortement la teneur des stratégies de protection sociale en Afrique.[2] Les pays du sud du continent (notamment le Lesotho, Maurice et l'Afrique du Sud), qui se sont généralement dotés de programmes nationaux de protection sociale et disposent de l'appui populaire au soutien des personnes incapables de subvenir à leurs besoins, favorisent généralement les programmes axés sur l'équité horizontale (entre des groupes similaires) plutôt que sur l'équité verticale ou la pauvreté (Hickey 2007). Le soutien accordé aux services sociaux y est également solide. Par contre, l'étude a constaté que dans les pays fortement endettés (par exemple le Bénin, le Burkina Faso, le Mali, le Niger et le Togo), l'influence des PTF sur les politiques intérieures reste prédominante.

En dépit des différences qui marquent leur économie politique, la plupart des pays disposent d'un plan quelconque qui expose les grandes lignes des relations souhaitées entre la protection sociale et la stratégie de développement en général. Ce plan peut prendre la forme d'un Document de Stratégie de réduction de la pauvreté (DSRP), d'une Stratégie de protection sociale ou encore d'une législation à caractère social. Comme l'illustre la Figure 3.1, 82 pour cent des 22 pays ont procédé à ce type d'exercice. En outre, dans 77 pour cent des cas, les mesures de protection sociale et les filets sociaux sont mentionnés dans la stratégie nationale de développement (DSRP par exemple). Fait intéressant, les pays à faible revenu (PFR) sont plus nombreux que les PRI à faire référence à la protection sociale dans leurs Documents stratégiques. Au Bénin, au Botswana, en Éthiopie, au Kenya,

Figure 3.1 Pourcentage de pays disposant d'une stratégie de protection sociale

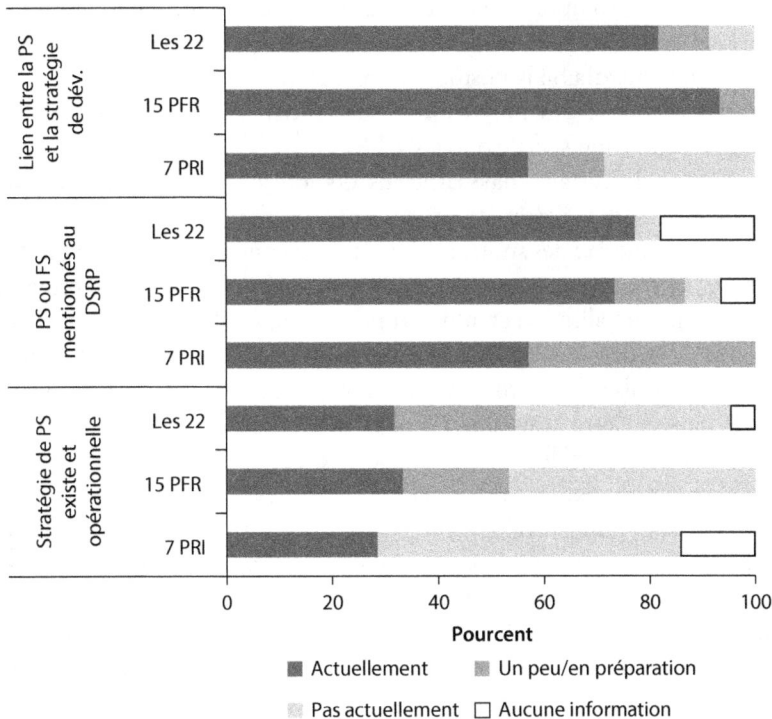

Source : Calculs basés sur l'information tirée des analyses de filets sociaux.
Note : PFR = pays à faible revenu; PRI = pays à revenu intermédiaire; DSRP = Document de Stratégie de réduction de la pauvreté; PS = protection sociale; FS = filets sociaux.

au Rwanda, en Tanzanie, au Togo, et en Zambie, les stratégies de développement désignent explicitement les filets sociaux comme leviers de la croissance pro-pauvre. Au Burkina Faso, au Libéria et au Mali, la protection sociale ne figure que depuis peu aux crédits alloués à la stratégie de réduction de la pauvreté alors qu'au Malawi, la stratégie de développement ne mentionne pas spécifiquement les filets sociaux, même si elle fait par ailleurs état d'efforts de soutien et de services spécifiques à des groupes catégoriels, par exemple les handicapés. En Sierra Leone, la stratégie de protection sociale et d'emploi constitue l'un des piliers du DSRP 2013 – 2017.

Près de la moitié (55 pour cent) des 22 pays analysés se sont dotés d'une stratégie de protection sociale. Parmi ces derniers, environ la moitié (ou 32 pour cent de l'ensemble des 22 pays) disposent en outre d'une stratégie opérationnelle qui relie, pendant une certaine période, les filets sociaux à d'autres formes de protection sociale (Botswana, Kenya, Malawi, Rwanda, Sierra Leone et Tanzanie); ceci alors que certains autres, tels que le Libéria et le Mozambique, en sont à développer une stratégie opérationnelle coordonnée de leurs filets sociaux.[3] Madagascar, la Mauritanie et la Zambie ont procédé à l'ébauche de stratégies de protection sociale, mais, pour différentes raisons, celles-ci ne se sont jamais concrétisées.

À Madagascar, la stratégie élaborée en 2007 n'a jamais fait l'objet d'adoption officielle et la dissolution du ministère responsable des politiques sociales (le ministère de la Santé, de la Planification Familiale et de la Protection Sociale) a considérablement affaibli la position de la protection sociale. Une fois encore, les 15 PFR ont accompli des progrès plus substantiels dans le développement de stratégies de protection sociale que les 7 PRI.

L'expérience de certains pays africains démontre que des plans de mise en œuvre précis, assortis d'estimations des coûts rigoureuses, sont essentiels à la mise en œuvre concrète des stratégies. Plusieurs pays en développement d'Afrique ont élaboré des stratégies sectorielles, mais ne les ont jamais mises en œuvre, alors que cette opérationnalisation était déterminante pour l'atteinte des objectifs visés. C'est le cas à Madagascar et en Zambie, comme souligné plus haut. Comment certains pays ont-ils réussi à mettre leur stratégie en application? Certains enseignements peuvent être tirés des 22 pays analysés. En effet, les pays qui sont parvenus à concrétiser leur stratégie de protection sociale (par exemple le Rwanda) avaient procédé à une estimation réaliste des coûts de mise en œuvre et identifié clairement une enveloppe de ressources pouvant être justifiée auprès, et soutenue par le ministère des Finances. En effet, même si la protection sociale est ordonnancée ou assurée par d'autres ministères, le dialogue étroit avec les ministères décisionnels et de coordination – par exemple le ministère des Finances et le ministère du Plan – reste essentiel. L'Encadré 3.1 met en lumière les enseignements tirés de l'évolution du secteur de la protection sociale au Rwanda.

Encadré 3.1 L'évolution du secteur de la protection sociale au Rwanda

Le secteur de la protection sociale du Rwanda est passé d'un ensemble de programmes disparates à un système de plus en plus coordonné et marqué par une forte appropriation des pouvoirs publics. Parmi les pays en développement, le cas du Rwanda est en quelque sorte unique, non seulement en raison d'un solide engagement politique sécurisé par les ressources nécessaires, mais également de la sophistication croissante du dialogue et de la capacité grandissante du ministère technique responsable à diriger le secteur. Malgré cela, le Rwanda fait actuellement face à de nouveaux enjeux pour lesquels aucun exemple international solide n'est disponible dans les pays en développement.

La politique nationale de protection sociale du Rwanda, initialement élaborée en 2005, reconnaît les risques liés à l'absence de lutte contre la pauvreté et les différents types de vulnérabilité aux chocs. Elle met l'accent sur plusieurs groupes vulnérables, notamment les survivants du génocide, les orphelins et enfants vulnérables (OEV), les veuves, les soldats démobilisés et réinsérés, les personnes âgées et autres démunis. La politique identifie les objectifs stratégiques du soutien à ces différents groupes à court, moyen et long termes. À moyen terme, ce qui correspond à la période actuelle de développement, l'objectif consiste à mettre en place un système au sein duquel les différentes interventions de protection sociale seraient coordonnées.

---

suite de l'encadré page suivante

Encadré 3.1 **L'évolution du secteur de la protection sociale au Rwanda** *(suite)*

La stratégie de réduction de la pauvreté la plus récente, soit la Stratégie de Développement Économique et de Réduction de la Pauvreté (SDERP) 2008 – 2012 concluait que le Rwanda devait impérativement réduire la pauvreté de façon plus efficiente et accomplir davantage de progrès vers l'atteinte des Objectifs du millénaire pour le développement, ceci tout en maintenant sa forte croissance. La SDERP identifiait les politiques et les dispositifs institutionnels maintenant appliqués à travers le programme Vision 2020 Umurenge (VUP). La stratégie de réduction de la pauvreté est également cohérente avec l'approche à l'évaluation du risque sur laquelle est fondée la politique de protection sociale rwandaise. Cependant, plutôt que de cibler les filets sociaux uniquement sur la base de la vulnérabilité, la SDERP considère plutôt l'état de pauvreté des ménages et certains critères relatifs à leurs actifs, aux sources de revenus, au statut d'emploi et aux conditions de développement humain.

En 2011, la Stratégie nationale de protection sociale (SNPS) approuvée par le cabinet rwandais a été élaborée en tenant compte des enseignements du programme Vision 2020 *Umurengue* (VUP). La SNPS a pour objectif essentiel « d'établir un système de protection sociale qui s'attaque à la pauvreté et aux inégalités, permet aux pauvres d'échapper à la pauvreté, aide à réduire la vulnérabilité et à protéger les individus contre les chocs, contribue à améliorer la santé et l'éducation de tous les Rwandais et participe à la croissance économique » (ministère de l'Administration Locale, de la Bonne Gouvernance, du Développement Communautaire et des Affaires Sociales (MINALOC) 2011,3). L'atteinte de cet objectif passe par la mise en œuvre de 3 composantes : (a) un ensemble d'activités clés, notamment d'assistance sociale et d'expansion des normes d'assurance sociale et d'emploi aux personnes vivant dans la pauvreté; (b) un ensemble d'activités plus générales qui garantissent l'accès aux autres services publics; et (c) une série d'interventions complémentaires axées sur le développement social.

Grâce à la définition de la pauvreté et du risque, les interventions sont adéquatement ciblées, particulièrement à travers le programme phare VUP. Ainsi, les agriculteurs avec terres sont ciblés par des activités d'amélioration de la productivité et du bien-être, notamment grâce à l'accès aux travaux publics et à la microfinance. Les agriculteurs sans terre mais aptes au travail sont rejoints à travers les travaux publics, les services de microfinance, la formation professionnelle et le soutien direct, généralement sous condition d'utilisation des services de santé et d'éducation. Les personnes inaptes au travail bénéficient de soutien direct sous forme d'assistance sociale, de services de microfinance et de développement des compétences. En outre, certains appuis sont également accordés aux ménages qui vivent au-dessus du seuil de pauvreté, notamment en raison de leur rôle potentiel dans la création d'emplois et la gestion de la chaîne d'approvisionnement.

La SNPS et le plan de mise en œuvre formulent la vision entourant la consolidation du secteur, mais il faudra procéder à de nouvelles études de faisabilité pour explorer les différents moyens par lesquels cette vision pourra être mise en pratique. Il sera particulièrement prioritaire d'identifier les options d'harmonisation des 2 principaux programmes de filets sociaux – le VUP et le Fonds d'assistance aux survivants du génocide, qui verse directement aux survivants du génocide une prestation monétaire et une aide en nature.

Source : Banque mondiale 2012d.

Dispositifs institutionnels et de mise en œuvre

En Afrique, les dispositifs institutionnels et de mise en œuvre des filets sociaux sont très divers en raison de la présence simultanée de plusieurs programmes étatiques et/ou financés par les PTF, qui sont en outre largement exécutés au niveau local par des organisations non gouvernementales (ONG). La gamme des programmes comprend les interventions pleinement gérées et mises en œuvre par l'État; celles qui sont gérées par le gouvernement avec le soutien des PTF; celles qui sont dirigées conjointement par le gouvernement et les PTF; ou encore celles qui sont mises en œuvre uniquement par un PTF ou une ONG (généralement un programme de plus petite ampleur). Le *Productive Safety Net Program* (Programme de filets sociaux productifs) (PSNP) de l'Éthiopie, d'essence fédérale, est en grande partie mis en œuvre à travers les circuits étatiques. Les différents PTF ont mis en commun leurs financements et formulé des avis techniques unifiés pour la conduite d'un programme unique, dirigé par les pouvoirs publics. À Madagascar, où les nombreux changements politiques et l'absence de gouvernance stable ont marqué la dernière décennie, les programmes de protection sociale sont presqu'entièrement le fait des PTF. Dans plusieurs pays, le Programme alimentaire mondial (PAM) joue un rôle important dans la gestion, le financement et la mise en œuvre partielle de programmes de cantines scolaires ou d'aide alimentaire d'urgence. La Figure 3.2 confirme que, comme attendu, les PTF sont beaucoup plus impliqués dans les filets sociaux implantés dans les PFR que dans les PRI. Les relations entre les gouvernements et les PTF en matière de financement et de coordination des filets sociaux sont abordées plus loin au Chapitre 5.

Les filets sociaux des pays africains ne sont généralement pas sous la gouverne d'un coordonnateur institutionnel ou d'un leader conséquent. Or la présence

Figure 3.2 Implication des PTF dans les filets sociaux

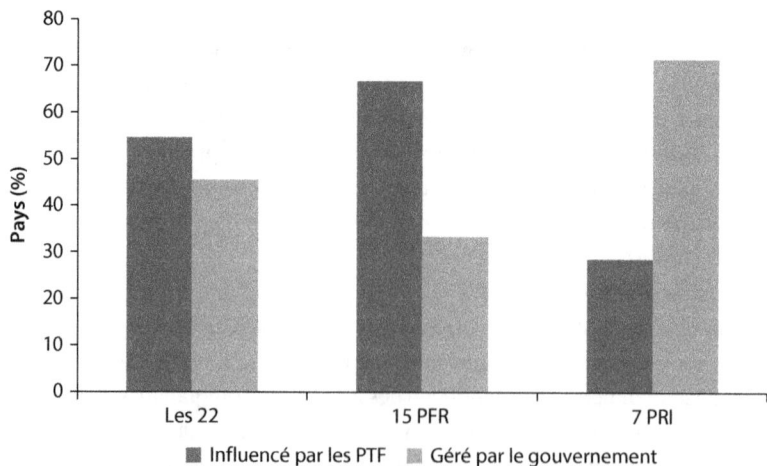

Source : Calculs basés sur l'information tirée des analyses de filets sociaux.
Note : PFR = pays à faible revenu; PRI = pays à revenu intermédiaire; PTF = partenaires techniques et financiers.

d'une solide coordination est particulièrement importante pour la protection sociale, puisque celle-ci est intrinsèquement transversale, multisectorielle et soumise à l'implication de différentes entités gouvernementales, ONG et PTF. Dans la plupart des pays, en raison de la faiblesse des dispositifs de coordination, la gestion des programmes de filets sociaux est confiée à une instance étatique quelconque sur la base de ses mandats intrinsèques – nommément le bureau du président; le bureau du premier ministre; ou encore les ministres des Affaires sociales, de la Sécurité sociale, de la Sécurité alimentaire, de l'Agriculture, de l'Emploi, de la Santé, de l'Éducation, de la Jeunesse, et de la Femme et de la famille. Cette dispersion de la responsabilité entre plusieurs entités étatiques a souvent empêché la protection sociale d'identifier au sein du gouvernement un champion institutionnel suffisamment fort pour la propulser à l'avant-plan de la politique sociale à long terme. En outre, dans certains pays, les programmes sont dirigés par des fonds semi-autonomes – par exemple le programme de travaux publics mis en œuvre par le *Tanzania Social Action Fund* (Fonds d'action sociale de la Tanzanie) (TASAF) – ou encore par les différents fonds de solidarité que l'on trouve dans plusieurs pays francophones.[4] Lorsque la protection sociale ne possède aucun ancrage institutionnel spécifique, il est important qu'un comité de pilotage formé de représentants de tous les ministères, PTF et acteurs non étatiques concernés assure la supervision et la coordination du système de filets sociaux.

La responsabilité de la protection sociale est généralement confiée à des ministères qui ont peu de pouvoir politique et décisionnel au sein de l'État. Or la nature du mandat de l'institution responsable des filets sociaux affecte à la fois le processus de mise en œuvre et l'atteinte des objectifs. Par exemple, les ministères de l'Emploi, qui ont l'habitude des travaux publics, peuvent s'avérer tout à fait compétents dans l'organisation de travaux publics à court terme, notamment de construction ou d'entretien des infrastructures publiques, mais par contre incapables d'assurer un filet social aux plus pauvres ou encore de vérifier qu'ils profitent effectivement des opportunités d'emplois. Parallèlement, les ministères du Bien-être social, malgré leur expérience dans le soutien aux handicapés et personnes âgées incapables de subvenir à leurs besoins, ne sont peut-être pas les plus appropriés pour la mise en œuvre de programmes de réduction de la pauvreté extrême lorsque cette population ne présente pas de besoins spéciaux. Au Burkina Faso et au Mali, les ministères clés responsables des filets sociaux n'exploitent aucun programme de transferts majeur dans le cadre de la lutte contre la pauvreté. Au Burkina Faso, malgré que le ministère de l'Action Sociale et de la Solidarité Nationale maintienne son accent stratégique sur les filets sociaux et l'action sociale, il ne dirige aucun programme important. Ceci s'applique également au ministère du Développement Social, de la Solidarité et des Personnes Âgées et au Fonds de Solidarité Nationale du Mali. En fait, la plupart des programmes maliens, de couverture et d'ampleur très faibles, fournissent directement aux communautés ou associations des services sociaux s'adressant à certaines catégories de personnes pauvres, par exemple les orphelins et les handicapés. Les plus actifs dans la mise en œuvre de filets sociaux sont plutôt les ministères sectoriels chargés des services de base. Ainsi, le ministère de l'Éducation assume la responsabilité des programmes de cantines scolaires alors que le Commissariat à la Sécurité Alimentaire voit à la distribution d'aliments subventionnés ou gratuits pendant les périodes de crise.

Dans certains pays, les ministères décisionnels dotés de mandats prioritaires de réduction de la pauvreté qui ont réussi à cibler et à verser des prestations aux plus vulnérables sont devenus des chefs de file en matière de protection sociale. Au Rwanda, le ministère du Gouvernement Local assure la gestion des principaux programmes de protection sociale (le Fonds d'Assistance aux Survivants du Génocide et le Programme Vision 2020 Umurenge) (VUP) en coordination avec les autres ministères (ministère du Genre et de la Promotion de la Famille, ministère de la Santé et ministère de l'Éducation) responsables de plus petites interventions. En outre, le programme rwandais a également l'avantage de bénéficier de la forte adhésion du ministère des Finances. Au Cameroun, où le ministère des Affaires Sociales assure traditionnellement des services d'assistance sociale aux groupes exclus, le ministère de l'Économie, de la Planification et de l'Aménagement du Territoire se pose actuellement, à travers son Comité Technique Intersectoriel de Suivi des Programmes Économiques, en tant que leader dans l'établissement de programmes de filets sociaux ciblant les ménages les plus pauvres. À Madagascar par contre, puisqu'aucun ministère n'est en mesure de diriger le programme de protection sociale, le Bureau du Président assume présentement la responsabilité du principal programme de filets sociaux, *Tsena Mora*, qui offre aux ménages pauvres des zones urbaines des denrées alimentaires à des prix subventionnés.

Parmi les 22 pays étudiés, 86 pour cent ne possédaient aucun système de filet social et mettaient plutôt en œuvre de façon non coordonnée plusieurs programmes de filets sociaux ponctuels (Figure 3.3). Plusieurs facteurs peuvent expliquer cette situation, notamment l'absence de stratégie opérationnelle de protection sociale, la forte influence de plusieurs PTF, et l'absence, au sein des pouvoirs publics, d'un champion solide des filets sociaux pouvant assurer une coordination efficace des PTF. En fait, même si un seul des 15 PFR examinés a développé son propre système de filets sociaux (le PSNP et les autres programmes qui travaillent ensemble à la réduction de l'insécurité alimentaire en Éthiopie), près de la moitié d'entre eux (40 pour cent) ont entamé un processus à cet effet. Des systèmes de filets sociaux sont déjà opérationnels dans près du tiers des PRI examinés par l'étude et 43 pour cent de plus évoluent vers un système plus coordonné. Le Botswana est le seul à posséder un système complet de programmes de filets sociaux alors que Maurice, qui a pourtant en main tous les éléments nécessaires, ne fait preuve d'aucune coordination systématique. Le Kenya, le Malawi, le Mozambique, le Rwanda et la Tanzanie ont entrepris l'établissement de systèmes de filets sociaux ou encore d'unification et de réforme de leurs programmes en cours. Le Ghana, le Libéria et le Mali ont en outre manifesté leur intérêt envers la réforme de leurs programmes actuels et l'élaboration de systèmes nationaux de filets sociaux.

Figure 3.3 Pourcentage de pays dotés d'un système de filets sociaux (%)

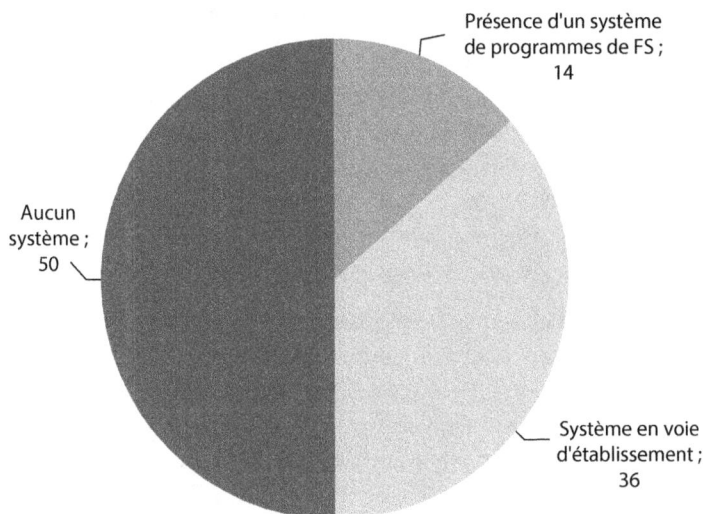

Sources: Calculs basés sur l'information tirée des analyses de filets sociaux et de la banque de données sur les indicateurs du développement dans le monde de la Banque mondiale.
Note: FS = filets sociaux.

Avec le développement accéléré de stratégies ou de systèmes nationaux de filets sociaux et de protection sociale, l'amélioration de la coordination interministérielle et inter-partenaires, la supervision et la planification prennent un caractère plus essentiel. En effet, la coordination permet non seulement de réduire la duplication et le chevauchement entre les programmes, mais aussi de surmonter les enjeux de mise à l'échelle. Au Kenya par exemple, le nouveau Conseil National de Protection Sociale définira les normes de mise en œuvre des initiatives de protection sociale de niveau national ou local et sa présence facilitera certainement la coordination entre les interventions de protection sociale, ce qui aura pour effet d'assurer l'accès des bénéficiaires à la gamme ou à la combinaison de programmes et services dont ils ont besoin.

En Éthiopie, les objectifs du programme phare PSNP couvrent les mandats de 2 ministères et de plusieurs de leurs directions respectives. Le programme est donc mis en œuvre conjointement par la Direction de la Coordination de la Sécurité Alimentaire et la Direction de la Gestion des Ressources Naturelles du ministère de l'Agriculture et du Développement Rural. Les rôles et responsabilités des différents gestionnaires du PSNP sont résumés à l'Encadré 3.2. Le programme est exceptionnel; tous les PTF mettent en commun leurs financements et assurent un flux unifié d'assistance technique à un seul programme dirigé par les pouvoirs publics. Les PTF sont tous représentés au sein du Comité de Coordination Conjoint présidé par le gouvernement, qui se rencontre de façon bihebdomadaire. Les groupes de travail thématiques créés incluent à la fois des représentants des PTF et des pouvoirs publics. Le Rwanda et la Zambie ont également instauré des groupes de travail sur la protection sociale chargés

Encadré 3.2 PSNP de l'Éthiopie : un cadre institutionnel multi-ministériel

Le *Productive Safety Net Program* (Programme de filets sociaux productifs) (PSNP) est dirigé par l'État sur la base des directives d'un seul document programme. Le cadre institutionnel du PSNP est ancré dans la structure administrative fédérale du gouvernement éthiopien et sa mise en œuvre est largement assurée par les entités publiques. En fait, la nature du programme ne correspond étroitement à aucun des mandats d'un seul organisme gouvernemental. Ses objectifs coïncident plutôt avec les mandats de 2 ministères et de plusieurs de leurs directions. Les rôles et responsabilités de ces ministères et des directions afférentes sont les suivants :

• Le ministère de l'Agriculture et du Développement Rural est responsable de la gestion du PSNP alors que le Secteur de Gestion des Risques de Catastrophe et de la Sécurité Alimentaire en assure la coordination générale. Au sein du Secteur, la Direction de la Coordination de la Sécurité Alimentaire (auparavant le Bureau de Coordination de la Sécurité Alimentaire) facilite la gestion quotidienne et la coordination du PSNP. La Direction est directement responsable du versement rapide des transferts aux bénéficiaires et soutient la mise en œuvre des travaux publics.

• La Direction d'Alerte et de Réponse Précoce (auparavant l'Agence de Prévention et de Préparation aux Catastrophes) placée sous la tutelle du Secteur de Gestion des Risques de Catastrophe et de la Sécurité Alimentaire fournit au Dispositif de Financement du Risque du PSNP des informations précises et rapides d'alerte précoce, en plus de voir à l'établissement de liens adéquats entre le financement du risque du PSNP et les autres interventions de riposte humanitaire. La Direction d'Alerte et de Réponse Précoce est responsable de la livraison rapide des denrées alimentaires.

• La Direction de la Gestion des Ressources Naturelles du ministère de l'Agriculture et du Développement Rural est chargée de la coordination et de la supervision des travaux publics. Elle est notamment responsable du renforcement des capacités et du soutien technique, de la supervision de l'application des directives environnementales, et des relations avec la Direction de la Coordination de la Sécurité Alimentaire et les autres partenaires institutionnels du PSNP – notamment pour la coordination et la gestion des travaux publics comme la participation aux forums de conception et de gestion du PSNP, entre autres sur les questions de politique et de déploiement du PSNP pastoral.

• Le ministère des Finances et du Développement Économique supervise la gestion financière du programme; il alloue les ressources financières aux ministères fédéraux et aux régions responsables de la mise en œuvre en fonction du plan annuel soumis par le ministère de l'Agriculture et du Développement Rural.

Les modalités de mise en œuvre au niveau fédéral ont été dupliquées dans les régions et sous régions (*woredas*). Ainsi, au niveau régional, l'autorité suprême du PSNP a été confiée au Conseil régional, l'instance décisionnelle régionale la plus élevée. Outre la mise en œuvre du programme, les entités désignées des régions et des *woredas* doivent s'assurer d'une bonne coordination multisectorielle des travaux publics. Par contre, la planification des travaux et la

suite de l'encadré page suivante

Encadré 3.2 PSNP de l'Éthiopie : un cadre institutionnel multi-ministériel *(suite)*

sélection des bénéficiaires du PSNP sont effectuées par les communautés et les *kebeles* (regroupements de communautés).

En outre, les ONG et le PAM jouent au sein de ce cadre général un rôle de mise en œuvre déterminant en raison de leur expérience en matière de fourniture d'aide alimentaire et de respect des exigences institutionnelles – formulées par certains PTF – d'acheminement des ressources à travers les ONG ou le PAM.

Source: PSNP 2010.

d'assurer la coordination entre les ministères et les PTF. En Sierra Leone, le Président a récemment décrété que tous les programmes de protection sociale seraient gérés en vertu du cadre institutionnel établi par le DRSP, notamment afin de renforcer la coordination et la supervision des filets sociaux.

Les faiblesses les plus communément associées à la mise en œuvre des programmes de filets sociaux en Afrique ont trait à l'insuffisance de suivi et évaluation, à l'absence de systèmes d'information et au manque de capacités humaines et techniques. Puisque l'opinion publique considère souvent les transferts monétaires comme des dons plutôt que des investissements dans le capital humain, les dispositifs de suivi et évaluation restent largement inexistants. En outre, les modalités compliquées d'acheminement des produits et des aliments comme de versement des financements entraînent souvent des délais dans la réception des transferts par les bénéficiaires. Dans plusieurs pays d'Afrique centrale et de l'Ouest, particulièrement à Madagascar, les programmes étatiques et des PTF sont mis en œuvre dans un contexte de réponse aux urgences, par exemple lors d'épisodes d'insécurité alimentaire aiguë. Ils ne sont donc pas conçus dans une perspective de durabilité et de productivité à long terme. Toutefois, dans certains pays, plusieurs programmes de filets sociaux, particulièrement de transferts monétaires, ont fait l'objet d'évaluations d'impact rigoureuses et leurs constats ont été déterminants dans les progrès vers la mise en œuvre de filets sociaux efficaces.[5]

La performance des systèmes d'information est généralement faible, mais elle s'améliore dans la foulée des nouvelles technologies de l'information et de la communication (TIC). Plusieurs pays africains pourraient tirer profit de la mise en place de systèmes d'information et de gestion (SIG), de modalités de paiement et de dispositifs d'identification des bénéficiaires bien conçus susceptibles d'améliorer la conduite des programmes de protection sociale. Certains pays, l'Éthiopie par exemple, ont procédé à des investissements majeurs dans le renforcement de la capacité du système public de gestion financière afin que ce dernier puisse effectuer des transferts rapides et prévisibles aux bénéficiaires. D'autres pays tels que le Kenya exploitent les nouvelles TIC pour l'amélioration de l'efficacité des paiements. Au Kenya, le *Hunger Safety Net Programme* (Programme de filets sociaux contre la faim) (HSNP) mis en œuvre dans le nord du pays effectue ses paiements à travers l'Equity Bank, les cartes à puces et l'identification biométrique. Cette approche a également été adoptée par le *Cash Transfer for Orphans and Vulnerable Children program* (Programme de Transferts Monétaires aux Orphelins et Enfants Vulnérables) (CT-OVC). Au cours de la phase 2 du HSNP, qui devrait démarrer fin 2013, les paiements seront versés directement aux comptes bancaires des bénéficiaires, ce qui devrait favoriser la promotion et l'inclusion financière. L' Encadré 3.3 explique comment le Niger a exploité les

---

Encadré 3.3 L'exploitation des nouvelles TIC pour la création de modalités de paiement responsables au Niger

En 2011, le gouvernement nigérien a lancé, en collaboration avec la Banque mondiale, un projet de filet social qui devait corriger les anomalies soulevées par l'évaluation des filets sociaux, particulièrement un soutien aux ménages pauvres et vulnérables essentiellement soumis à des initiatives d'urgence ponctuelles ayant peu d'effets sur la pauvreté chronique. Le filet social prévisible mis en place devait desservir environ 140 000 ménages pauvres et affectés par l'insécurité alimentaire. L'objectif paraît particulièrement louable si l'on tient compte du fait que le Niger est un pays à faible revenu dans lequel les infrastructures bancaires et de télécommunication sont limitées.

Dans l'élaboration des modalités de paiement, le projet a considéré les pratiques internationales exemplaires en matière de dispositifs de paiement et de systèmes d'information et de gestion (SIG), qu'il a ensuite confrontées au contexte politique et institutionnel nigérien de façon à identifier les solutions techniques les plus appropriées. Le projet a privilégié des modalités de paiement fondées sur une vérification sur le terrain, l'enregistrement à l'aide des cartes à puces et les informations de la base de données. En fait, les modalités de paiement sont pleinement intégrées au SIG. Ce dernier génère une liste de bénéficiaires et la remet au prestataire chargé des versements, ici une institution de microfinance ou une banque locale. Des équipes mobiles dotées d'un ordinateur portable équipé d'un lecteur de cartes à puces effectuent les versements. Les bénéficiaires reçoivent les paiements après que le prestataire ait glissé leur carte à puce dans le lecteur afin de vérifier leur identité grâce à une comparaison des informations qui y figurent avec les données inscrites au système (Figure E3.3.1). Les paiements sont enregistrés de façon électronique et transmis en temps réel ou à la fin de la journée lorsque l'accès Internet est disponible. L'expérience internationale a démontré que ce dispositif minimise le temps de transaction et maximise la transparence et la sécurité des paiements aux bénéficiaires.

Figure E3.3.1 Vérification de l'identité d'un bénéficiaire

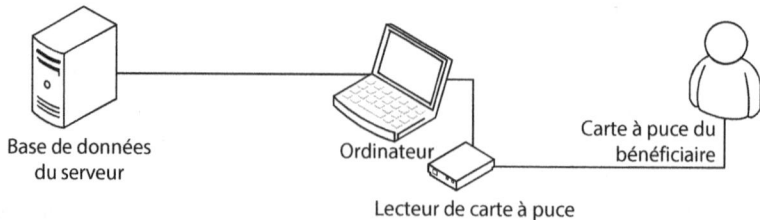

Base de données du serveur   Ordinateur   Carte à puce du bénéficiaire

Lecteur de carte à puce

Sources : del Ninno *et al.* 2012, gouvernement du Niger 2013.

---

nouvelles TIC pour l'amélioration de l'efficacité de ses modalités de paiement. En fait, quelle que soit l'approche retenue, les décideurs doivent s'assurer, lors du développement et du renforcement de leurs modalités de paiement, que ces dernières sont à la fois assez simples pour être utilisées rapidement et suffisamment sophistiquées pour être en mesure de couvrir plusieurs programmes. Les décideurs doivent également voir à la disponibilité d'investissements initiaux suffisants au défraiement des coûts de développement de ces modalités.

Les registres uniques de bénéficiaires (registre unique) ont été abondamment exploités par plusieurs pays d'Amérique latine et sont de plus en plus utilisés par certains pays d'Afrique. Le registre unique, qui rassemble dans une seule base de données toute l'information pertinente sur les bénéficiaires et autres groupes vulnérables, peut notamment servir à cibler les différents programmes de filets sociaux, améliorer la coordination et réduire la duplication. Lors de l'étude des 22 pays seule Maurice disposait d'un registre unique utilisé par plus d'un programme, même si plusieurs autres pays avaient entamé un processus à cet effet. Néanmoins, le registre de Maurice souffre de plusieurs difficultés opérationnelles et le pays fait encore face à des chevauchements entre ses multiples programmes de protection sociale. Le Kenya et les Seychelles sont en train de mettre en place leur registre unique. Le Lesotho a pour sa part entamé le développement de son *National Information System for Social Assistance* (Système national d'information pour l'assistance sociale), (NISSA) qui servira d'assise à une meilleure coordination des filets sociaux du pays. L'amélioration du NISSA constitue en effet une première étape vers l'unification et la rationalisation des interventions. Le système a été conçu de façon à englober plusieurs interventions clés, notamment les programmes de prestations pour enfants; de pensions de vieillesse; d'assistance sociale; et de bourses pour OEV. Au cours d'une première étape, le NISSA a été appliqué au processus de ciblage du programme pilote de prestations pour enfants. En Afrique du Sud, le SIG sur la protection sociale a été relié aux autres bases de données étatiques, notamment à celle du régime fiscal d'imposition.

Programmes de filets sociaux existants

Cette section analyse les différents types de programmes de filets sociaux en cours dans les 22 pays étudiés. Elle examine les types prédominants, les bénéficiaires et les objectifs. Afin d'offrir un portrait complet, elle aborde également les programmes complémentaires, par exemple de subvention générale, de microcrédit et de subvention, même si ces derniers outrepassent la définition des filets sociaux ciblés et non contributifs utilisée par la Banque mondiale. Cependant, les programmes sociaux de soutien aux écoles des zones défavorisées; de gratuité universelle de l'éducation primaire et des services de santé ont été exclus.

En Afrique, le filet social type est constitué de petites interventions fragmentées. Seuls quelques programmes des 22 pays étudiés assurent un soutien régulier et prévisible aux millions de ménages vivant sous le seuil de pauvreté, même lors des années « favorables ». Dans les PFR, les filets sociaux prennent souvent la

forme d'une riposte d'urgence aux pénuries alimentaires. Les transferts monétaires axés sur la pauvreté, quoiqu'en général peu répandus, sont plus fréquents
dans les PFR, où ils prennent plus souvent la forme de petites interventions
pilotes assurées par les PTF, que de programmes de grande envergure mis en
œuvre par les pouvoirs publics. Toutefois, la situation tend à changer, alors que
les gouvernements financent progressivement les programmes de filets sociaux
dans une perspective d'investissement à long terme. Dans les PRI, notamment au
Botswana et à Maurice, les filets sociaux prennent plutôt la forme de programmes
à long terme de soutien continu aux groupes vulnérables tels que les OEV, les
personnes âgées et les handicapés. Même si le Cameroun et la Zambie appartiennent techniquement aux PRI, ils font ici figure d'exceptions puisque leurs
filets sociaux sont essentiellement constitués de subventions à la redistribution
du revenu plutôt que de programmes s'adressant aux groupes vulnérables.
Chaque pays met généralement en œuvre 8 différents types de programmes, par
exemple de cantines scolaires, de transferts en nature, de transferts catégoriels, de
travaux publics, d'aide d'urgence, d'exemptions de frais (en santé et en éducation), de services sociaux, de subventions et de microcrédit.

Certains types de filets sociaux sont très populaires dans les 22 pays étudiés,
notamment les programmes de cantines scolaires, de travaux publics, de transferts
catégoriels et de transferts en nature (Figure 3.4 et Tableau 3.1). Ainsi, 21 des
22 pays (à l'exception du Rwanda) disposent de programmes de cantines scolaires bien établis alors que 18 d'entre eux mettent en œuvre des programmes de
transferts en nature hors d'un contexte d'urgence, par exemple sous forme
d'appui nutritionnel et alimentaire à des groupes spécifiques ou de distribution

Figure 3.4 Types de programmes de filets sociaux

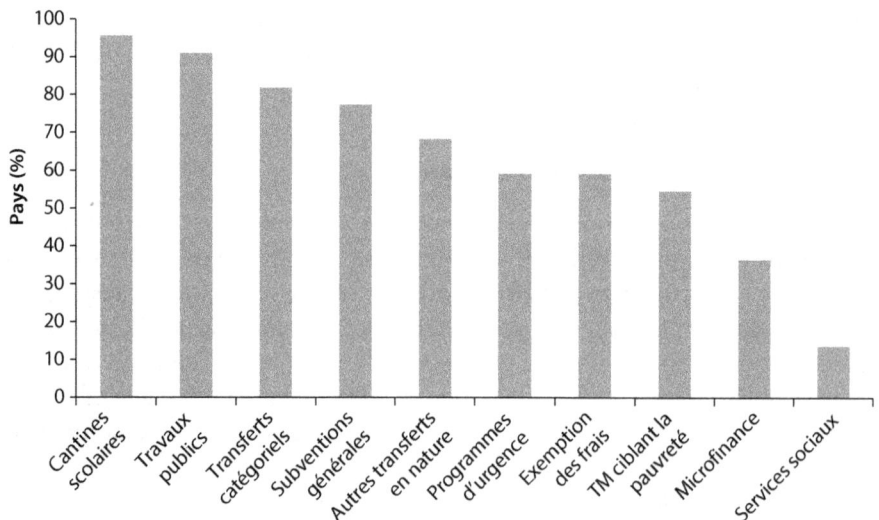

Source: Calculs basés sur l'information tirée des analyses de filets sociaux.
Note: Les programmes ont été regroupés en fonction des catégories du Tableau 3.1; TM = transfert monétaire.

de fournitures scolaires. En outre, 20 pays ont établi des programmes d'argent contre travail, de vivres contre travail ou d'argent contre formation. Dans 13 des 22 pays, particulièrement lorsque l'insécurité alimentaire est un problème, on trouve également différents types de programmes de soutien d'urgence dans les zones affectées par les sécheresses, les inondations et autres catastrophes, programmes qui assurent la distribution non seulement de denrées alimentaires, mais aussi d'autres produits. Environ 82 pour cent des pays (18) mettent en œuvre des programmes catégoriels qui assurent un soutien monétaire ou autre à certains groupes vulnérables tels que les OEV, les personnes affectées par le VIH sida, les personnes âgées, les indigents et les handicapés. Par ailleurs, 77 pour cent des pays (17) utilisent une forme quelconque de subvention générale (sur les denrées alimentaires, le carburant ou les intrants) le plus souvent non ciblée. Chaque type de programme est abordé de façon plus détaillée dans les sections suivantes.

Dans les pays africains étudiés, les filets sociaux concernent essentiellement le soutien à court terme, soit en riposte aux chocs, soit au profit de groupes vulnérables catégoriels ou spécifiques. Dans 95 pour cent des pays analysés, et dans les PFR tout autant que dans les PRI, la réponse d'urgence à court terme forme l'essentiel des filets sociaux. Ces derniers s'adressent majoritairement aux personnes affectées par un choc ou ayant basculé dans une insécurité alimentaire ou une pauvreté transitoire (Figure 3.5). Il s'agit généralement de programmes de travaux publics à court terme, d'aide alimentaire d'urgence ou de subventions temporaires en grande partie destinés aux zones rurales. Cependant, 82 pour cent des pays mettent également en œuvre des interventions plus régulières ou à long terme (par exemple sous forme de transferts monétaires ou en nature) à l'intention des groupes qui présentent des besoins spéciaux (OEV, personnes affectées par le VIH sida, personnes âgées, indigents, handicapées).

Lors de la conduite des analyses nationales, les programmes réguliers ou à plus long terme de transferts monétaires étaient sous représentés, particulièrement dans une perspective de lutte contre la pauvreté. En effet, seulement 10 des pays du groupe (en majorité des PFR) mettent en œuvre des programmes de transferts réguliers et à long terme aux ménages identifiés comme pauvres (Figure 3.5). La plupart de ces interventions sont d'ailleurs financées par des ressources extérieures (au Burkina Faso, au Libéria, à Madagascar, au Malawi, et en Tanzanie). Seuls le Ghana (*Livelihood Empowerment against Poverty*), (Renforcement des moyens de subsistance contre la pauvreté) (LEAP); le Kenya (programmes HSNP, CT-OEV et de transferts monétaires aux personnes âgées); Maurice (programmes d'aide sociale et de soutien au revenu); et le Rwanda (VUP) ont instauré des programmes de transferts monétaires axés sur la pauvreté déjà mis à l'échelle ou en voie d'expansion au niveau national. De même, le PSNP éthiopien assure un soutien régulier et prévisible à une large part des ménages les plus pauvres du pays, mais son exécution est en grande partie financée par une vaste gamme de PTF. Le programme de prestations sociales d'Afrique du Sud est sans aucun doute le programme de transferts monétaires le plus important d'Afrique avec une offre diversifiée de prestations aux catégories de bénéficiaires visés généralement calculée sur la base des ressources du ménage. Certains exemples

Tableau 3.1 Types de filets sociaux dans les 22 pays étudiés

| Types de programmes | Groupes de programmes | | | | | | | | | | | |
| | TM ciblant la pauvreté | | Transferts catégoriels | | | | | Transferts en nature | | | | |
	TMNC	TMC (avec cond. souples)	Personnes âgées	Indigents	OEV	VIH/SIDA	Handicapés	Cantines scolaires	Distribution rég. vivres/alimentation	Formation	Fournitures scolaires	Autre
Bénin				x			x	x	x	x	x	x
Botswana			x	x	x			x	x			x
Burkina Faso	pilote	pilote	x		x	x	x	x	x			
Cameroun			x	x	x		x	x				
Éthiopie	x					x		x	x			
Ghana	x							x			x	
Kenya	x		x	x	x		x	x	x			x
Lesotho			x	x	x			x	x		x	
Libéria	pilote				x			x	x	x		
Madagascar		pilote	x				x	x	x			
Malawi	pilote							x	x			
Mali								x	x		x	
Maurice	x		x				x	x			x	x
Mauritanie	pilote			x	x	x	x	x	x			
Mozambique			x		x	x	x	x	x		x	
Niger	pilote							x				
Rwanda	x		x		x		x					
Sierra Leone			x	x	x	x	x	x	x			
Swaziland			x	x	x		x	x	x			
Tanzanie	pilote	pilote	pilote		x			x			x	
Togo		pilote		x	x			x				x
Zambie	x			x		x	x	x	x			x

Source: Évaluations des filets sociaux.
Note: TM= transfert monétaire; TMC = transfert monétaire conditionnel; TMNC = transfert monétaire non conditionnel;
OEV = Orphelins et enfants vulnérables; ACT = argent contre travail; VCT= vivres contre travail;
tous = indique une gratuité universelle en santé et éducation.

Travaux publics			Services sociaux		Exemption de frais			Programmes d'urgence			Micro finance	Subventions générales		
ACT	VCT	Argent ou nourr. contre travail	Orphelinats	Soins à domicile, commun.	Santé	Éducation	Autre, gratuit	Distribution alimentaire	Kits d'urgence	Autre	Micro-finance	Ciblées (produits de base)	Non ciblées (prix)	Autre
x		x			x	tous		x	x				x	
x			x	x	tous	tous					x			
x	x	x			pilote			x				x		
x	x				x	x		x			x		x	
x	x				x							x		
					x	tous							x	
	x			x	x	x		x			x			
x												x		
x	x				tous			x			x		x	
x	x				x	tous	x					x		
x	x							x			x			x
x	x	x				x		x	x				x	
					x	x			x		x		x	x
x	x				x			x	x			x	x	
			x	x									x	
x	x							x						
x					x						x			
x	x	x	x						x				x	
x	x				x			x				x		
x	x				x						x	x		x
pilote					x	tous		x					x	
x													x	

Figure 3.5 Filets sociaux dont l'action s'exerce à court terme et à long terme

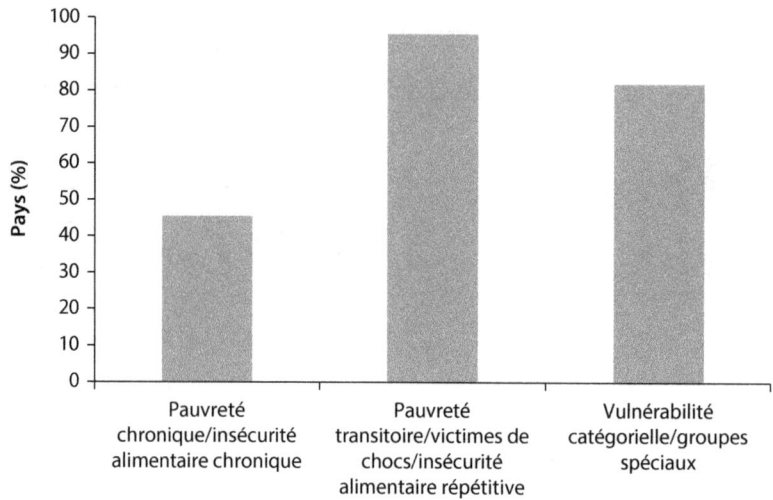

Source : Calculs basés sur l'information tirée des analyses de filets sociaux.

de programmes des filets sociaux types mis en œuvre en Afrique sont mentionnés à l'Encadré 3.4. Les pensions sociales universelles aux personnes âgées (généralement de plus de 60 ans) et aux handicapés sont offertes dans plusieurs PRI de la région sud-africaine, notamment au Botswana, au Lesotho, à Maurice, aux Seychelles et au Swaziland. Ces programmes sont intégrés à la structure régulière du régime de pensions, s'adressent de façon universelle à tous ceux qui ont quitté la main-d'œuvre active et ont été adaptés à partir du régime de pensions sociales d'Afrique du Sud. Par conséquent, ils ne ciblent pas spécifiquement la pauvreté.

Les programmes de filets sociaux africains font généralement passer le développement du capital humain et la réduction de la malnutrition par la conduite de programmes alimentaires. Ces objectifs concernent d'ailleurs l'ensemble des programmes de cantines scolaires[6] et autres types de distribution alimentaire ou en nature (d'urgence ou régulière), mais aussi les exemptions des frais de santé et d'éducation et les interventions axées sur les OEV (Figure 3.6). Douze des pays étudiés ont recours à des exemptions des frais de santé ou à des bourses d'études ciblées (sauf lorsque les soins de santé primaire et l'éducation font l'objet de gratuité universelle), mais celles-ci sont rarement adéquatement ou pleinement appliquées. Dans 8 des 22 pays, différents types de microcrédit ou de petites subventions fournissent aux pauvres et aux groupes vulnérables les moyens d'entreprendre des activités génératrices de revenus susceptibles d'augmenter la productivité de leurs activités.

Même si les filets sociaux informels ne sont pas concernés par cette étude, ils demeurent le filet social de premier recours en Afrique. Une étude récente a en effet démontré que les filets sociaux informels – soit les stratégies coordonnées utilisées par les groupes sociaux ou les individus pour se protéger contre les effets

Encadré 3.4 Exemples de programmes africains de filets sociaux

Le *Productive Safety Net Program* (Programme de filets sociaux productifs) (PSNP) éthiopien a été lancé en 2005 afin de transformer le système traditionnel d'aide alimentaire en filet social prévisible qui génère des biens productifs dans les communautés pauvres. Le PSNP verse des transferts monétaires et alimentaires aux ménages souffrant d'insécurité alimentaire à travers, soit la conduite de travaux publics à haute intensité de main-d'œuvre pour les ménages dont les membres sont aptes au travail (80 pour cent), soit le versement de transferts directs aux ménages inaptes au travail (20 pour cent). Les transferts annuels par ménages sont estimés à environ 40 pour cent de leurs besoins alimentaires. Le PSNP dessert plus de 7 millions d'individus, soit près de 10 pour cent de la population, et met en œuvre environ 34 000 petits projets de travaux par année. En fait, les travaux publics entrepris par le PSNP ont permis la réhabilitation de plus de 167 000 hectares, la rénovation de 275 000 kilomètres de remblais et de murets de pierre ou de terre et la plantation de 900 millions de boutures, des interventions qui aideront toutes à mitiger les effets des futures sécheresses. Les évaluations rigoureuses du PSNP ont confirmé qu'il avait effectivement effectué des transferts substantiels aux pauvres lorsque nécessaire.

Le *Livelihood Empowerment against Poverty program* (Programme de renforcement des moyens de subsistance contre la pauvreté) (LEAP) offre, dans une perspective de réduction de la pauvreté à court terme et de promotion du capital humain à long terme, des transferts monétaires ou une assurance maladie aux ménages extrêmement pauvres du Ghana. L'éligibilité repose sur la pauvreté et la présence au sein du ménage d'un individu appartenant à l'une des 3 catégories démographiques suivantes : monoparental avec OEV; personne âgée; handicapé inapte au travail. La phase pilote du LEAP a été lancée en mars 2008 et, en juin de la même année, 71 000 ménages avaient déjà été inscrits. Les bénéficiaires reçoivent des transferts monétaires de 4 $ EU à 8 $ EU par mois. Une évaluation d'impact est en cours et précède la mise à l'échelle du LEAP qui vise l'atteinte de 1 million de ménages bénéficiaires au cours des 3 prochaines années.

Le *Cash Transfer for Orphans and Vulnerable Children program* (Programme de transferts monétaires aux orphelins et enfants vulnérables) (CT-OVC) du Kenya répond aux préoccupations relatives au bien-être des orphelins et enfants vulnérables (OEV), particulièrement des orphelins du sida. Le programme a pour objectifs d'encourager l'accueil et la rétention des enfants au sein du ménage et de promouvoir le développement de leur capital humain. Les ménages éligibles, qui doivent être pauvres et comprendre au moins un OEV, reçoivent un transfert monétaire forfaitaire de 21 $ EU par mois. En juin 2012, le programme avait desservi 150 000 ménages, incluant 495 000 OEV du pays, soit 24 pour cent du nombre estimé de ménages avec OEV. Les évaluations d'impact ont constaté une hausse marquée de la dépense alimentaire et en services de santé dans les ménages bénéficiaires. Les effets du programme sur la scolarisation sont particulièrement éloquents au niveau secondaire, où l'inscription a fait un bond de 9 points de pourcentage et où les enfants provenant des ménages bénéficiaires étaient moins enclins à redoubler et plus susceptibles de passer à la classe supérieure.

suite de l'encadré page suivante

Encadré 3.4 Exemples de programmes africains de filets sociaux *(suite)*

Le programme Vision 2020 *Umurenge* (VUP) combine une offre de travaux publics (50 pour cent), de transferts monétaires (20 pour cent), et de microfinance sous forme de prêts (30 pour cent) aux ménages pauvres ciblés des sous-districts les plus démunis. Les travaux publics – gérés par le ministère du Gouvernement Local – concernent essentiellement la productivité et l'irrigation des terres, principalement les terrasses, les fossés, les petits barrages et la foresterie ainsi que la construction de routes, de salles de classe et de centres de santé. Les salaires sont fixés au niveau du district et peuvent varier selon le type de projet pourvu que, conformément aux directives, ils restent inférieurs ou équivalents au taux du marché pour un travail similaire. En 2009, les salaires étaient en moyenne de 1,5 $ EU par jour. Au cours de son année financière 2010 – 2011, le gouvernement a investi 0,7 pour cent du budget national dans les travaux publics du VUP, qui ont employé 522 856 individus, en moitié des femmes. Ce nombre correspond à environ 5 pour cent de la population nationale et les observations ont confirmé que les travaux publics avaient réduit la pauvreté extrême dans les zones couvertes.

Le régime de prestations sociales d'Afrique du Sud est sans aucun doute le programme de transferts monétaires le plus important d'Afrique subsaharienne. Il verse différents types de prestations – déterminées à partir de déclarations vérifiées des ressources – aux personnes âgées, aux ménages pauvres avec enfants, aux familles d'accueil, aux handicapés et aux ex-combattants. Environ 15 millions d'individus, soit à peu près 30 pour cent de la population nationale, reçoivent une prestation sociale. La prestation de soutien aux enfants dessert 10 millions de personnes alors que près de 2 millions de pauvres de plus de 60 ans bénéficient d'une pension de vieillesse. Les données d'enquêtes des ménages révèlent que les prestations sociales représentent plus de 60 pour cent du revenu des ménages se situant dans le quintile le plus pauvre, en grande partie grâce à la prestation pour enfants. Ces derniers, lorsqu'ils ont été inscrits à cet effet au moment de leur naissance, poussent beaucoup plus loin leur scolarisation et obtiennent de meilleures notes en mathématiques que ceux qui adhèrent au régime à l'âge de 6 ans. Ces effets sont particulièrement marquants chez les filles. En outre, l'inscription au régime de prestations pour enfants diminue la probabilité de maladies infantiles par 9 points de pourcentage. Chez les adolescents, les effets majeurs concernent la baisse de l'activité sexuelle, la diminution des grossesses précoces et la réduction de l'usage d'alcool et de drogues.

Source: Banque mondiale 2012c.

---

néfastes des différents risques qui les menacent – restent très répandus dans les pays africains (Banque mondiale 2012a).[7] Même s'ils supportent généralement des coûts d'information, de transaction, de suivi et d'application beaucoup moins élevés que les filets sociaux formels, ils risquent fort de ne pas desservir les personnes les plus pauvres et les plus vulnérables qui ne sont pas intégrées à un groupe social. En outre, ils s'effondrent souvent en présence d'un choc covariable puisque les modalités de partage des risques ne dépassent pas la communauté ou la commune immédiate.

Figure 3.6 Filets sociaux, par objectif

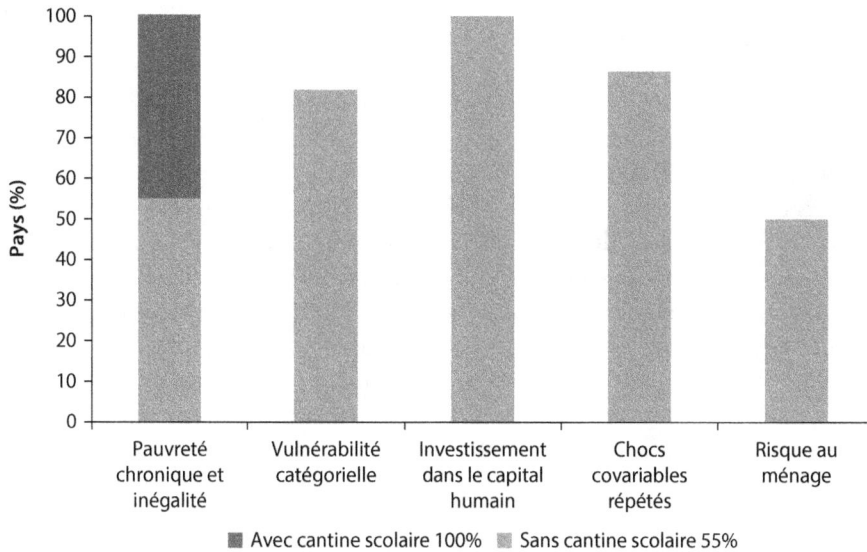

Source: Calculs effectués à partir des informations tirées des analyses de filets sociaux.

Un aperçu de chaque type de programme

Cette section examine plus spécifiquement chaque type de programme et tente d'analyser ses principales caractéristiques et objectifs spécifiques. Le Chapitre tire également parti des analyses consacrées aux programmes de transferts monétaires (Garcia et Moore 2012); aux programmes de travaux publics (McCord et Slater 2009; Milazzo et del Ninno 2012); et aux programmes de cantines scolaires (Banque mondiale 2009) en Afrique. La section a été divisée de la façon suivante :

- Programmes de cantines scolaires.
- Programmes de transferts monétaires et en nature :
  - Programmes de transferts monétaires et quasi monétaires.
  - Programmes de transferts en nature.
- Programmes de travaux publics.
- Programmes d'exemption des frais.
- Programmes de protection sociale complémentaire.
- Subventions générales des prix.

Programmes de cantines scolaires

Parmi l'ensemble des filets sociaux, les programmes de cantines scolaires, qui sont les plus courants, sont mis en œuvre dans 21 des 22 pays étudiés (à l'exception du Rwanda). Ils sont essentiellement financés et exécutés par le PAM, en collaboration avec les différents ministères de l'Éducation.[8] Les cantines scolaires offrent généralement un repas chaud, une collation complémentaire et/ou des rations à emporter pour les filles qui présentent un dossier d'assiduité scolaire satisfaisant. Les programmes de cantines scolaires s'adressent surtout aux enfants du niveau primaire, mais certains élèves du secondaire ou de pensionnats en ont également bénéficié, au Botswana et au Mozambique par exemple. Dans les pays de la région sud-africaine, les programmes de cantines scolaires sont généralement assurés par les pouvoirs publics.

Leurs objectifs sont surtout éducationnels et nutritionnels, mais leur prédominance dans les zones démunies en fait des filets sociaux non négligeables. En effet, en raison de leur promotion du développement humain à travers l'apport nutritionnel chez les enfants d'âge scolaire et l'incitation à la scolarisation – surtout des filles défavorisées – ces programmes constituent, dans les PFR, des filets sociaux essentiels. Contrairement à plusieurs PRI d'autres régions du monde qui, outre les programmes de cantines scolaires, utilisent des TMC aux ménages pour encourager l'assiduité scolaire chez les plus pauvres, les programmes de cantines scolaires des pays africains participent de façon déterminante à l'investissement dans le capital humain des pauvres. D'ailleurs, la plupart d'entre eux sont mis en œuvre dans des zones à forte pauvreté, à insécurité alimentaire généralisée et à faible scolarisation précédemment identifiées à travers un ciblage géographique. Cependant, ces programmes procurent généralement des bienfaits à l'ensemble des enfants scolarisés et non uniquement au plus défavorisés, ce qui pousse à la hausse les erreurs d'inclusion et d'exclusion. Qui plus est, dans les endroits à faible fréquentation scolaire, les enfants les plus pauvres et les moins susceptibles d'être scolarisés se trouvent *de facto* exclus. Le ciblage des rations à emporter est cependant plus précis puisque les enfants des ménages particulièrement défavorisés – le plus souvent des filles – sont directement sélectionnés.

En dépit de leur présence dans la forte majorité des pays étudiés, les programmes de cantines scolaires ne couvrent qu'une part relativement faible des élèves du primaire et leurs coûts sont importants, ce qui en fait de larges bénéficiaires de la dépense totale en filets sociaux en Afrique. Au Burkina Faso et au Mali, les cantines scolaires absorbent plus de 20 pour cent de la dépense étatique en filets sociaux ainsi qu'une grande part de l'ensemble des contributions des PTF. Pourtant, en dépit de cette dépense substantielle, la couverture des enfants d'âge scolaire reste faible. Au Cameroun par exemple, elle n'atteint que 5,3 pour cent de l'ensemble des élèves des 4 régions septentrionales (également les plus pauvres). En Tanzanie, le programme de cantines scolaires fait l'objet d'une mise à l'échelle, mais ne devrait couvrir que 7 pour cent de l'ensemble des élèves du primaire du pays. Au Ghana, une analyse du ciblage a constaté que les pauvres ne bénéficiaient que 21,3 pour cent des retombées des cantines scolaires. En outre, dans plusieurs des pays examinés, les coûts administratifs des programmes restent élevés, ce qui en fait des instruments inefficaces de transfert de fonds aux pauvres. Les coûts liés au transport et à l'entreposage des aliments restent un enjeu, particulièrement dans les zones les plus défavorisées. Les programmes universels de cantines scolaires du Lesotho et du Swaziland bénéficient de toute évidence à plusieurs élèves non pauvres, même si aucune évaluation d'impact rigoureuse n'a encore été menée. Il faudra d'ailleurs davantage d'études pour identifier le rôle que les cantines scolaires et les autres programmes alimentaires peuvent et devraient jouer au sein des systèmes de filets sociaux.

Programmes de transferts monétaires et en nature
Programmes de transferts monétaires et quasi monétaires

Dans toute l'Afrique, les programmes de transferts monétaires axés sur la pauvreté sont généralement de faible ampleur et mis en œuvre de façon pilote ou expérimentale. Parmi les pays étudiés, de petits programmes de transferts monétaires (en d'autres termes à faible couverture des ménages pauvres) ont été testés au Bénin, au Burkina Faso, au Kenya, au Libéria, au Malawi, au Mali et en Mauritanie. Quoique non couvert par cette étude, le régime de prestations sociales d'Afrique du Sud reste le programme de transferts monétaires le plus important d'Afrique subsaharienne. Il offre, à partir de déclarations vérifiées des ressources, différents types de subventions aux personnes âgées, aux ménages pauvres avec enfants, aux familles d'accueil, aux handicapés et aux ex-combattants. Près de 15 millions d'individus – soit environ 30 pour cent de la population – y reçoivent une prestation sociale. En Afrique, certains autres programmes de grande ampleur ont recours aux déclarations vérifiées des ressources et aux tests multidimensionnels des moyens de subsistance (PMT) pour s'assurer que les prestations rejoignent bien les segments les plus pauvres de la population. Il s'agit notamment du LEAP du Ghana, du programme CT-OVC du Kenya, des programmes d'aide sociale et de soutien aux revenus de Maurice, du VUP du Rwanda, du *Social Cash Transfer Scheme* (Système de transfert de fonds sociaux) de la Zambie et du programme pour les indigents du Botswana. Au Mali, 2 programmes pilotes de transferts monétaires ont été déployés : Bourse maman, mis en œuvre en 2006 par l'UNICEF et le Programme de Transferts Monétaires Saisonniers d'Oxfam et de Save the Children implanté en 2010 – 2011. Au Burkina Faso, le PAM a introduit un programme pilote de transferts monétaires en 2009 – 2010. Les enseignements tirés de ces expériences soulignent l'importance d'une forte assise institutionnelle, mais aussi de la formulation d'objectifs programme clairs, du versement régulier des prestations, de la définition de la couverture adéquate - déterminée à l'aide de critères explicites et appliqués uniformément - ainsi que de l'introduction de systèmes de suivi et évaluation bien élaborés et efficients, qui permettent de s'assurer que les prestations rejoignent effectivement les groupes ciblés.

La plupart des programmes de transferts monétaires procèdent à un ciblage catégoriel de groupes vulnérables spécifiques. Il s'agit notamment des OEV, des jeunes mères, des personnes affectées par le VIH sida, des handicapés, des ménages avec enfants ayant des besoins spéciaux et des indigents. Cependant, il est fréquent que ces programmes ne disposent pas de critères clairs leur permettant d'établir le niveau de vulnérabilité d'un ménage, notamment en raison des lacunes dans les données géographiques ou de leur faible application. Plusieurs PRI (notamment le Botswana, le Lesotho, Maurice, les Seychelles et le Swaziland) versent des pensions de vieillesse et sociales non contributives à l'ensemble de leurs citoyens qui ont atteint un âge donné (généralement 60 à 70 ans) et ont quitté le marché du travail. Même si plusieurs personnes âgées pauvres qui n'ont aucune autre entrée monétaire substantielle ont vraiment besoin de ce soutien au revenu, il est certain que leur caractère universel[9] et leur intégration à la structure des pensions de base les rendent très coûteuses et n'en font pas des filets sociaux très efficaces pour les pauvres. Au Botswana, le régime de pensions de vieillesse est le second filet social en importance, avec une couverture de 95 pour cent des personnes âgées qui, pour leur part, constituent 5 pour cent de l'ensemble de la population. À Maurice, le coût du régime non contributif de pensions de base dépassait déjà 3 pour cent du produit intérieur brut (PIB) en 2008 – 2009. Au Swaziland, les pensions de vieillesse absorbent près de 90 pour cent des transferts monétaires et, en dépit de leurs avantages pour les ménages pauvres, présentent encore un taux de bénéficiaires non pauvres de 28 pour cent. Le régime de pensions de vieillesse du Lesotho, qui fait partie des fonds sociaux, est abordé à l' Encadré 3.5.

L'imposition de conditions aux transferts monétaires, particulièrement dans une perspective d'amélioration des résultats du capital humain, fait actuellement l'objet de différents essais et évaluations d'impact dans certains pays d'Afrique. Jusqu'à maintenant, les programmes de transferts monétaires étaient rarement conditionnels (soit assortis de coresponsabilités) à l'investissement du ménage dans son capital humain. Les programmes de transferts monétaires conditionnels (TMC) restaient essentiellement mis en œuvre sous forme d'interventions pilotes des PTF, notamment au Burkina Faso, au Libéria, à Madagascar et au Malawi. Ces dernières allaient permettre de tester la faisabilité de l'imposition de conditions aux transferts, par exemple la fréquentation scolaire régulière des enfants d'âge scolaire ou encore la soumission des enfants de moins de 2 ans à de fréquentes consultations médicales. En Tanzanie par exemple, les TMC pilotes du TASAF soumettent le versement des transferts aux ménages avec enfants et personnes âgées à des conditions de fréquentation scolaire et de consultation médicale régulière auprès d'un prestataire de santé. Au Niger, le tout récent programme de transferts monétaires financé par la Banque mondiale soutient les ménages pauvres à des conditions « souples » de formation des mères aux pratiques de base en santé, nutrition et assainissement. En outre, la Banque mondiale examine actuellement la possibilité d'utiliser les programmes de TMC dans une perspective d'amélioration des résultats du capital humain en Guinée et en République du Congo. Ces TMC ont fait l'objet d'évaluations d'impact rigoureuses dont les résultats sont abordés plus en détail au Chapitre 4.

Les programmes quasi monétaires ne sont pas très répandus. Seuls le Botswana, le Burkina Faso, l'Éthiopie, le Lesotho, la Mauritanie et la Zambie ont mis en œuvre des programmes de distribution de coupons ou de bons alimentaires alternatifs aux transferts monétaires. Au Botswana, les OEV reçoivent des coupons avec lesquels ils peuvent se procurer de la nourriture, un abri, des vêtements, se scolariser et obtenir des soins, mais leur utilisation est faible. Certains programmes du Burkina Faso, de l'Éthiopie, de la Mauritanie et de la Zambie ont

---

Encadré 3.5 Pensions de vieillesse au Lesotho : une composante du filet social

Les pensions de vieillesse (PV) ont été introduites au Lesotho en 2004. Ces transferts non contributifs et non conditionnels sont versés à tous les Basotho de plus de 70 ans. Ce soutien est particulièrement important en raison du grand nombre de ménages dirigés par un grand-parent qui a un orphelin à charge. Les PV bénéficient directement à 4,4 pour cent de la population et probablement, de façon indirecte, à 17 pour cent supplémentaires. Le régime figure parmi les programmes non contributifs les plus dispendieux du Lesotho (excluant le dispositif d'octroi de bourses au niveau supérieur). Avec l'augmentation croissante du nombre de personnes âgées, les préoccupations relatives aux moyens qui permettront d'assurer la durabilité à long terme du régime sont grandissantes.

En 2010, on estimait que le taux de pauvreté des personnes âgées du Lesotho était plus ou moins équivalent à celui de la population dans son ensemble, ce qui implique que près des 2/3 des PV sont versés à des ménages non pauvres. Il est possible qu'une pension sociale universelle soit nécessaire, mais en tant qu'outil de réduction de la pauvreté extrême dans le pays, les 371 millions dépensés annuellement en PV n'ont qu'un effet limité. Ainsi, suite à l'examen du régime dans le cadre du système de filets sociaux et tout particulièrement de ses objectifs de lutte contre la pauvreté extrême, les décideurs devront probablement admettre que la plupart des transferts sont versés à des personnes non pauvres. Puisque l'incidence de pauvreté chez les plus de 64 ans est estimée à 6 pour cent, il est peu probable qu'un programme qui cible en fonction de la vieillesse atteigne un grand nombre de personnes pauvres.

Même si aucune évaluation systématique de l'impact des PV sur la consommation et la pauvreté n'a été réalisée, 2 études ont identifié certains effets positifs sur la pauvreté. En effet, puisque les prestations sont partagées au sein du ménage, certaines données indiquent qu'elles ont un effet sur la hausse de la consommation et du niveau d'éducation. En outre, la même étude a constaté que la proportion des bénéficiaires rapportant n'avoir jamais ou rarement eu accès à suffisamment de nourriture pour satisfaire à leur faim serait passée de 80 pour cent à 40 pour cent à la suite du versement des pensions. Une autre étude a également noté une augmentation de l'estime de soi chez les personnes âgées et indiqué qu'une large part des pensions (60 pour cent) allait à la dépense alimentaire. Cette étude a également estimé qu'environ 20 pour cent de la dépense bénéficiait aux orphelins à charge.

Source : Banque mondiale 2012 b.

---

distribué des bons alimentaires dans les zones urbaines affectées par la flambée des prix alimentaires. Plusieurs de ces interventions ont été mises en œuvre par le PAM au cours de la crise économique de 2009 – 2010.

Programmes de transferts alimentaires et en nature, réguliers et d'urgence

En raison de l'accent porté à la sécurité alimentaire et à la nutrition, la plupart des pays étudiés se sont dotés d'une forme quelconque de programme de distribution alimentaire. Il s'agit d'ailleurs d'interventions relativement fréquentes dans les pays traditionnellement affectés par la sécheresse. Au Burkina Faso par exemple, les programmes de distribution alimentaire en riposte aux chocs à court terme, qui représentent 69 pour cent de la dépense totale en filets sociaux, desservent 80 pour cent de tous les bénéficiaires de filets sociaux. Au Mali, les banques céréalières absorbent 25 pour cent de l'ensemble de la dépense en filets sociaux. Les programmes de filets sociaux productifs les plus importants de la Zambie concernent tous l'accroissement de la production alimentaire chez les petits agriculteurs, particulièrement à travers le programme de subvention des intrants agricoles et la distribution gratuite de semences et de paquets d'engrais de démarrage. En Mauritanie, le programme *Emel* (« Espoir ») axé sur la protection des groupes vulnérables contre la hausse du prix des denrées de base et l'insécurité alimentaire appuie le réseau national de banques céréalières villageoises, les SAVS (Stock Alimentaire Villageois de Sécurité); procède à la distribution alimentaire; et subventionne certaines denrées essentielles offertes dans des boutiques alimentaires spécialisées. L'Éthiopie reste le seul pays dans lequel le dispositif d'aide alimentaire d'urgence a été transformé avec succès en programme de filet social plus efficace. Le Chapitre suivant traitera du peu de données comparatives relatives aux transferts monétaires et alimentaires. Il y a, généralement, 3 grands types de programmes alimentaires :

- *Vente d'aliments subventionnés ou banques céréalières.* Ces programmes concernent essentiellement les pays de la région sahélienne (Bénin, Burkina Faso, Cameroun, Mali, Mauritanie et Niger) et constituent souvent le principal filet social national.
- *Programmes de distribution alimentaire et de suppléments et programmes d'alimentation.* Ces interventions s'adressent à des groupes vulnérables particuliers, notamment aux enfants malnutris de moins de 5 ans, aux femmes enceintes ou qui allaitent de zones à insécurité alimentaire, aux réfugiés et aux personnes atteintes du VIH sida. Les aliments et autres suppléments vitaminiques sont distribués aux groupes ciblés soit sur une base d'urgence (par exemple au cours de quelques mois d'insécurité alimentaire profonde) ou de façon plus régulière (par exemple à ceux qui présentent des besoins à long terme).
- *Autres programmes de transferts en nature.* Il s'agit ici par exemple de la distribution de fournitures scolaires (Bénin, Kenya, Lesotho, Mali, Maurice, Mozambique et Togo) ou encore de petits intrants agricoles (Libéria, Maurice et Zambie).

Programme de travaux publics

Le Tableau 3.2 résume les principales caractéristiques des programmes de travaux publics mis en œuvre dans les pays étudiés. 19 des 22 pays (86 pour cent) ont opté pour des programmes d'argent contre travail alors que 13 d'entre eux (59 pour cent) se sont plutôt tournés vers des programmes de vivres contre travail. Des interventions d'argent ou de vivres contre formation ont été lancées au Bénin, au Burkina Faso, au Mali et en Sierra Leone. En outre, le Burkina Faso, le Libéria, Madagascar, le Malawi, le Mali et la Sierra Leone ont choisi différents types de programmes de travaux publics. Ces derniers, dont la gestion relève des pouvoirs publics et/ou des PTF, s'adressent donc à différents groupes cibles

Tableau 3.2 Principales caractéristiques des programmes de travaux publics, pays et programmes sélectionnés

Dénomination	Prestataire	Principaux objectifs	Type de paiement	Lieu	Ciblage	Salaire fixé	Durée/ fréquence de l'emploi	Genre des participants	Ciblage de pauvreté?
Bénin									
Programme de gestion urbaine décentralisée (PGUD)	AGETUR	Créer des emplois, développer les compétences des artisans, construire des infrastructures	Argent	Urbain	Auto-ciblage basé sur salaire, diplômés chômeurs	2 000 FCFA, 100-200 % du salaire min.	4-5 mois 8 h par jour	n.d.	n. d.
Programme d'appui au secteur routier (PASR)	Danida	Améliorer le transport routier rural et l'accessibilité	Argent	Rural	Communautés souffrant d'insécurité alimentaire, auto-ciblage basé sur salaire	2 000 FCFA, approx. 150 % du salaire local moyen	Saison de soudure agricole	35 % femmes	55 % pauvres
Botswana									
Ipelegeng (Autosuffisance)	Gouvernement	Lancé au cours de la crise mondiale, FS permanent, non lié à la sécheresse remplace une série de programmes d'urgence	Argent	Rural et urbain	Auto-ciblage basé sur salaire (mais rationnement en raison d'une forte demande)	18 BWP/jour travailleurs occasionnels, 24 BWP/jour superviseurs, considéré suffisamment bas pour auto-ciblage par les pauvres	Max 30 jours par an	80 % femmes	n. d.
Burkina Faso									
Programme pistes rurales, désenclavement à l'Est (PrEst)	ONG Helvetas supervisée par le ministère de l'Infrastructure	Création d'infrastructures et HIMO; pas conçu comme un FS	Argent	Rural	Auto-ciblage basé sur salaire	En moyenne 130 950 FCFA par an, un peu en-dessous du salaire minimum	6 mois	16 % femmes	Réduction de la pauvreté des bénéficiaires directs
Food for Assets (Vivres contre actifs)	PAM	Création d'infrastructures et HIMO	Vivres	Rural	Auto-ciblage basé sur salaire	n. d.	n. d.	Environ 50 % femmes	n. d.

suite du tableau page suivante

Tableau 3.2 Principales caractéristiques des programmes de travaux publics, pays et programmes sélectionnés *(suite)*

Dénomination	Prestataire	Principaux objectifs	Type de paiement	Lieu	Ciblage	Salaire fixé	Durée/ fréquence de l'emploi	Genre des participants	Ciblage de pauvreté?
Cameroun									
Projet d'assainissement de Yaoundé (PAD-Y)	Gouvernement, BAD	Emplois temporaires et nettoyage d'infrastructures	Argent	Urbain	Auto-ciblage basé sur salaire	300 FCFA/h, presque 200 % d'un salaire normal	n.d.	n.d.	n. d.
Vivres contre travail	PAM	Réduire l'insécurité alimentaire et construire des infrastructures rurales	Vivres	Rural	Auto-ciblage basé sur le salaire	n.d.	n.d.	n.d.	n. d.
Éthiopie									
Productive Safety Net program (Programme de filets sociaux productifs) (PSNP)	Gouvernement, appui de plusieurs PTF	Assurer la consommation alimentaire et prévenir la dilapidation des actifs des ménages pauvres souffrant d'insécurité alimentaire en stimulant les marchés, améliorant l'accès aux services et ressources naturelles et réhabilitant / améliorant l'environnement naturel	Vivres et argent, ou combi.	Rural	À base communautaire, auto-ciblage à travers salaire	10 birrs ou 3 kg de céréales par jour (0,8 $ EU/jour), estimé à 40 % des besoins nutritionnels annuels (établis à près de 10 % du panier alimentaire au seuil de pauvreté en 2007-2008)	6 mois au cours de la soudure, répétitif avec les années	44 % femmes	87 % des participants souffrent d'insécurité alimentaire

suite du tableau page suivante

Tableau 3.2 Principales caractéristiques des programmes de travaux publics, pays et programmes sélectionnés *(suite)*

Libéria

Dénomination	Prestataire	Principaux objectifs	Type de paiement	Lieu	Ciblage	Salaire fixé	Durée/fréquence de l'emploi	Genre des participants	Ciblage de pauvreté?
Liberia Emergency Employment Program (Emploi d'urgence) et *Liberia Employment Action Program* (Programme d'action pour l'emploi) LEEP/LEAP	Ministère de l'Emploi	Emploi d'urgence, cible surtout les ex-combattants	Argent	Rural et urbain	Les communautés faites une demande auprès des autorités locales pour commencer le processus	3 $ EU/jour pour travailleur non qualifié, 5 $ EU/jour qualifié	8-hr travail/jour – court terme	n. d.	Peu d'infos sur la capacité des bénéficiaires à mettre à profit l'emploi temporaire, par ex. à travers l'épargne ou l'investissement afin de réduire leur vulnérabilité
VACATION JOB (Emplois disponibles)	Ministère de l'Emploi/Comité inter ministériel sur l'emploi des jeunes	Emploi d'urgence, offre des internats et des études/emplois dans les services communautaires	Argent	Urbain	Désignation des étudiants par leurs directeurs d'école ou les dirigeants communautaires	100 $ EU (150 $ EU dans le secteur privé)	8-hr travail/jour – court terme	n. d.	n. d.
National Beautification Days (Journées nationales d'embellissement)	Ministère de l'Emploi	Emploi d'urgence	Argent	Rural et urbain	Sélection par les autorités de comté et dirigeants urbains locaux	3 $ EU/jour pour travailleur non qualifié, 5 $ EU qualifié	8-hr travail/jour – court terme	n. d.	n. d.
YES Community Works (*Youth employment skills*) (Aptitudes à l'emploi des jeunes, travaux communautaires)	Agence libérienne pour l'autonomisation communautaire, Ministère de la Jeunesse et des Sports, BM	Accroître l'accès des pauvres aux programmes d'emploi temporaire afin d'améliorer l'employabilité des jeunes	Argent	Rural et urbain	Sélection basée sur le risque, le chômage et l'ampleur de la vulnérabilité	3 $ EU/jour pour travailleur non qualifié, 5 $ EU qualifié	8-hr/jour – 32 jours d'emploi et 8 jours de formation	Actuellement 50 % femme	80 % des participants dans les 3 premiers quintiles, et 14,5 % du 1er quintile

suite du tableau page suivante

Tableau 3.2 Principales caractéristiques des programmes de travaux publics, pays et programmes sélectionnés *(suite)*

Dénomination	Prestataire	Principaux objectifs	Type de paiement	Lieu	Ciblage	Salaire fixé	Durée/ fréquence de l'emploi	Genre des participants	Ciblage de pauvreté?
Livelihood Asset Rehabilitation (Réhabilitation des actifs et moyens de subsistance)	PAM	Sécurité alimentaire	Vivres	Rural	Sélection communautaire, ménages retenus sur la base de l'accès aux marchés alimentaires ou de la capacité de production alimentaire	n.d.	n.d.	n.d.	n.d.
Madagascar									
Argent contre travail, Projet d'urgence de sécurité alimentaire/ reconstruction	BM/Gouv./Fonds d'Intervention pour le Développement	Accroître l'accès à l'emploi à court terme dans les zones d'insécurité alimentaire ciblées, hausser le revenu disponible, améliorer la consommation alimentaire	Argent	Rural	Géographique, auto-ciblage basé sur le salaire suivi d'une sélection communautaire (si la demande est forte)	2 000 AR (environ 1 $ EU) pour 5 h de travail, au-dessus du taux quotidien de 1 500 AR pour un travailleur rural non qualifié	Surtout au cours de la période de soudure agricole (moyenne de 25 jours)	Les femmes doivent constituer 50 % des travailleurs	Le salaire (25 jours d'emploi) est considéré largement insuffisant pour une sortie de la pauvreté
Programme national du PAM Vivres contre travail/ Intervention prolongée d'aide et de développement	PAM	Fournir un emploi temporaire au cours de la soudure et créer des moyens de subsistance durables/ gérer les risques à la suite de chocs	Vivres	n. d.	Géographique, régions du Sud, favorise les femmes chefs de ménage, les ménages nombreux, cultivant moins d'un hectare	n. d.	Période de soudure (octobre – avril et à la suite d'une catastrophe naturelle [moyenne de 25 jours])	n.d.	n. d.

suite du tableau page suivante

Tableau 3.2 Principales caractéristiques des programmes de travaux publics, pays et programmes sélectionnés *(suite)*

Dénomination	Prestataire	Principaux objectifs	Type de paiement	Lieu	Ciblage	Salaire fixé	Durée/ fréquence de l'emploi	Genre des participants	Ciblage de pauvreté?
Composante Vivres contre travail du SALOHI	USAID	Renforcer la résilience aux chocs	Vivres	n. d.	Géographique, districts de l'Est et du Sud affectés par des catastrophes	n. d.	n. d.	Met l'accent sur la participation des femmes	n. d.
Programme d'argent, de vivres, de semences contre travail	Office National de Nutrition	Améliorer la vie des plus vulnérables; accroître la capacité productive et sanitaire des communautés; et réduire les effets des catastrophes sur la nutrition	Argent/ vivres/ semences	n. d.	Priorité aux ménages avec enfants <5 ans, aux ménages nombreux, avec handicapés, souffrant de pauvreté extrême et aux travailleurs occasionnels faiblement rémunérés	n. d.	n. d.	n.d.	n.d.
Malawi									
Livelihoods through Public Works Program [Programme de subsistance grâce aux travaux publics]	MASAF	Création d'emplois, promotion des moyens de subsistance	Argent	n. d.	Géographique; ménages vulnérables aptes à s'engager dans des activités productives	n. d.	Deux mois et demi d'emploi garanti	n. d.	n. d.
Emergency Drought Recovery Program [programme de récupération d'urgence après la sécheresse]	MASAF	Réponse d'urgence aux sécheresses	Argent	n. d.	Auto-ciblage basé sur le salaire suivi d'une sélection communautaire	43 MK pour 4 h de travail en zone rurale, 12,4 % au-dessus et 88 % du salaire urbain minimum	Deux mois et demi d'emploi garanti	n.d.	n. d.

suite du tableau page suivante

Tableau 3.2 Principales caractéristiques des programmes de travaux publics, pays et programmes sélectionnés *(suite)*

Dénomination	Prestataire	Principaux objectifs	Type de paiement	Lieu	Ciblage	Salaire fixé	Durée/ fréquence de l'emploi	Genre des participants	Ciblage de pauvreté?
Public Works Program-CCT [programme de travaux publics-TMC]	MASAF	Réponse d'urgence à la sécheresse, aide monétaire aux ménages pauvres et vulnérables pour achat de nourriture et d'intrants agricoles	Argent	Rural	Ciblage géographique, auto-ciblage basé sur le salaire suivi d'une sélection communautaire	200 MK/jour [8-h], considéré suffisant pour l'accès à des fertilisants subventionnés et l'achat de denrées alimentaires	Garantie de 10 jours d'emploi	n.d.	93 pour cent ménages bien ciblés pauvres -vulnérables
Public works program (Programme de travaux publics du gouvernement/UE)	Gouvernement/UE	Améliorer le développement rural et remplacer la distribution alimentaire par des activités qui permettent une sécurité alimentaire à plus long terme	Argent	Rural	Sélection par l'entrepreneur local	Varie d'un entrepreneur à l'autre, mais directive de 64 MK minimum pour 6 heures de travail	n.d.	n.d.	n.d.
Food security program (Programme de sécurité alimentaire du Gouvernement/ UE)	Gouvernement/UE	Créer des emplois et améliorer la sécurité alimentaire	Argent	Rural	Sélection par les dirigeants locaux avec directives de l'Assemblée de district	147 MK pour 5 h de travail	n.d.	n.d.	n.d.
Income generating Public Works (Travaux publics générateurs de revenus) du Gouvernement/UE	Gouvernement/UE	Fournir un appui monétaire aux zones en déficit alimentaire, promouvoir les activités productives et faciliter l'accès aux intrants agricoles subventionnés	Argent	Rural	Sélection par les entrepreneurs et les dirigeants locaux	Injection spéciale de 150 MK/jour pendant une moyenne de 20 jours au cours des périodes de faim aiguë	n.d.	n.d.	n.d.

suite du tableau page suivante

Tableau 3.2 Principales caractéristiques des programmes de travaux publics, pays et programmes sélectionnés *(suite)*

Dénomination	Prestataire	Principaux objectifs	Type de paiement	Lieu	Ciblage	Salaire fixé	Durée/ fréquence de l'emploi	Genre des participants	Ciblage de pauvreté?
Mali									
Travaux publics soutenus par l'État	Agence pour la promotion de l'emploi des jeunes	Réorienter l'investissement en infrastructures à travers une approche HIMO et stimuler l'économie locale	Argent	n.d.	Aucun critère de ciblage précis	Niveau salarial beaucoup plus élevé que le salaire minimum et du marché	n.d.	n.d.	n.d.
Programme d'emploi des jeunes par HIMO (PEJHIMO)	APEJ/OIT/ Luxembourg	Pont vers l'emploi	Argent	n.d.	Autorités locales responsables de la sélection des bénéficiaires, auto-ciblage	3-5 000 FCFA/jour, beaucoup plus élevé que le salaire minimum et du marché	90 jours, suffisamment longtemps pour maîtriser le travail	n.d.	Aucune tentative d'inscription des individus les plus pauvres dans le programme
Programme de nourriture contre travail et de nourriture contre compétences	PAM	Réduire la dégradation des sols et développer des terres agricoles dans les zones d'insécurité alimentaire	Vivres	Rural	n.d.	n.d.	n.d.	50-70% femmes	n.d.
Programme de nourriture contre la paix/NEMA	USAID	Prévenir l'insécurité alimentaire	Vivres	Rural	n.d.	n.d.	n.d.	n.d.	n.d.
Rwanda									
Vision 2020 Umurenge, Programme de travaux publics	Dirigé par le gouvernement avec le soutien de multiples PTF	Accélérer le taux de réduction de la pauvreté	Argent	Rural et urbain	Ciblage Ubudehe (basé sur l'accès à la terre, au bétail et actifs) pour les ménages avec adultes aptes au travail	Moyenne de 1,5 $ EU/ jour. Salaire considéré en moyenne supérieur de 10 pour cent au taux du marché dans 14 des 30 secteurs	n.d.	n.d.	Légères retombées sur les ménages individuels, ce qui mine en quelque sorte les objectifs de protection

suite du tableau page suivante

Tableau 3.2 Principales caractéristiques des programmes de travaux publics, pays et programmes sélectionnés *(suite)*

Dénomination	Prestataire	Principaux objectifs	Type de paiement	Lieu	Ciblage	Salaire fixé	Durée/ fréquence de l'emploi	Genre des participants	Ciblage de pauvreté?
Sierra Leone									
Youth Employment Support Project (Projet de Soutien à l'emploi des jeunes) (YESP)	BM/ gouvernement/ Commission nationale pour l'action sociale	Accroître l'emploi à court terme et les opportunités et améliorer l'employabilité des jeunes ciblés	Argent	Rural et urbain	Géographique et auto-ciblage basé sur salaire	6 000 LE - 8 000 LE par jour (selon la localité)	50-70 jours	30 pour cent de femmes attendu	n.d.
Food for Work and Food for Training (Vivres contre travail et vivres contre formation)/ SCP	Ministère de l'Agriculture, de la Foresterie et de la Sécurité Alimentaire/BM/ autres PTF	Augmenter la sécurité alimentaire par des transferts de vivres (et monétaires) tout en construisant des infrastructures qui contribuent à la petite commercialisation	Surtout des vivres	n. d.	Sélection par les conseils de district et les chefferies	n.d.	n.d.	n.d.	n.d.
Tanzanie									
Food-insecurity project (Projet contre l'insécurité alimentaire)	TASAF	Augmenter la consommation des personnes pauvres souffrant d'insécurité alimentaire tout en construisant des infrastructures contribuant à une croissance à long terme	Argent	Rural	Géographique; ciblage communautaire des ménages pauvres et souffrant d'insécurité alimentaire, auto-ciblage basé sur salaire	3 000-5 000 Tsh/jour, fixé à 10 pour cent sous le salaire local, mais présence d'une discrétion locale substantielle dans l'établissement des salaires	20-30 jours au cours de la période de soudure agricole, mais délais dans la pratique	n.d.	3 000 Tsh équivalent au salaire actuel de travailleurs non qualifiés, 5 000 TSH supérieur au salaire normal pour travail non qualifié

suite du tableau page suivante

Tableau 3.2 Principales caractéristiques des programmes de travaux publics, pays et programmes sélectionnés *(suite)*

Dénomination	Prestataire	Principaux objectifs	Type de paiement	Lieu	Ciblage	Salaire fixé	Durée/ fréquence de l'emploi	Genre des participants	Ciblage de pauvreté?
Food-for-asset creation Program (Programme de vivres contre création d'actifs)	TASAF	Réduire la pression sur les ménages grâce à l'aide alimentaire lorsque les stocks sont faibles et les prix élevés	Vivres	Rural	Districts affectés par l'insécurité alimentaire sélectionnés, décisions communautaires sur les bénéficiaires	n.d.	Environ 30 jours au cours de la période de soudure agricole	n.d.	n.d.
Togo									
Cash-for-work program (Programme d'argent contre travail)	BM/MDABJEJ	Fournir une source complémentaire de revenus à 25 000 jeunes défavorisés	Argent	Rural	Géographique et auto-ciblage basé sur salaire	3 $ EU/jour équivalent au salaire minimum officiel et à 30 pour cent de la consommation par habitant d'une zone rurale	40 jours	Estimé à 50 pour cent de femmes et 75 pour cent de jeunes	Au moins 75 pour cent des travailleurs vivent sous le seuil de pauvreté
Zambie									
Peri-Urban Community Self-Help (auto-assistance communautaire périurbaine) (PUSH)	Gouvernement	n. d.	Argent et vivres	Rural et urbain	Varie d'une intervention à l'autre, selon la vulnérabilité dans les zones couvertes	Doit verser un salaire minimum de 20 000 K (4 $ EU)/jour, mais ne verse que 10 000 K (environ 2 $ EU) pour une demi-journée; beaucoup plus élevé que le salaire quotidien d'un travailleur agricole non qualifié (6 000 K)	3 à 24 mois (moyenne de 4 mois) surtout pendant la saison sèche	Environ 60 pour cent de femmes	n.d.

Source : Analyses nationales des filets sociaux.

Note : TMC = transfert monétaire conditionnel; UE = Union Européenne; MASAF = *Malawi Social Action Fund*; FS = filets sociaux; TASAF = *Tanzania Social Action Fund*; HIMO = haute intensité de main d'œuvre; PTF = partenaire technique et financier; MDABJEJ = ministère du Développement à la Base, de l'Artisanat, de la Jeunesse et de l'Emploi des Jeunes; SCP = *Smallholder Commercialisation Programme* (Programme de commercialisation pour petits agriculteurs); n.d. = non disponible).

(notamment les jeunes urbains, les femmes rurales, les ex-combattants ou les populations souffrant d'insécurité alimentaire) et sont porteurs d'objectifs spécifiques (principalement la création d'emplois à court terme et la construction ou réhabilitation d'infrastructures). Un rapport récent (Milazzo et del Ninno 2012) a mis en lumière le fait que les programmes de travaux publics mis en œuvre en Afrique avaient surtout été utilisés comme filets sociaux à court terme à la suite de catastrophes naturelles ou de conflits. En fait, seules quelques nouvelles interventions ont adopté une approche à long terme à la réduction de la pauvreté chronique en assurant aux participants pauvres une source de revenus plus fiable, plus prévisible et plus durable. On peut mentionner à cet effet le PSNP éthiopien (le programme de travaux publics le plus important d'Afrique avec 7 millions de bénéficiaires), le programme de travaux publics extensifs d'Afrique du Sud et le *Malawi Social Action Fund* (Fonds d'action sociale) (MASAF).

En réalité, la conception de ces programmes de travaux publics ne leur permet pas toujours de satisfaire efficacement à des objectifs de filet social. La plupart des travaux publics élaborés à cet effet versent un salaire en argent comptant (70 pour cent) alors que seulement le tiers d'entre eux (33 pour cent) rémunèrent les participants sous forme de vivres (Tableau 3.2).[10] En outre, ils utilisent différentes méthodes de ciblage, le plus souvent de type géographique (42 pour cent) et à base communautaire (29 pour cent) (Milazzo et del Ninno 2012). Généralement, le taux salarial favorise l'identification des bénéficiaires, particulièrement à travers l'auto-sélection des participants. Cependant, plusieurs programmes offrent une rémunération qui dépasse largement le salaire minimum et qui, par conséquent, n'encourage pas vraiment l'auto-ciblage par les pauvres. En fait, McCord et Slater (2009) ont observé que seuls 39 pour cent des programmes de travaux publics mis en œuvre en Afrique offraient une rémunération inférieure au salaire minimum. Ici, seuls les programmes *Ipelegeng* du Botswana, MASAF du Malawi, PSNP d'Éthiopie et le Projet d'insécurité alimentaire (géré par le TASAF) de la Tanzanie ont fixé des taux salariaux suffisamment bas pour attirer une main-d'œuvre pauvre faiblement qualifiée.

De plus, plusieurs programmes de travaux publics d'Afrique desservent des objectifs autres que ceux des filets sociaux. McCord et Slater (2009) ont examiné 167 programmes de travaux publics mis en œuvre dans 29 pays africains et ont constaté que seulement la moitié d'entre eux (47 pour cent) avaient été dotés d'un objectif de filet social (soit une offre de transfert salarial contre un emploi épisodique à court terme qui permet de faire face à un risque de base). Les autres interventions visaient essentiellement l'apport d'opportunités d'emploi à court terme (pas nécessairement à l'intention des plus pauvres) dans le cadre de la construction et de l'entretien des infrastructures et services publics (Figure 3.7). Les programmes de travaux publics offrent donc majoritairement des emplois de courte durée (généralement pendant la période de soudure agricole) qui peuvent tout de même absorber les surplus temporaires de main-d'œuvre dans une perspective de réduction de l'insécurité alimentaire et de la pauvreté saisonnière. Toutefois, en raison même de cette temporalité, la plupart

Figure 3.7 Objectifs des programmes de travaux publics africains

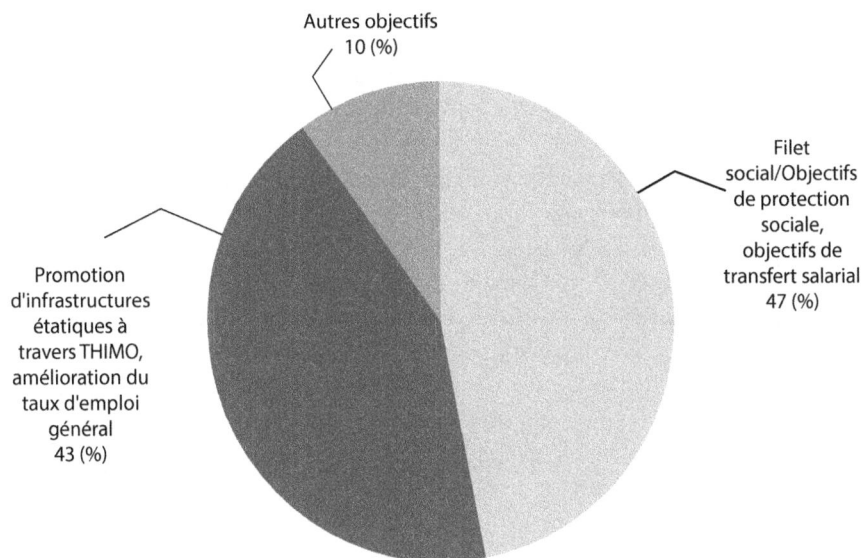

Source: McCord et Slater 2009.
Note: Basé sur l'étude de 167 programmes de travaux publics de 29 pays africains.

des programmes de travaux publics mis en œuvre en Afrique ne parviennent pas à répondre aux besoins des personnes affectées par une pauvreté chronique.

Dans les contextes post-conflit, les travaux publics peuvent encourager la cohésion sociale. Les expériences menées au Libéria et en Sierra Leone confirment que les filets sociaux, particulièrement les travaux publics, peuvent avoir un effet positif sur la cohésion sociale (Andrews *et al.* 2012). Dans les pays en situation post-conflit, cet effet peut s'avérer important et aider à surmonter les divisions sociétales susceptibles d'avoir contribué à l'éclatement du conflit.

Programmes d'exemption de frais

Dans le cadre de l'accent mis sur le développement humain, de nombreux pays africains ont accordé des exemptions de frais pour soins de santé aux personnes les plus pauvres. Dans plusieurs PFR (Bénin, Burkina Faso, Cameroun, Madagascar, Mali et Mauritanie), les indigents et les autres groupes catégoriels ciblés bénéficient gratuitement des soins de santé. Au Burkina Faso, les enfants, les femmes et les personnes âgées à risque ont droit à la gratuité des prestations médicales préventives et curatives. Au Cameroun, les pauvres sont exemptés des frais d'hospitalisation d'urgence ou d'évacuation médicale. Cependant, les critères d'éligibilité sont généralement peu définis et dans les faits, les programmes d'exemption de frais sont mal ciblés et mal appliqués. Néanmoins, un programme pilote du Burkina Faso semble démontrer que l'abolition des frais payés par les femmes et enfants pauvres augmente leur utilisation des services de santé. Cependant, cette conclusion devrait être confirmée par des évaluations rigoureuses, qui permettront également d'établir dans quelle mesure les exemptions de frais de santé réduisent la pauvreté et augmentent le recours aux services. Dans plusieurs pays anglophones, les dispositifs de coupons et d'exemptions de frais pour soins de santé sont souvent mieux ciblés et mis en œuvre. Au Ghana, les pauvres peuvent s'inscrire gratuitement au régime national d'assurance maladie (*National Health Insurance System*) (NHIS) alors qu'en Tanzanie, les pauvres reçoivent une carte d'assurance maladie qui leur donne droit aux soins de santé gratuits. Au Botswana, au Libéria et au Swaziland, les soins de santé primaire font l'objet de gratuité universelle et à Maurice, l'État rembourse les évaluations médicales nécessaires. Au Swaziland, les services de santé maternelle et infantile sont gratuits, comme d'ailleurs les soins médicaux accordés aux personnes de plus de 60 ans, aux handicapés et aux OEV. L' Encadré 3.6 explique le fonctionnement du NHIS du Ghana, un exemple unique en Afrique.

La gratuité universelle s'applique également à l'éducation primaire. Lorsque les écoles primaires appliquent des frais d'inscription, les enfants pauvres et défavorisés reçoivent souvent des exemptions de frais de scolarité (comme

---

Encadré 3.6 Exemptions pour indigents du Système national d'assurance maladie du Ghana

L'exemption pour indigents accordée par le régime national d'assurance maladie (NHIS) du Ghana dans le cadre de l'enregistrement et de la couverture des ménages les plus pauvres semble avoir tout particulièrement bien réussi à cibler son groupe cible. Le NHIS a été créé en 2003 afin d'accroître l'accès et l'abordabilité des soins de santé. Le régime est financé à partir des cotisations versées par les participants, mais aussi des sommes importantes transférées à partir des taxes indirectes (taxe spéciale sur la valeur ajoutée et les droits d'importation). Actuellement, selon les données du NHIS, le régime couvrirait environ 60 pour cent de la population. Les indigents bénéficient d'une exemption de frais et leur enregistrement au niveau du district fait l'objet de contrôles rigoureux.

Selon les quelques données de district disponibles, la part des avantages du NHIS rétrocédée aux pauvres s'élèverait à près de 38,5 pour cent. Cependant, il y aura certainement amélioration de la performance du ciblage actuel des indigents suite au ciblage relativement rigide maintenant pratiqué par chaque district. Cependant, même si le régime dessert une partie des pauvres, il continue à profiter beaucoup plus largement aux segments les mieux nantis de la population, alors que les cotisations restent souvent trop élevées et inabordables pour les plus démunis.

En fait, la faiblesse des taux d'inscription en vertu de cette exemption par rapport à la part de la population affectée par une pauvreté extrême devrait inciter les districts à en faire un usage plus extensif. Une première étape pourrait consister, par exemple, à accorder à la majorité des bénéficiaires du programme *Livelihood Empowerment against Poverty* (Renforcement des moyens de subsistance contre la pauvreté) (LEAP) l'exemption pour indigents. Le LEAP vise une mise à l'échelle qui lui permettra de rejoindre 1 million de ménages.

Source: Banque mondiale 2011.

---

au Cameroun, même si l'école primaire y est généralement gratuite). Cependant, les données en provenance de certains pays (du Libéria par exemple) indiquent que, malgré la gratuité de l'éducation primaire, les parents justifient fréquemment la non-fréquentation scolaire de leurs enfants par les coûts encourus (frais de scolarité, transport et uniforme). Au Kenya, le *Secondary Education Bursary Fund* (Fonds pour bourses d'éducation secondaire) soutient les élèves les plus défavorisés alors qu'au Mozambique, l'*Institute for Study Grants* (Institut pour bourses d'études) verse des bourses au niveau universitaire. À Maurice, l'exemption des frais de scolarité n'est disponible qu'au niveau pré-primaire.

Programmes de protection sociale complémentaires

Les programmes de microcrédit ou de subventions qui ciblent les groupes et les personnes pauvres sont relativement courants en Afrique où ils servent principalement à accroître la productivité des bénéficiaires. Le Burkina Faso, le Cameroun, le Kenya et le Rwanda disposent tous d'une pléthore de programmes de ce type. Même s'il ne s'agit pas nécessairement de filets sociaux, ces interventions sont complémentaires puisqu'elles octroient petits financements pour activités génératrices de revenus à des individus ou à des groupes (généralement des femmes, des jeunes ou des agriculteurs) appartenant à des communautés marginalisées. Cependant, leurs effets sur la pauvreté n'ont pas été évalués et leur rentabilité n'a pas été démontrée. Malgré cela, au Rwanda, les programmes de microcrédit et autres interventions de promotion d'activités productives et génératrices de revenus jouent un rôle important au sein de la stratégie de protection sociale.

Les programmes de coupons pour intrants agricoles contribuent également de façon substantielle à la réduction des risques. Ils distribuent des intrants agricoles ou encore des coupons et subventions qui permettront aux petits agriculteurs ou aux groupes de producteurs d'acquérir des actifs et intrants à prix réduit. Le *National Agriculture Input Voucher Scheme* (Dispositif national de coupons pour intrants agricoles) de la Tanzanie distribue des coupons aux fins d'acquisition de fertilisants et de semences améliorées à près de 1,5 million de ménages pratiquant la culture du riz ou du maïs. En Éthiopie, le programme *Household Asset Building* (Renforcement des actifs du ménage) offre aux ménages agricoles un crédit unique fortement subventionné pour la reconstruction de leur base d'actifs ou l'achat de « paquets d'extension du ménage ». De façon similaire, le programme *Farm Input Subsidy* (Subvention des intrants agricoles) du Malawi subventionne le prix des fertilisants et des semences. Les 2 importants programmes *Food Security Pack* (Paquet pour la sécurité alimentaire) et *Farmer Input Support* (Soutien aux intrants agricoles) de la Zambie ciblent la réduction de l'insécurité alimentaire chez les petits agriculteurs. Ce fort accent de la Zambie sur les intrants agricoles s'explique par le fait que les niveaux de consommation de la majorité des pauvres dépendent largement de leur capacité de production alimentaire sur leurs propres parcelles. Cependant, la distribution d'intrants s'accompagne généralement de coûts administratifs importants et les subventions sur les prix tendent à devenir régressives. Au Lesotho, les agriculteurs sélectionnés reçoivent des coupons pour intrants qu'ils peuvent échanger lors des foires agricoles.

Dans plusieurs pays, certaines approches innovantes complètent les filets sociaux à travers toute une gamme d'interventions qui vont de l'octroi de petites subventions aux populations nomades à la réalisation de potagers. Quelques pays, notamment le Botswana et le Mozambique, offrent des services sociaux à petite échelle, par exemple sous forme de foyers communautaires ou de soins à domicile des personnes âgées et en phase terminale.

Subventions générales des prix

Outre les interventions ciblées, plusieurs pays accordent aux subventions générales des prix un rôle de filet social. Les subventions les plus courantes portent sur la réduction du prix des produits énergétiques, par exemple l'essence, le gaz de pétrole liquéfié, le butane et le kérosène; la diminution de la valeur ajoutée et des tarifs à l'exportation; ou la levée de l'interdiction d'importation de certaines denrées alimentaires telles que le maïs et le riz.

Depuis le début des années 2000, de nombreux pays africains ont introduit des subventions sur les produits énergétiques, mais celles-ci absorbent une part substantielle de la dépense étatique. En 2011, ces subventions représentaient en effet 1,5 pour cent du PIB régional, soit 5,5 pour cent de l'ensemble des recettes gouvernementales en Afrique subsaharienne (FMI 2013). Dans 3 pays, l'ensemble des subventions a même dépassé 4 pour cent du PIB (Mozambique, Zambie et Zimbabwe). Au Burkina Faso et au Cameroun, les subventions énergétiques représentent respectivement 0,8 et 2,6 pour cent du PIB. Par comparaison, les subventions alimentaires introduites en riposte à la flambée des prix alimentaires de 2007 et 2008 au Bénin, au Burkina Faso, au Cameroun, au Ghana, au Mali, au Swaziland, au Togo et en Zambie sont beaucoup moins coûteuses. Au Cameroun, les subventions générales des prix accaparent 88 pour cent de l'ensemble de la dépense en filets sociaux. En Sierra Leone, une réduction des droits d'importation frappant le riz, le blé, la farine et le sucre a été introduite afin de minimiser les impacts néfastes de la crise, particulièrement sur les groupes vulnérables, une mesure qui a été complétée par la distribution aux agriculteurs de 71 000 boisseaux de semences de riz destinés au rehaussement de la production intérieure. Selon le ministère des Finances de la Sierra Leone, le coût des subventions énergétiques est graduellement passé, entre 2008 et 2011, de 0,3 pour cent à 2,1 pour cent du PIB. Les coûts fiscaux des subventions générales sont abordés plus loin au Chapitre 5.

Il a été largement démontré que les subventions alimentaires et énergétiques étaient régressives et inefficaces pour la protection des ménages souffrant de pauvreté extrême. Les études menées dans différents pays ont confirmé que les segments les plus pauvres de la population ne bénéficiaient que d'une toute petite part des avantages liés aux subventions, surtout en raison du fait que leur consommation des produits subventionnés est généralement très faible. Au Burkina Faso par exemple, le quintile le plus pauvre n'a profité que de 10 pour cent de la subvention sur les denrées instaurée en

2008, alors que ce groupe était le plus affecté par la flambée mondiale des prix alimentaires. En outre, les constats indiquent que seuls 16 pour cent des subventions énergétiques à long terme ont eu un impact sur les pauvres. Au Cameroun, près de 80 pour cent de ces subventions profitent aux 20 pour cent les mieux nantis de la population. Pire encore, la plupart des produits alimentaires subventionnés (riz, poisson congelé et blé) ne sont généralement pas consommés par les pauvres. Au Ghana, on estime que seulement 8,3 pour cent de la subvention sur le riz et 2,3 pour cent des subventions sur le carburant et le diesel ont eu des retombées sur les pauvres, alors que les non-pauvres profitaient largement de la réduction des taxes sur les aliments importés.

Résumé des principaux messages

Le chapitre est porteur des principaux messages suivants :

- En Afrique, le développement des filets sociaux varie selon la situation et reste essentiellement fonction de l'économie politique et du contexte socio-culturel national. Par conséquent, les politiques et approches en matière de filets sociaux, comme d'ailleurs les institutions responsables de leur gestion, sont loin d'être homogènes sur le continent. Par exemple, les PRI de la région sud-africaine ont établi de solides systèmes de filets sociaux, essentiellement dirigés par les pouvoirs publics et fondés sur une équité horizontale alors que, dans les PFR et les États fragiles, les programmes de protection sociale sont beaucoup plus largement influencés par les PTF et surtout axés sur l'aide d'urgence. Par conséquent, toute intervention de renforcement des filets sociaux doit prendre en considération ces différents facteurs contextuels spécifiques.

- Cependant, en dépit de ces différences interrégionales, la présence des filets sociaux – en tant qu'instruments essentiels de développement et de lutte contre la pauvreté – se raffermit en Afrique alors que de plus en plus de pays préparent des stratégies de protection sociale dans lesquelles seront ancrés les objectifs et politiques à partir desquels seront élaborés des systèmes de filets sociaux efficaces. Les gouvernements devraient poursuivre la préparation de ces stratégies et les mettre en œuvre dans le cadre de leurs stratégies générales de réduction de la pauvreté respectives.

- Dans la plupart des pays africains, les dispositifs de coordination des filets sociaux devraient être renforcés. Au sein de l'appareil étatique, la responsabilité des programmes de filets sociaux est généralement répartie entre plusieurs ministères secondaires qui ont peu de pouvoir politique décisionnel. Le soutien fragmentaire des PTF a d'ailleurs souvent laissé les PFR aux prises avec de multiples petits programmes disparates. La présence de comités de pilotage ou de dispositifs similaires paraît donc essentielle à l'organisation et à la coordination de l'ensemble des filets sociaux d'un pays donné, à la défense des programmes dans la sphère politique et à la mobilisation des ressources adéquates auprès des PTF comme des ministères responsables de leur financement.

- Seuls quelques pays ont réussi à mettre en place des systèmes de filets sociaux susceptibles de s'attaquer aux questions fondamentales entourant la pauvreté et la vulnérabilité. Les filets sociaux comprennent généralement un grand nombre de petits programmes fragmentés, axés sur l'aide d'urgence et la réduction de l'insécurité alimentaire. Peu d'entre eux offrent aux pauvres chroniques un soutien prévisible pouvant les aider à échapper à la pauvreté. En fait, seule une poignée de pays a mis sur pied des programmes durables et plus institutionnalisés d'appui à long terme, dont la supervision est assurée par des ministères d'influence tels que le ministère des Finances et le ministère de l'Économie et du Plan.

- Les filets sociaux les plus populaires en Afrique restent les programmes de cantines scolaires, de travaux publics, d'aide en nature d'urgence ou hors urgence, les programmes catégoriels et les subventions générales. Cependant, les interventions de transferts monétaires qui ciblent la pauvreté augmentent à un rythme extrêmement rapide et des programmes plus importants sont en voie de développement, par exemple au Kenya et au Rwanda.

- En fait, un petit corpus de programmes bien coordonnés et efficaces pourrait servir de base à un filet social susceptible de satisfaire aux besoins des plus pauvres de façon efficiente et réaliste. L'efficacité des interventions pourrait être largement améliorée grâce au développement de systèmes conjoints (par exemple un registre unique des bénéficiaires, un SIG commun, un suivi et évaluation collectif et des modalités de paiement harmonisées) qui appuieraient la mise en œuvre et le suivi de l'ensemble des programmes de filets sociaux. Ces dispositifs opérationnels, sur la base desquels les programmes acheminent de façon efficace les différents soutiens aux groupes ciblés, forment la plate-forme des systèmes de filets sociaux.

- Par conséquent, le travail d'harmonisation et de coordination des programmes de filets sociaux au sein d'un système disposant d'instruments pouvant être utilisés en réponse aux besoins nationaux spécifiques devrait faire partie intégrante du développement des filets sociaux en Afrique.

Notes

1. Les textes du Cadre sont disponibles au: http://sa.au.int/en/content/social-policy-framework-africa.
2. Les questions d'économie politique des filets sociaux et de politiques de protection sociale sont abordées plus loin au Chapitre 5.

3. Depuis 2003, l'Éthiopie s'est dotée d'une Stratégie nationale de sécurité alimentaire qui définit comment le *Productive Safety Net Program* (Programme de filets sociaux productifs) et les autres programmes seront mis à contribution pour l'augmentation de la sécurité alimentaire.

4. Pour une étude de 167 programmes de travaux publics dans 29 pays africains, voir McCord et Slater (2009).

5. Les résultats de ces évaluations d'impact sont abordés au Chapitre 4.

6. Les programmes de cantines scolaires cherchent généralement à accroître la fréquentation et à fournir une alimentation adéquate aux enfants d'âge scolaire, mais ils ne s'attaquent pas aux questions de malnutrition permanente, mieux traitées par un ciblage des femmes enceintes et qui allaitent et des enfants de moins de 2 ans.

7. L'étude (Banque mondiale 2012a) identifie 4 groupes de filets sociaux informels : les dispositifs d'assurance mutuelle informelle, l'assurance en cas d'épreuve de vie majeure, les dispositifs informels d'épargne et de crédit et les structures traditionnelles d'assistance sociale.

8. Catholic Relief Services, l'UNICEF et plusieurs PTF bilatéraux tels que l'Agence de développement international du Danemark et l'Agence de développement international des États-Unis en sont également partenaires. Cependant, dans plusieurs pays (Kenya, Mali et Tanzanie), des efforts ont été entrepris afin de passer de programmes financés par les PTF à des interventions de cantines scolaires pleinement assurées par l'État ou les communautés locales.

9. Au Swaziland, les bénéficiaires d'un régime de retraite lié à l'emploi ne sont pas éligibles à la pension de vieillesse, mais puisque cette règle n'est pas mise en vigueur, le programme est *de facto* universel.

10. McCord et Slater (2009) ont constaté que 44 pour cent des 167 programmes versaient une prestation sous forme monétaire et 52 pour cent sous forme alimentaire. Certains programmes combinent les prestations alimentaires et monétaires.

Références

Andrews, Colin, Mirey Ovadiya, Christophe Ribes Ros, et Quentin Wodon. 2012. « *Cash for Work in Sierra Leone: A Case Study on the Design and Implementation of a Safety Net in Response to a Crisis.* » Protection sociale, Document pour discussion 1216 Washington, DC : Banque mondiale.

Banque mondiale. 2009. *Niger: Food Security and Safety Nets*. Washington, DC : Banque mondiale.

————. 2011. *Republic of Ghana: Improving the Targeting of Social Programs*. Washington, DC : Banque mondiale.

————. 2012a. « *Informal Safety Nets: A Literature Review of the Evidence in Africa.* » Washington, DC : Banque mondiale.

————. 2012b. *Lesotho: A Safety Net to End Extreme Poverty*. Washington, DC : Banque mondiale.

————. 2012c. Gérer les risques, promouvoir la croissance, développer les systèmes de protection sociale en Afrique : la stratégie de protection sociale de la Banque mondiale en Afrique 2012-2022. Washington, DC : Banque mondiale.

————. 2012d. *Rwanda Social Safety Net Assessment : Draft Report*. Washington, DC : Banque mondiale.

del Ninno, Carlo, Kalanidhi Subbarao, Annika Kjellgren, et Rodrigo Quintana. 2012. « *Improving Payment Mechanisms in Cash-Based Safety Net Programs.* » Washington, DC : Banque mondiale.

FMI (Fonds monétaire international). 2013. *Case Studies on Energy Subsidy Reform: Lessons and Implications.* Washington, DC.

Garcia, Marito, et Charity M. T. Moore. 2012. *The Cash Dividend: The Rise of Cash Transfer Programs in Sub-Saharan Africa.* Washington, DC : Banque mondiale.

Gouvernement du Niger. 2013. *Safety Net Project Implementation Manual.* Niamey : gouvernement du Niger.

Hickey, Sam. 2007. « *Conceptualizing the Politics of Social Protection in Africa.* » Document de travail 4 BWPI, Brooks World Poverty Institute, Manchester, R.-U. : Université de Manchester.

McCord, Anna, et Rachel Slater. 2009. *Overview of Public Works Programmes in Sub-Saharan Africa.* Londres : Overseas Development Institute.

Milazzo, Annamaria, et Carlo del Ninno. 2012. *The Role of Public Works Programs in Sub-Saharan Africa.* Washington, DC : Banque mondiale.

MINALOC (ministère de l'Administration Locale, de la Bonne Gouvernance, du Développement Communautaire et des Affaires Sociales). 2011. « *National Social Protection Strategy, Rwanda.* » http://www.ilo.org/gimi/gess/RessShowRessource .do?ressourceId=23208.

PSNP (*Productive Safety Net Program*). 2010. *Designing and Implementing a Rural Safety Net in a Low-Income Setting: Lessons Learned from Ethiopia's Productive Safety Net Program 2005–2009.* Addis-Ababa : gouvernement de l'Éthiopie.

CHAPITRE 4

Efficacité des programmes de filets sociaux existants : une analyse

Lors de l'examen de l'efficacité des programmes de filets sociaux, 3 caractéristiques doivent être prises en considération : la couverture, le ciblage et la générosité (ampleur de la prestation). Pour que les programmes de filets sociaux réduisent de façon significative la pauvreté nationale et améliorent les indicateurs de développement d'un pays, ils doivent rejoindre un certain nombre d'individus, atteindre les personnes dont les besoins sont les plus importants et fournir aux bénéficiaires un soutien adéquat qui leur permet de mieux gérer les risques et d'entreprendre des activités à plus fort rendement. Cependant, puisque la plupart des programmes de filets sociaux sont soumis à des restrictions budgétaires, il y a souvent compromis entre l'ampleur des montants transférés, le nombre de récipiendaires et la durée des transferts. La maximisation des effets générés par les programmes de filets sociaux est donc soumise à l'atteinte d'un équilibre adéquat entre la couverture, le ciblage et la générosité.

D'autres facteurs influencent l'efficacité d'un filet social, notamment sa capacité d'adaptation aux changements dans les besoins de ses bénéficiaires et la rapidité avec laquelle il peut absorber de nouveaux bénéficiaires ayant été affectés par un choc néfaste. Par conséquent, la flexibilité, la prévisibilité et la capacité à répondre aux crises sont également à considérer lors de la mesure de l'efficacité des filets sociaux dans l'atteinte de leurs objectifs. Finalement, l'indicateur ultime de l'efficacité d'un programme réside dans son influence sur une série de résultats, par exemple l'état de pauvreté à court et à long terme des bénéficiaires, l'évolution des indicateurs d'éducation et de santé et l'augmentation des actifs.

Outre ces principaux constats, le Chapitre met en lumière les données probantes relatives à l'efficacité des programmes de filets sociaux dans les 22 pays africains étudiés. En général, beaucoup d'incertitudes entourent l'efficacité et l'impact des filets sociaux en Afrique, notamment en raison du manque de collecte des données et de suivi et évaluation des programmes examinés. La couverture des personnes pauvres et vulnérables par les programmes de filets sociaux est très faible. Cependant, plusieurs pays – notamment le Ghana, le Kenya et le Rwanda – ont entamé, dans une perspective d'accentuation de la lutte contre la pauvreté, la mise à l'échelle nationale de certains programmes relativement efficaces et d'autres pays leur emboîtent actuellement le pas. Néanmoins, il reste que les filets sociaux axés sur la pauvreté ne sont pas très fréquents en Afrique, même si la Banque mondiale les soutient maintenant dans plus d'une douzaine de pays. En outre, les filets sociaux étudiés semblent généralement manquer de flexibilité et de prévisibilité, quoique l'on assiste maintenant à l'émergence de programmes et systèmes qui fournissent un soutien plus prévisible et ont la flexibilité nécessaire à la riposte aux crises. Puisque l'implantation de ces systèmes demande du temps, il faut procéder à leur établissement de façon graduelle lorsque le contexte est stable. L'absence de suivi évaluation rigoureux de la mise en œuvre et de l'impact des programmes de filets sociaux constitue par ailleurs une faiblesse capitale qui devra être contrée. Il faudra par conséquent consacrer davantage d'efforts à la collecte de données de base sur le nombre et le type de bénéficiaires atteints, les résultats d'un programme et ses impacts.

Couverture

Lorsque l'on cherche à déterminer l'efficacité de programmes de filets sociaux, il faut considérer la part de personnes pauvres et vulnérables effectivement couvertes. Idéalement, la couverture devrait être calculée en tant que proportion d'une population cible donnée, qui varie en fonction des objectifs du programme. Il peut par exemple s'agir des habitants d'une zone géographique spécifique (notamment à forte insécurité alimentaire); de certains groupes vulnérables, notamment les orphelins ou les personnes âgées; ou encore de segments de la population considérés pauvres ou extrêmement pauvres. Dans les pays où les approches aux filets sociaux relèvent surtout de l'État – généralement les pays à revenu intermédiaire (PRI) – les programmes sont généralement de type catégoriel. Dans les pays à faible revenu (PFR), où l'insécurité alimentaire et les chocs climatiques sont fréquents, les programmes ciblent souvent des zones géographiques précises. L'information relative aux populations et au nombre d'individus couverts par chaque programme est donc essentielle, non seulement afin d'appuyer l'expansion d'interventions déjà efficaces, mais également de réduire les chevauchements et les duplications de couverture.

Les données, quoique maigres, indiquent que très peu de ménages pauvres et vulnérables d'Afrique ont accès à un filet social; cependant, cette couverture est en croissance. Ainsi, alors que certains programmes ont une couverture de grande ampleur – particulièrement les régimes de pension de vieillesse universelle des PRI et les interventions auprès de groupes restreints, par exemple le programme alimentaire d'urgence du Bénin (1re colonne du tableau 4.1) – les programmes individuels, dont le nombre de bénéficiaires éligibles serait très important si leur ampleur était nationale, ont une couverture nettement plus faible (2e colonne du Tableau 4.1). Considérés tous ensemble, les programmes de filets sociaux mis en œuvre dans un pays ne couvrent pourtant qu'une toute petite fraction du

Tableau 4.1 Couverture des programmes de filets sociaux, pays et programmes sélectionnés

Types de programmes	Pourcentage de chaque groupe local éligible effectivement couvert par le programme concerné	Pourcentage de la population nationale potentiellement éligible effectivement couvert par chaque programme	Pourcentage des personnes pauvres et vulnérable couvertes par l'ensemble des programmes nationaux
Bénin			
Transferts monétaires	-	0 %	-
Aide alimentaire d'urgence	100 %	49 %	-
Cantines scolaires	37 %	2,6-15,1 %	-
Travaux publics	90 %	0,6-3,8 %	-
Tous les programmes	-	-	5-6%
Botswana			
Cantines scolaires	-	33 %	-
Prestations pour pauvreté extrême	-	<33 %	<1 %
Pensions de vieillesse (universelles, 65+)	-	95 %	85 %
Cameroun			
Cantines scolaires	5,3 %	-	-
Tous les programmes	-	<0,1 %	-
Éthiopie			
Programme de travaux publics et soutien direct)	-	10 %[a]	-
Kenya			
Tous les programmes		<1 %	0,1-9 %
Lesotho			
Prestations pour enfants (orphelins)	-	15 %	3,9
Pensions sociales (universelles, + 70 ans)	-	53 %	4,4
Libéria			
Tous les programmes	-	-	7-10 %[b]
Malawi			
Cantines scolaires	-	21,3 %	-
Transferts monétaires et alimentaires	-	0,2 %	-
Mali			
Transferts monétaires	30 %	-	-
Fonds d'assurance maladie (pers. âgées)	-	5 % (planifié)	-
Maurice			
Programme d'aide sociale	-	8 %	-
Pensions sociales (universelles, 60+)	-	100 %	-
Sierra Leone			
Programme de pensions sociales (60+)	-	7 %	-
Cantines scolaires	-	21 %	-
Travaux publics	-	3 %	-
Programme pour les réfugiés	100 %	-	-

suite du tableau page suivante

Tableau 4.1 Couverture des programmes de filets sociaux, pays et programmes sélectionnés *(suite)*

Types de programmes	Pourcentage de chaque groupe local éligible effectivement couvert par le programme concerné	Pourcentage de la population nationale potentiellement éligible effectivement couvert par chaque programme	Pourcentage des personnes pauvres et vulnérable couvertes par l'ensemble des programmes nationaux
Swaziland			
Prestations de vieillesse (universelles, 60+)	91 %	91 %	-
Tanzanie			
Vivres contre travail	-	1 %	0,7 %
Cantines scolaires	-	7 %	5,9 %
Distribution d'aliments subventionnés	-	20 %	20,6 %
Transferts monétaires pilotes	-	<0,1 %	-
Enfants les plus vulnérables	-	4 %-5 %	-
Assistance monétaire	-	-	4,3 %
Togo			
Cantines scolaires	-	6 %	-
Transferts monétaires	-	0 %	-
Soutien nutritionnel	-	6 %	-
Travaux publics	-	4 %	-
Tous les programmes	-	1 %-10 %	13-15 %
Zambie			
Cantines scolaires	-	22 %	9,3 %[c]
Coupons alimentaires SPLASH (Programme durable de soutien aux moyens de subsistance et solutions contre la faim)	-	5 %	1,4 %[c]
Paquet pour sécurité alimentaire	-	-	0,9 %[c]
Programme de soutien aux intrants agricoles	-	-	7,3 %[c]
Pensions de vieillesse (district de Katete)	-	-	0,1 %[c]
Dispositifs de transferts monétaires sociaux	-	-	10 %[d]

Source : Analyses des filets sociaux nationaux.
Note : — = non disponible. Le tableau exclut les subventions. Les données sur les cantines scolaires indiquent une couverture de tous les enfants du primaire (pauvres et non pauvres).
a. couverture en tant que part de la population pauvre et non pauvre. La couverture en tant que part des personnes pauvres et souffrant d'insécurité alimentaire (population cible) est probablement plus élevée.
b. Couverture en % du seuil de pauvreté, ajusté en fonction de la générosité et du chevauchement.
c. couverture des personnes souffrant de pauvreté extrême, avec hypothèse raisonnable de ciblage de la pauvreté.
d. Couverture des personnes souffrant de pauvreté extrême. Les estimations relatives à 2015 assument que le ciblage est parfait.

nombre total des ménages pauvres et vulnérables (3ᵉ colonne du Tableau 4.1). Ainsi, près de 77 pour cent et de 84 pour cent des programmes de protection sociale respectifs de la Sierra Leone et du Mozambique peuvent être considérés à faible couverture des populations à risque.[1] Ces taux sont comparables à ceux d'autres PFR tels que le Cambodge, mais beaucoup plus faibles que ceux de plusieurs PRI où les transferts monétaires conditionnels (TMC) desservent jusqu'à 60 pour cent du décile le plus pauvre (Fiszbein et Schady 2009).

Ailleurs, le taux moyen de couverture des déciles les plus pauvres s'élève à 31 pour cent dans les régions Europe et Asie centrale de la Banque mondiale (non pondéré par la population) et à 43 pour cent dans les 10 pays d'Amérique latine et des Caraïbes[2]. En Afrique, le *Productive Safety Net Program* (Programme de filets sociaux productifs) (PSNP) éthiopien est le seul programme de filets sociaux ciblés qui assure la couverture nationale des ménages souffrant d'insécurité alimentaire[3]. Au total, 7,6 millions d'individus de 290 *woredas* (sous régions) affectés par l'insécurité alimentaire et répartis dans 8 des 10 régions du pays reçoivent des appuis, soit sous forme de travaux publics, soit sous forme de soutien direct. Cette couverture représente approximativement 10 pour cent de la population nationale.

Plusieurs pays ont recours à un ciblage catégoriel universel qui ne permet pas de couvrir adéquatement certains groupes spécifiques (principalement dans les PRI dans lesquels les systèmes de filets sociaux sont bien établis). Au Swaziland par exemple, de nombreux enfants pauvres ne bénéficient d'aucun filet social puisque les programmes ciblent majoritairement les personnes âgées. En outre, plusieurs enfants pauvres ne sont pas scolarisés et ne peuvent, par conséquent, bénéficier des programmes de cantines scolaires. Au Bénin par exemple, le taux net de couverture de tous les programmes de filets sociaux ne dépasserait pas 5 à 6 pour cent des personnes considérées pauvres. De façon similaire, en Zambie, les programmes qui ciblent explicitement les pauvres n'en couvrent qu'un faible pourcentage (Figure 4.1).[4] Au Rwanda, les programmes de protection sociale (contributifs et non contributifs) rejoignent environ 4 pour cent de la population, même si les données indiquent que 24 pour cent des ménages vivent dans une pauvreté extrême. Au Cameroun, chaque programme rejoint au mieux 1 pour cent des personnes pauvres et vulnérables du pays. Ainsi, le programme de cantines scolaires couvre 5,3 pour cent de tous les enfants du primaire des régions priorisées. Mais, si l'on considère tous les enfants pauvres d'âge scolaire du pays, sa couverture est bien plus basse. Au Kenya, les estimations indiquent qu'en 2010, les transferts monétaires n'ont bénéficié qu'à 9 pour cent de la population pauvre. Toutefois, le gouvernement planifie actuellement l'expansion du programme pour qu'en 2018, 17 pour cent des pauvres puissent en être bénéficiaires. Même au Botswana et à Maurice, qui disposent depuis longtemps de solides programmes d'assistance sociale dirigés par les pouvoirs publics, la couverture des interventions qui ciblent la pauvreté reste limitée. À Maurice, le programme d'aide sociale ne rejoint que 8 pour cent des pauvres (soit ceux dont les revenus s'élèvent à moins de la moitié du revenu moyen). Au Botswana, le seul filet social axé sur la pauvreté (prestations pour indigence) ne couvre que 0,5 pour cent des ménages pauvres et moins du tiers du groupe cible.

Par contre, les régimes de pension de vieillesse universelle, couramment en vigueur dans les PRI de la région sud-africaine, assurent généralement une large couverture des personnes âgées. Comme l'illustre le Tableau 4.1, les pensions de vieillesse du Botswana, de Maurice et du Swaziland sont universelles (au moins de jure) et couvrent entre 85 pour cent et 100 pour cent des personnes âgées éligibles. Cependant, ces programmes ne sont pas sans coûts, puisque

Figure 4.1 Couverture des programmes de transfert comparativement au seuil de pauvreté en Zambie

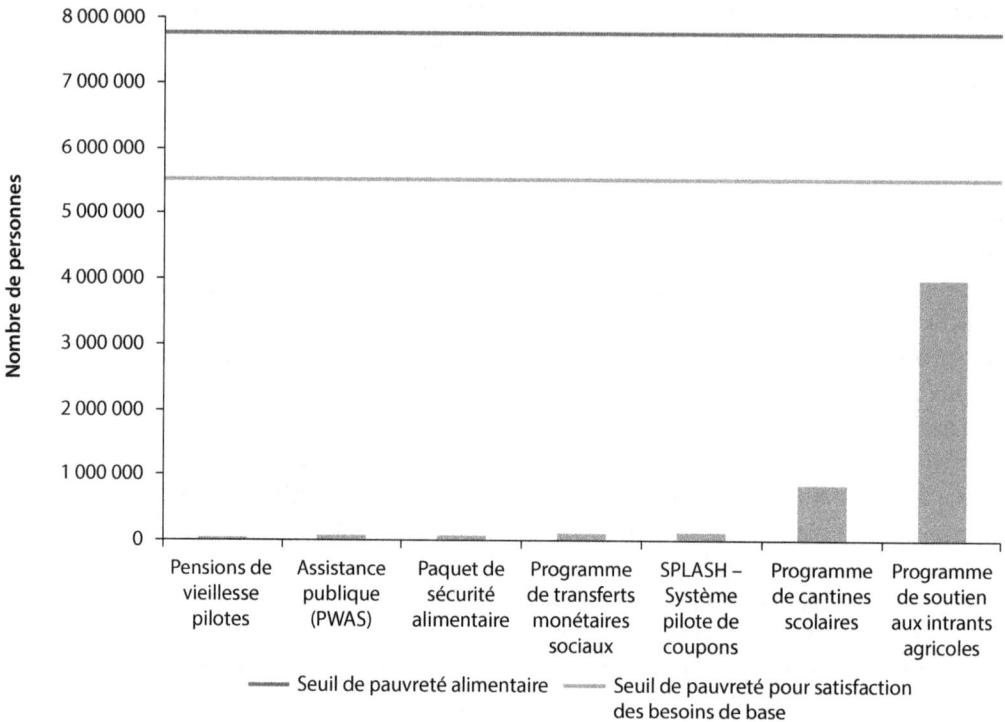

Source : Banque mondiale 2012d.
Note : SPLASH = *Sustainable program for livelihood and solutions for hunger* (Programme durable de soutien aux moyens de subsistance et solutions contre la faim.

plusieurs bénéficiaires ne sont pas pauvres ou reçoivent déjà d'une assistance à la cessation d'emploi. Pour les différents non-pauvres, les pensions sociales font tout simplement partie de l'ensemble des pensions étatiques versées à ceux qui ont quitté le marché du travail. Les pensions de vieillesse versées par l'Afrique du Sud sur la base d'une déclaration vérifiée des ressources rejoignent 60 pour cent des personnes âgées, mais la couverture des programmes semblables en œuvre dans d'autres PRI est beaucoup plus faible.[5] Ainsi, les programmes de pension sociale de la Sierra Leone et de la Zambie sont loin de couvrir la plupart des personnes âgées, qui ne reçoivent pourtant aucun revenu de subsistance ou prestation d'un autre filet social. Il est d'ailleurs intéressant de constater que les pensions sociales ont été introduites par certains pays (au Swaziland par exemple) afin, d'une part d'alléger le fardeau des personnes âgées ayant des orphelins à charge et, d'autre part, de soutenir les enfants résidant avec une personne âgée. Cependant, puisque 55 pour cent des enfants pauvres de la Zambie ne sont pas dans cette situation, que 25 pour cent des orphelins ne sont pas pauvres et que 85 pour cent des enfants extrêmement pauvres ne sont pas orphelins, la pension de vieillesse pourrait ne pas s'avérer le programme le plus efficace de protection de ces enfants vulnérables.

Les programmes alimentaires se caractérisent souvent par une forte couverture locale, mais souffrent fréquemment d'un faible ciblage et de coûts élevés. Même si certains programmes de cantines scolaires sont généralisés (Bénin, Botswana, Mali et Zambie) d'autres ne s'adressent qu'à une faible part des élèves (Cameroun, Tanzanie et Togo). Au Burkina Faso, le programme de cantines scolaires accapare à lui seul 38 pour cent de l'ensemble des bénéficiaires de filets sociaux. De façon similaire, certains programmes nutritionnels et d'alimentation d'urgence (par exemple au Bénin et au Mozambique) couvrent en profondeur les zones affectées par une situation d'urgence alors que d'autres présentent une très faible couverture nationale, même lorsque la malnutrition aiguë sévère est endémique (Burkina Faso, Cameroun et Mali). Les programmes de travaux publics sont généralement de petite ampleur puisqu'ils ne peuvent être mis en œuvre que dans un nombre restreint de communautés et employer simultanément plus de 200 travailleurs. La couverture de l'ensemble des chômeurs est donc très faible – moins de 1 pour cent. En outre, les programmes de transferts monétaires restent le plus souvent pilotes (par exemple au Mali et en Sierra Leone), c'est-à-dire à couverture minimale. À Madagascar, le programme de subventions alimentaires *Tsena Mora* rejoint un grand nombre de bénéficiaires dans les zones ciblées, mais il n'est mis en œuvre que dans 6 agglomérations importantes. Ainsi, puisqu'ils forment l'essentiel des filets sociaux africains, les programmes alimentaires devraient être mieux étudiés, ce qui permettra de voir comment ils pourraient être inclus et coordonnés aux autres programmes de filets sociaux et dans quelle mesure leur infrastructure existante peut servir de noyau à l'élaboration de systèmes nationaux.

En fait, les duplications, chevauchements et fragmentations substantiels masquent en grande partie la faiblesse de la couverture des filets sociaux. Les taux dont font état certains rapports nationaux peuvent en effet sembler élevés, mais le chevauchement des bénéficiaires et la durée limitée de certains paiements font souvent gonfler le nombre de bénéficiaires couverts. Au Libéria, où il y a prédominance de programmes alimentaires, 23,8 pour cent de la population totale (pauvre et non pauvre) bénéficierait d'une forme quelconque de filet social – au Burkina, le chiffre correspondant serait de 25 pour cent. Cependant, après la prise en considération du nombre important de ménages qui ont accès à plus d'un programme, de la petitesse des prestations et de la courte durée du soutien, la couverture réelle des ménages vivant sous le seuil de pauvreté n'atteint plus que 10 pour cent dans les zones rurales et 7 pour cent dans les zones urbaines du Libéria. En outre, comme mentionné plus haut, plusieurs pays mettent en œuvre un grand nombre de programmes de transferts catégoriels et de travaux publics sans réelle coordination des différents types de bénéficiaires, des zones géographiques et des modalités d'acheminement. À Maurice, en dépit d'une forte couverture de la population dans son ensemble, on peut observer un fort chevauchement des programmes et des bénéficiaires ainsi que des lacunes majeures dans la couverture des groupes vulnérables. Puisque les prestations sont ciblées sur la base d'une éligibilité catégorielle, les ménages pauvres qui ne correspondent pas aux catégories prédéfinies ne sont pas éligibles. L'une des omissions majeures reste certainement l'absence de couverture des pauvres en emploi.

Plusieurs pays ont entamé une mise à l'échelle de leurs programmes efficaces et tentent d'améliorer la coordination de leurs filets sociaux afin non seulement de réduire les chevauchements, mais aussi de mieux rejoindre les personnes dont les besoins sont les plus importants. L'expansion du programme Vision 2020 Umurenge (VUP) du Rwanda devrait permettre de faire passer la couverture de la population pauvre de 4 pour cent à 18 pour cent en quelques années seulement. Le *Cash Transfer for Orphans and Vulnerable Children program* (Programme de transferts monétaires pour orphelins et enfants vulnérables, (CT-OVC)) du Kenya, en voie d'être mis à l'échelle au niveau national, est passée de 9 900 bénéficiaires en 2005 à 412 470 en 2010. Dernièrement, le gouvernement a signalé qu'il entendait augmenter la couverture du *National Safety Net Program* (Programme national de filets sociaux) afin que ce dernier desserve en 2018 environ 17 pour cent de la population pauvre du Kenya. En Tanzanie, le gouvernement investit dans le PSNP, qui couvre 1,5 million d'individus. Dès lors, l'expansion devrait tout d'abord concerner des programmes qui ciblent déjà adéquatement les personnes pauvres et vulnérables. Si d'autres programmes réussissent à améliorer leur ciblage et à réduire leurs frais d'exploitation, leur mise à l'échelle éventuelle pourrait être considérée. Certaines analyses nationales ont procédé à un exercice de simulation des coûts de mise en œuvre de programmes bien ciblés et efficaces, qui couvrent l'ensemble ou une large part de la population pauvre et vulnérable. Ces simulations sont abordées plus en détail au Chapitre 5.

L'harmonisation plus poussée des programmes de filets sociaux reste une étape clé dans le processus d'élaboration d'un système national cohérent et la mise à l'échelle des différentes interventions. Cette approche a été adoptée par le Rwanda, alors que le gouvernement s'engageait à fournir à ses citoyens une protection sociale de meilleure qualité et plus efficiente, notamment en réduisant l'ampleur de programmes inefficaces et en transférant leurs bénéficiaires vers des interventions plus performantes. En outre, le gouvernement est en train d'élaborer des directives d'harmonisation et un système d'information et de gestion (SIG) sur la protection sociale qui aideront les décideurs et les gestionnaires de programmes à réduire les dédoublements d'offre et les duplications de bénéficiaires. Les chevauchements concernent tout particulièrement les transferts de soutien direct versés par exemple par le VUP, le FARG et les programmes de la Commission de Démobilisation et de Réintégration; le soutien à l'habitat; et l'appui aux activités génératrices de revenus. Les PSNP de l'Éthiopie et de la Tanzanie illustrent bien comment des programmes intégrés peuvent parvenir à réduire ces chevauchements grâce à la mise en œuvre distincte d'une part, de programmes de travaux publics qui s'adressent aux ménages affectés par une insécurité alimentaire chronique, mais dont l'un des membres est apte à l'emploi et, d'autre part, de l'octroi d'un soutien direct (sans obligation d'emploi) aux ménages inaptes au travail. Au Kenya, le gouvernement est en voie d'harmoniser ses 5 principaux programmes de transferts monétaires avec le

---

Encadré 4.1 Harmonisation des programmes de filets sociaux au Rwanda

Le document d'analyse des filets sociaux du Rwanda a examiné le profil des bénéficiaires du Fonds d'Assistance aux Rescapés du Génocide (FARG) et a constaté que la simple intégration du soutien direct du FARG au programme Vision 2020 *Umurenge* entraînerait l'exclusion d'un grand nombre des bénéficiaires actuels du FARG, qui, pour la plupart, présentent des besoins légitimes. Ainsi, le ciblage du VUP n'apparaît pas tout à fait identique à celui du FARG et les programmes desservent concrètement des populations distinctes, à partir d'objectifs légèrement différents (par exemple couverture des individus plutôt que des ménages). Dans ce cas, la fusion de ces 2 programmes entraînerait l'interruption du soutien à certains ménages et, à moins que le gouvernement ne modifie ses engagements en matière de soutien à certains groupes de survivants du génocide, il ne semble pas que le FARG puisse actuellement être tout simplement amalgamé au VUP.

Il y a cependant d'autres options, qui tiendraient compte de la répartition géographique des bénéficiaires du FARG, parmi lesquels se trouvent pour la plupart des orphelins dont l'éligibilité se terminera en 2015, des adultes avec un handicap et des personnes âgées. Plutôt que forcer la fusion de 2 programmes dont les groupes cibles à court terme sont très différents, on pourrait penser à transférer à moyen terme le soutien direct du FARG vers une pension de vieillesse ou d'invalidité. L'intégration de ces 2 programmes serait alors beaucoup plus harmonieuse qu'une fusion.

À court terme, la combinaison du soutien direct du FARG et du VUP pourrait être partiellement atteinte à travers l'harmonisation de leurs modalités de distribution. Ainsi, les 2 programmes demeuraient inchangés, mais dans les régions géographiques où le VUP est actif, la liste des bénéficiaires du soutien direct du FARG lui serait communiquée; le VUP serait ensuite responsable des processus de paiement, des rapports financiers et du suivi.

Source : Banque mondiale 2012b.

National Safety Net Program (Programme national de filets sociaux) afin d'en améliorer l'efficacité générale. Le Botswana et la Zambie cherchent à combiner les différents programmes de cantines scolaires initiés par les PTF en un seul programme dirigé et mis en œuvre par le gouvernement. Les approches d'harmonisation adoptées au Rwanda sont décrites à l'Encadré 4.1.

Générosité

Puisque dans la plupart des pays la dépense en filets sociaux est soumise à d'importantes contraintes budgétaires, des compromis doivent être consentis entre la couverture des programmes et leur générosité (ampleur des prestations). Si les montants versés sont trop faibles, les prestations auront probablement peu d'effet sur le bien-être des bénéficiaires ciblés, particulièrement si les frais d'exploitation sont élevés. Par contre, le versement de prestations trop élevées, malgré leur effet potentiellement décisif sur le bien-être des bénéficiaires, pourrait s'avérer très coûteux et dissuader l'emploi. Dans certains programmes, chaque ménage (ou individu) bénéficiaire reçoit le même montant alors que dans d'autres, la valeur de la prestation est fixée en fonction du niveau de pauvreté du ménage, de sa taille et de sa composition. Cette différenciation en fonction des caractéristiques du ménage peut améliorer les résultats, mais demande des dispositifs administratifs complexes et une forte capacité de mise en œuvre.

Les programmes de filets sociaux d'Afrique présentent un profil de générosité extrêmement variable et difficile à estimer. Même dans un seul pays (par exemple le Mali) les programmes de filets sociaux offrent des prestations de montant très inégal. En outre, puisque seuls certains programmes sont monétaires et que la valeur du soutien en nature varie en fonction des items distribués (notamment céréales, repas et collations, kits d'alimentation d'urgence, uniformes scolaires et manuels), la générosité moyenne, sous forme monétaire, reste très difficile à évaluer. Peu d'études ont analysé la relation entre la générosité des rations alimentaires et les besoins des bénéficiaires, particulièrement dans le cadre des programmes de distribution d'urgence ou de vente de céréales subventionnées en période de crise. Cependant, dans le cas des programmes de transferts monétaires, certaines comparaisons peuvent être effectuées à partir des données disponibles ailleurs dans le monde.

On peut par exemple estimer la générosité des programmes de transferts monétaires d'Afrique. Le Tableau 4.2 présente les données relatives aux programmes de

Tableau 4.2 Générosité des programmes de transferts monétaires dans les pays sélectionnés, excluant les pensions sociales

Programme	Ampleur de la prestation (monnaie locale)	Ampleur de la prestation (équivalent en $ EU)	Calendrier de versement	Prestation, en tant que part de la pauvreté estimée[a]
Burkina Faso				
Transferts pilotes aux orphelins, province de Nahouri	1 000, 2 000, ou 4 000 FCFA	2.20, 4.40 ou 8.80 $ EU	Par enfant et par trimestre selon l'âge de l'enfant[b]	4 %, 8 %, ou 16 % de la dépense par membre du ménage (10,4 % en moyenne)
Coupons alimentaires pour les pauvres urbains	1 500 FCFA par personne (plafond de 9 000 FCFA par ménage)	3 $ EU par personne avec un plafond de 18 $ par ménage	Par mois	22 % de la consommation d'un ménage au seuil de pauvreté, ou 15-18 jours des besoins en céréales
Éthiopie				
Soutien direct du Programme de soutien aux filets sociaux productifs (PSNP)	50 birrs par mois	Équivalent de 20 $ EU par personne et par an	Par ménage et par mois	10 % du panier au seuil de pauvreté national en 2007-2008, 40 % des besoins alimentaires annuels

suite du tableau page suivante

Tableau 4.2 Générosité des programmes de transferts monétaires dans les pays sélectionnés, excluant les pensions sociales *(suite)*

Programme	Ampleur de la prestation (monnaie locale)	Ampleur de la prestation (équivalent en $ EU)	Calendrier de versement	Prestation, en tant que part de la pauvreté estimée[a]
Ghana				
Renforcement des moyens de subsistance contre la pauvreté (LEAP)	8 GHC (1 pers. à charge) à 15GHC (4 pers. à charge)	7-13 $ EU	Par ménage et par mois	n. d.
Kenya				
Combinaison : Transferts monétaires aux OEV, Programme de filets sociaux contre la faim (HSNP), Prestations pour handicapés, Transferts monétaires aux personnes âgées (OPCT), Subvention alimentaire en milieu urbain	1 550 KSH	15-26 $ EU	Par ménage et par mois	12-20 % du seuil de pauvreté absolue, 35 % de l'écart de pauvreté absolue et 70 % de l'écart moyen pour les ménages les plus pauvres[c]
Lesotho				
Bourses pour OEV	Moyenne de 1 537 M	220 $ EU	Par étudiant et par année	n.d.
Subventions à l'enfance	120M	17 $ EU	Par ménage et par mois	n.d.
Assistance publique	100M	14 $ EU	Par ménage et par mois	n.d.
Libéria				
TM pilotes Bomi	700, 1 050, 1 400 ou 1 750 M (versement total moyen au ménage 1 750)	10, 15, 20 ou 25 $ EU (versement total moyen au ménage 25 $ EU)	Par ménage et par mois, selon la taille du ménage[d]	n.d.
Mali				
Bourse maman	5 000 FCFA	8-12 $ EU	Par ménage et par mois	n.d.
Maurice				
Aide sociale	1 008 MURS (plus extras pour enfants)	33 $ EU	Par ménage et par mois	16 % de la consommation des pauvres
Mauritanie				
Transferts monétaires pilotes (PAM, CRS)	15 000 UM	50 $ EU	Par ménage et par mois	n.d.
Rwanda				
Soutien direct du Programme Vision 2020 Umurenge (VUP)	7 500-21 000 FRw (selon la taille du ménage)	12-35 $ EU	Par ménage et par mois	Profite largement aux personnes âgées qui ne disposent pas des moyens suffisants à leur bien-être

suite du tableau page suivante

Tableau 4.2 Générosité des programmes de transferts monétaires dans les pays sélectionnés, excluant les pensions sociales *(suite)*

Programme	Ampleur de la prestation (monnaie locale)	Ampleur de la prestation (équivalent en $ EU)	Calendrier de versement	Prestation, en tant que part de la pauvreté estimée[a]
Swaziland				
Assistance publique	80 E	10 $ EU	Par personne et par mois	17 % de la consommation/ personne au seuil de pauvreté; 37 % au seuil de pauvreté alimentaire
Jeunes héros (double prestation aux orphelins)	180 E	23 $ EU	Par enfant et par mois	39 % de la consommation/ personne au seuil de pauvreté; 84 % au seuil de pauvreté alimentaire
Togo				
WAO, TM pour l'éducation	22 000 FCFA (primaire); 75 000 CFA (secondaire)	44 $ EU (primaire); 150 $ EU (secondaire)	Par enfant et par année en école primaire ou secondaire	n.d.
Zambie				
TM sociaux	60 000 ZMK (50 000 ZMK si aucun enfant), équivalent à 13 274 ZMK/ personne	12 $ EU	Par ménage et par mois	14 % de la consommation/ personne au seuil de pauvreté alimentaire; 9 % au seuil de satisfaction des besoins de base; 20 % de la consommation du quintile inférieur
Programme durable de soutien aux moyens de subsistance et aux solutions contre la faim (SPLASH)	65 000 ZMK	14 $ EU	Par ménage et par mois	18 % de la consommation/ personne au seuil de pauvreté alimentaire; 11 % au seuil de pauvreté de satisfaction des besoins de base

Source : Analyses des filets sociaux nationaux.

Note : n.d. = non disponible; taux de change du FCFA arrondi à 1 $ EU = 500 FCFA; TM= transfert monétaire; PAM = Programme alimentaire mondial; CRS = Catholic Relief Services; VUP = Programme Vision 2000 Umurenge; WAO = World Association for Orphans; SPLASH = *Sustainable Program for Livelihood and Solutions for Hunger* (Programme durable de soutien aux moyens de subsistance et aux solutions contre la faim)

a. estimé au niveau du ménage à moins qu'autrement spécifié.

b. en 2009, le programme a jouté un versement monétaire de 1 500 FCFA aux ménages affectés par les inondations, afin d'éviter que ces derniers ne vendent leurs coupons alimentaires pour financer d'autres dépenses du ménage reliées à la reconstruction du logement ou de biens perdus au cours des inondations.

c. par contraste, la valeur moyenne des prestations versées par les programmes qui effectuent des transferts ponctuels au Kenya est beaucoup plus élevée que celle des paiements réguliers, puisque leur utilisation concerne des investissements spécifiques à plus long terme (par exemple des intrants agricoles tels que l'équipement et les semences ou encore les frais de scolarité annuels).

d. en plus, le ménage peut recevoir un supplément de 150 à 300 $ EU par enfant qui fréquente l'école primaire/secondaire.

transferts monétaires – hors pensions sociales non contributives – dans les pays africains sélectionnés. Les prestations sont identifiées par enfant, par personne ou par ménage. Dans plusieurs pays (Kenya, Malawi, Maurice et Rwanda), les transferts versés aux ménages nombreux sont plus élevés afin de ne pas désavantager les ménages à plusieurs personnes à charge (enfants et personnes âgées) qui ont tendance à souffrir davantage de pauvreté, même si cette approche fait appel à une administration plus complexe que la simple distribution de transferts forfaitaires. En général, les prestations vont de 2 $ EU à 4 $ EU par enfant et par mois pour les jeunes enfants et de 4 $ EU à 24 $ EU par mois pour les enfants plus âgés. Calculée autrement, l'ampleur des prestations aux ménages varie de 4 $ EU à 50 $ EU par mois, selon la taille du ménage et le type de programme. La moyenne se situe autour de 15 $ EU. La prestation la plus élevée est versée par le programme pilote de transferts monétaires de la Mauritanie mis en œuvre par le Programme alimentaire mondial (PAM) et Catholic Relief Services alors que la prestation la plus faible était payée par le programme pilote de transferts monétaires Nahouri du Burkina Faso, qui s'est terminé en 2011. Garcia et Moore (2012) ont constaté que la valeur des prestations accordées aux ménages par les programmes de transferts monétaires africains variait de 8 $ EU à 15 $ EU par mois.[6] Ils ont également observé que les transferts ponctuels étaient souvent plus importants que les transferts réguliers (mensuels ou trimestriels).

Par ailleurs, il paraît difficile d'estimer, uniquement à partir du montant en dollars transférés, le niveau d'adéquation entre la somme versée et les besoins des bénéficiaires ciblés, ou encore d'effectuer une comparaison avec les prestations payées par d'autres programmes à travers le monde. Il est certainement plus facile d'estimer l'ampleur des prestations par rapport au seuil de pauvreté ou à l'écart de pauvreté ou encore en tant que part de la consommation totale des ménages pauvres.

Même si seulement quelques études se sont intéressées aux impacts de la valeur des prestations sur la consommation des bénéficiaires, les données disponibles indiquent que la générosité des programmes de transferts monétaires africains est relativement équivalente à celle d'autres programmes similaires mis en œuvre à travers le monde.[7] Il y a malgré tout certaines données sur les programmes du Burkina Faso, de l'Éthiopie, du Kenya, de Maurice, du Swaziland et de la Zambie (Tableau 4.2). Ainsi, on sait que le Programme de coupons alimentaires pour les pauvres urbains du Burkina Faso, mis en œuvre par le PAM en 2009 – 2010, versait jusqu'à 9 000 FCFA par mois aux ménages, ce qui représente 22 pour cent de la consommation d'un ménage qui vit près du seuil de pauvreté, ou encore 15 à 18 jours de ses besoins en céréales. Au Kenya, on estime que les prestations mensuelles moyennes versées par les principaux programmes de transferts monétaires (15 – 26 $ EU) correspondent à un peu moins de 20 pour cent de la consommation des ménages au seuil de pauvreté absolue de 2010 et que les rations alimentaires financées par le PAM ont réussi à combler un peu moins de 50 pour cent de l'écart à la pauvreté absolue.[8] Au Mozambique, la générosité du transfert médian sous forme de pension sociale, d'allocation familiale ou de programme de dernier recours représenterait entre 18 et 27 pour cent de la consommation moyenne des ménages appartenant aux quintiles les plus pauvres. Le programme de transferts monétaires actuellement en préparation au Cameroun entend fixer l'ampleur de la prestation versée à 20 pour cent de la consommation d'un ménage de moyenne taille vivant au seuil de pauvreté. Ces niveaux correspondent généralement à ceux des autres programmes de transferts monétaires mis en œuvre à travers le monde. Par exemple, en Amérique latine et dans les Caraïbes, le transfert moyen se situe entre 10 pour cent et 20 pour cent du revenu des ménages pauvres avant transfert. En République Kirghize (un PFR), les prestations totales d'assistance sociale sont évaluées à 10 pour cent de la consommation post-transfert des ménages se situant dans les quintiles les plus pauvres, mais, dans d'autres pays à revenu faible et intermédiaire d'Europe de l'Est et d'Asie centrale, cette part peut se situer entre 24 pour cent et 52 pour cent.

En Afrique, les pensions sociales (non contributives) sont généralement beaucoup plus généreuses que les autres programmes de transferts monétaires et très différentes de celles des autres régions du monde. Même si les allocations africaines semblent plus généreuses, en termes de pourcentage du seuil international de pauvreté – 1,25 $ EU en parité de pouvoir d'achat – elles restent dans les faits plus modestes lorsque l'on considère leur contribution au revenu, à l'écart au seuil de pauvreté alimentaire et à la consommation des ménages pauvres (voir le Tableau 4.3). Puisque les pensions sociales s'adressent essentiellement à ceux qui ont quitté le marché du travail, elles sont plutôt généreuses comparativement

Tableau 4.3 Générosité des pensions sociales non contributives dans les pays sélectionnés

Pays	Programme	Ampleur de la prestation (monnaie locale)	Ampleur de la prestation (éq. $ EU)	Prestation, en % au seuil de pauvreté	Prestation, en % du PIB par habitant[a]
Afrique du Sud (PRII)	Pension de vieillesse (D)	1 100 R	144 $ EU	602	28
Botswana (PRIS)	Pension de vieillesse (U)	220 P	28 $ EU	133	5
Cap-Vert (PRII)	Pension de vieillesse (D)	4 500 E	50 $ EU	156	19
Kenya (PFR)	Pension de vieillesse (D)	1, 500 S	19 $ EU	99	25
Lesotho (PRII)	Pension de vieillesse (U)	350 M	43 $ EU	180	64
Maurice (PRIS)	Pension de vieillesse non contributive (U)	2 945 Rs	95 $ EU	454	16
Namibie (PRIS)	Pension de vieillesse (U)	450 $ N	59 $ EU	207	14
Swaziland (PRII)	Pension de vieillesse (U)	200 E	26 $ EU	124	10
Moyenne	Régimes de pensions sociales	n.d.	58 $ EU	244	23
Autres PRIS	Régimes de pensions sociales	n.d.	115 $ EU	487	17
Autres PRII	Régimes de pensions sociales	n.d.	43 $ EU	208	19
Autres PFR	Régimes de pensions sociales	n.d.	8 $ EU	65	14

Source : Analyse des filets sociaux nationaux; Base de données de l'Observatoire international des pensions de HelpAge. (http://www .pension-watch.net/about-social-pensions/about-social-pensions/social-pensions-database/).

Notes : n.d. = non disponible; PFR = pays à faible revenu; PRI pays à revenu intermédiaire; PRII = pays à revenu intermédiaire inférieur; PRIS = pays à revenu intermédiaire supérieur; D = sur base de déclaration vérifiée des ressources; U = universel.

a. calculé en fonction de la base de données de l'Observatoire international des pensions de HelpAge, avec une parité de pouvoir d'achat de 1,25 $ EU/jour au seuil international de pauvreté.

aux revenus gagnés près du seuil de pauvreté, particulièrement dans les PRI qui se sont dotés de systèmes de filets sociaux bien établis. À Maurice par exemple, les pensions sociales représentent 41 pour cent de la consommation du quintile inférieur et 66 pour cent de la moitié du revenu médian au seuil de pauvreté. Au Swaziland, ces allocations se montent à 43 pour cent du seuil de pauvreté et à 93 pour cent du seuil de pauvreté alimentaire. Au Lesotho, le paiement mensuel de 350 M (actualisé) est 2,5 fois plus élevé que le seuil de pauvreté alimentaire. À titre de comparaison, les programmes de pensions sociales des PRI d'Europe de l'Est et d'Asie centrale versent l'équivalent de 20 pour cent de la consommation des ménages des 2 quintiles inférieurs et 27 pour cent de la consommation des ménages du quintile le plus pauvre (Grosh *et al.* 2008). À Maurice, on estime que le nombre de pauvres augmenterait de 13,4 pour cent si les pensions de retraite non contributives n'étaient pas disponibles. Au Swaziland et en Zambie, même si aucune évaluation d'impact rigoureuse n'a été menée, les données qualitatives indiquent que les pensions sociales ont eu un effet positif sur les ménages pauvres.

En outre, la détermination du paiement consenti (taux salarial) par les programmes de travaux publics est déterminante, non seulement afin de réduire la pauvreté, mais également de s'assurer, à travers l'auto-ciblage, d'une participation substantielle des pauvres au programme. Le Tableau 3.2 du Chapitre 3 fait la liste des taux salariaux en vigueur dans les programmes d'argent contre travail d'Afrique et compare ces derniers avec le salaire minimum local (lorsque disponible). Ainsi, il apparaît que 10 des 23 programmes d'argent contre travail inventoriés (43 pour cent) avaient fixé un salaire trop élevé pour attirer efficacement les travailleurs pauvres alors que, par contre, plusieurs programmes (par exemple au Botswana et en Tanzanie) avaient établi un taux salarial de 10 à 20 pour cent inférieur au salaire minimum de façon à cibler les pauvres et les travailleurs peu qualifiés. Seulement quelques études analysent les effets du taux salarial sur le niveau de consommation des ménages. Cependant, il semble que, dans les travaux publics de TMC du *Social Action Fund* (Fonds d'action sociale) mis en œuvre par le Malawi, le taux salarial (200 MK/8 jours de travail) soit suffisant pour que les ménages pauvres aient accès aux fertilisants subventionnés et puissent en outre se procurer certains aliments. Le programme d'argent contre travail du Togo a volontairement fixé le taux salarial à 3 $ EU par jour, soit à 30 pour cent de la consommation d'un individu vivant en zone rurale. En fait, la générosité globale et à long terme des programmes de travaux publics reste relativement faible puisque ces derniers doivent non seulement fixer le salaire versé à un niveau suffisamment bas pour attirer seulement les plus pauvres, mais aussi limiter le nombre de jours d'emploi afin de concentrer les appuis au moment où ils sont les plus nécessaires, ceci sans distorsion du marché de l'emploi. D'ailleurs, ce type d'intervention a pour principal objectif de fournir un soutien spécifique au cours de courtes périodes (répétées ou non).

On sait peu de choses sur les modalités de détermination des quantités distribuées par l'aide alimentaire. Malgré leur importance en termes de nombre de bénéficiaires rejoints et leur forte participation à la dépense totale en filets sociaux, les critères employés pour établir les quantités d'aliments ou autres intrants distribués par ces programmes sont nébuleux.[9] En effet, peu d'analyses se sont penchées sur la relation entre les besoins des ménages et la taille, le type et la fréquence des rations distribuées. Les gouvernements ne semblent d'ailleurs collecter aucune donnée sur l'influence de ces programmes sur le taux de pauvreté et le bien-être des ménages bénéficiaires. Au Mali, où la plupart des programmes de filets sociaux sont axés sur la distribution de denrées acquises sur le marché international, les raisons justifiant une distribution alimentaire plutôt que monétaire (ou quasi monétaire, par exemple sous forme de coupons) – ou encore la taille des rations distribuées par rapport aux besoins des ménages souffrant d'insécurité alimentaire – restent totalement méconnues. En 2008, la distribution alimentaire (incluant les cantines scolaires) et les subventions générales représentaient 94 pour cent de l'ensemble de la dépense en filets sociaux de la Mauritanie. Il s'agissait ici de riposter à la sécheresse sévère qui avait affecté le pays au cours de l'année, mais, dans les faits, il n'y a eu aucun suivi permettant d'identifier à la fois les bénéficiaires de cette distribution alimentaire et les effets du programme sur les pauvres. Au Burkina Faso, les rapports *a posteriori* des banques céréalières semblent indiquer que les quantités distribuées ne permettaient pas de satisfaire aux besoins des ménages récipiendaires. En Éthiopie, le PSNP verse pour sa part des prestations soit monétaires, soit en nature (ou une combinaison des 2) en fonction de l'augmentation saisonnière des prix alimentaires qui prélude généralement à la « saison de la faim ». La valeur du transfert monétaire quotidien correspond au coût d'une ration alimentaire, soit 3 kilogrammes de céréales. En fait, la valeur du transfert est la même pour les ménages qui participent aux travaux publics ou qui reçoivent un soutien non conditionnel. Les quantités alimentaires et la valeur monétaire sont fixées à un niveau qui permet de lisser la consommation des ménages ou de combler l'écart alimentaire.

De même, les effets comparatifs de l'aide alimentaire ou des transferts monétaires sur les ménages sont peu connus. Les études sont souvent limitées par l'incapacité à établir une équivalence stricte entre les aliments, l'apport monétaire et les coupons. Une étude de 2009 a toutefois comparé 4 programmes du Bangladesh dotés de modalités de prestations monétaires ou d'une combinaison de prestations alimentaires et monétaires d'ampleur et de régularité très différentes (Ahmed *et al.* 2009). L'étude n'a pas pu tirer de conclusions sur l'impact respectif des transferts monétaires ou alimentaires sur certains indicateurs, particulièrement de consommation au seuil de pauvreté. La plupart des participants à l'enquête avaient en effet exprimé une préférence pour le type de transfert offert par le programme dont ils étaient bénéficiaires. Cependant, avec l'augmentation du revenu du ménage, l'attirance envers l'aide alimentaire déclinait, ce qui semble indiquer que les ménages les plus pauvres préfèrent les transferts alimentaires. En outre, les effets du type de transfert sur la consommation alimentaire du ménage dépendaient largement de l'ampleur du transfert et du type de denrées offertes. L'étude a constaté que les transferts monétaires jouaient un rôle important dans la protection et l'augmentation des actifs de base des ménages pauvres et offraient une rentabilité supérieure à celle de l'aide alimentaire. En Afrique, le

PSNP éthiopien, qui s'est rapidement tourné au cours des dernières années vers la distribution de prestations monétaires, a pu constater que le passage de l'aide alimentaire aux transferts monétaires favorise la réduction des frais d'exploitation. Les calculs indiquent que, sur la base des transferts alimentaires et monétaires combinés versés aux bénéficiaires en 2008, l'abandon d'un programme entièrement alimentaire et son remplacement par une combinaison d'aide alimentaire et monétaire auraient généré une économie de près de 11 millions $ EU par an.[10]

Certaines données sur les programmes de cantines scolaires comparent la valeur calorique et monétaire des repas distribués dans les écoles. En Tanzanie par exemple, chaque enfant reçoit une collation au cours de l'avant-midi, puis un repas du midi pendant environ 194 jours. Les transferts représentent 718 kilocalories, soit environ 40 pour cent des besoins alimentaires quotidiens. Même si le principal objectif du programme n'est pas d'effectuer des transferts, mais bien d'encourager la fréquentation scolaire et la réussite, il paraît certain que ces transferts constituent une part relativement substantielle du revenu individuel combiné d'un ménage très pauvre et peuvent s'avérer particulièrement importants si plusieurs enfants d'un même ménage en bénéficient. En Zambie, le programme de cantines scolaires a un impact nutritionnel équivalent à 24 pour cent des besoins caloriques quotidiens.

Il faudra davantage de données probantes pour renseigner les décideurs sur les types de prestations et leur valeur, notamment lors de l'élaboration de programmes de filets sociaux. Les simulations *ex ante*, les études de faisabilité, les expériences et les évaluations d'impact seront par conséquent toutes nécessaires à la disponibilité de données plus nombreuses sur les types de prestations (alimentaire, monétaire, coupons ou autre en nature), leur ampleur, les bénéficiaires, la fréquence et la durée du soutien. Les programmes alimentaires devraient tout particulièrement faire l'objet d'études afin de déterminer leur effet marginal sur les indicateurs de pauvreté, les coûts des différentes structures de prestation et les niveaux de générosité.

Efficacité du ciblage

Après que le groupe cible de bénéficiaires ait été déterminé, la conduite d'un ciblage efficace peut maximiser la couverture à partir d'une enveloppe donnée. Certains programmes ont une portée universelle et le ciblage n'est donc pas nécessaire. Cependant, la plupart des filets sociaux s'adressent à des groupes spécifiques et ont tout avantage à être bien ciblés. Par exemple, si le principal objectif est d'appuyer les ménages pauvres, l'intervention devra utiliser des dispositifs de ciblage qui favorisent l'atteinte de ces bénéficiaires. Par ailleurs, si la sécurité alimentaire est visée, il faudra alors cibler en priorité les ménages vulnérables à l'insécurité alimentaire. Lorsqu'un programme est bien ciblé, le soutien accordé aux bénéficiaires en vertu du budget prédéterminé s'en voit maximisé. Dans un contexte où les enveloppes budgétaires de la plupart des pays africains sont restreintes, il est certain que le ciblage peut s'avérer nécessaire à la justification – notamment en matière de réduction de la pauvreté – de la dépense en filets sociaux. Cependant, le ciblage n'est jamais parfait et peut inclure à la fois des erreurs d'exclusion (absence de couverture des bénéficiaires ciblés) et des erreurs d'inclusion (intégration d'un bénéficiaire non visé). En outre, les frais d'exploitation et coûts politiques associés au ciblage peuvent se révéler très élevés, particulièrement lorsque les critères sont difficiles à mesurer, notamment dans les programmes qui ciblent les ménages souffrant de pauvreté et de pauvreté extrême. Néanmoins, même les interventions dont le ciblage reste imparfait atteignent leurs bénéficiaires attendus que les programmes qui n'effectuent aucun ciblage. Pour une discussion plus conceptuelle sur l'économie politique du ciblage, voir le Chapitre 5.

Les programmes de filets sociaux peuvent opter pour l'une ou l'autre des différentes méthodes de ciblage. Le *ciblage catégoriel* est fondé sur l'éligibilité de grandes catégories d'individus, par exemple au-dessus d'un certain âge ou avec un handicap. Le *ciblage géographique* accorde l'éligibilité à tous les habitants d'une zone donnée, par exemple affectée par une catastrophe ou dont les indicateurs de développement humain sont très faibles. Le ciblage à partir d'une *déclaration vérifiée des ressources* (*means testing*) ou d'un *test multidimensionnel des moyens d'existence* (*proxy means test*) (PMT) implique une évaluation plus détaillée de chaque demandeur (individuel ou ménage) et est généralement utilisé dans l'identification fine des ménages pauvres. Ainsi, un ciblage basé sur une *déclaration vérifiée des ressources* déterminera l'éligibilité à partir d'indicateurs de pauvreté directs (par exemple le revenu ou la consommation), alors que le PMT aura recours à des indicateurs considérant l'état de pauvreté.[11] Certains programmes utilisent un dispositif d'*auto-sélection* ou d'*auto-ciblage* qui décourage automatiquement – sans interdiction formelle – la participation des individus qui considèrent les appuis insuffisants. Par exemple, les programmes de travaux publics peuvent fixer un taux salarial assez bas pour que ceux qui n'ont pas réellement besoin de cette aide s'éliminent d'eux-mêmes. Finalement, le *ciblage à base communautaire* repose sur l'identification, par la communauté elle-même, des ménages qui devraient bénéficier du soutien du programme.

Les filets sociaux d'Afrique utilisent une vaste gamme de méthodes de ciblage, souvent par combinaison au sein d'un seul interventions. Le ciblage géographique (environ 49 pour cent des interventions) et l'auto-ciblage (32 pour cent) restent les méthodes les plus couramment utilisées dans les pays étudiés. Viennent ensuite le ciblage à base communautaire (environ 30 pour cent); catégoriel (environ 26 pour cent); le PMT et la déclaration vérifiée des ressources (environ 20 pour cent); et enfin le ciblage universel (12 pour cent des programmes) (Tableau 4.4). Cependant, 57 pour cent des interventions utilisent au moins 2 méthodes, la seconde étant surtout associée au ciblage catégoriel ou géographique. Ainsi, le *Most Vulnerable Children program* (Programme pour enfants les plus vulnérables) de la Tanzanie utilise le ciblage géographique pour l'atteinte des districts les plus affectés par l'insécurité alimentaire, après quoi l'éligibilité individuelle des enfants est évaluée par des comités villageois et suivie de visites par des agents de la protection sociale. On trouvera à l'Annexe D une liste plus complète des méthodes de ciblage et groupes ciblés par programme.

Tableau 4.4 Fréquence d'utilisation des méthodes de ciblage

Méthode de ciblage	Fréquence (% des programmes)
Multiple	57
Géographique	49
Auto-ciblage	32
A base/validation communautaire	30
Catégoriel	26
PMT/déclaration vérifiée des ressources	20
Universel (hors subventions)	12

Source : Calculs basés sur les données tirées des analyses de filets sociaux nationaux.
Note : ces résultats sont fondés sur l'examen de 100 programmes de filets sociaux mis en œuvre dans 22 pays. En fait, puisque les programmes peuvent utiliser plusieurs méthodes de ciblage, le total dépasse 100. Les subventions générales sont exclues.

En Afrique, le ciblage à base communautaire est beaucoup plus utilisé que dans d'autres régions du monde. McCord et Slater (2009) ont constaté que la moitié des programmes de travaux publics mis en œuvre en Afrique avaient recours au ciblage à base communautaire, particulièrement lorsque ces interventions avaient des objectifs précis de lissage de la consommation et de filet social. En outre, lors de leur examen de 123 programmes de transferts monétaires, Garcia et Moore (2012) ont souligné la forte utilisation du ciblage à base communautaire en Afrique (56 pour cent des programmes de transferts monétaires), soit nettement plus que dans d'autres régions du monde. En Afrique, le ciblage à base communautaire effectué par les programmes de transferts monétaires est surtout utilisé par les PFR (87 pour cent) et les pays à revenu intermédiaire inférieur (PRII) (56 pour cent). Les pays à revenu intermédiaire supérieur (PRIS) et les PRII ont surtout recours au ciblage catégoriel, alors que les États fragiles privilégient généralement le ciblage catégoriel et l'auto-ciblage (dans les programmes de travaux publics). Le ciblage à base communautaire est utilisé avec succès par certains des programmes de filets sociaux nationaux les plus prometteurs d'Afrique, notamment le VUP du Rwanda et le PSNP d'Éthiopie. L'analyse démontre en effet que le ciblage du PSNP est itératif et que sa composante de soutien direct pourrait figurer parmi les mieux ciblées au monde (Coll-Black *et al.* 2012).[12]

Par ailleurs, le nombre de programmes qui ont recours à la déclaration vérifiée des ressources ou au PMT pour le ciblage des personnes pauvres et vulnérables augmente sans cesse. Jusqu'à tout récemment, ce mode de ciblage faisait surtout l'objet d'une mise à l'épreuve dans de petites initiatives pilotes. Seul le 5e des programmes des pays étudiés utilisait une forme quelconque de déclaration vérifiée des ressources ou de PMT basé sur le revenu du ménage, sa consommation ou d'autres caractéristiques. La déclaration vérifiée des ressources et le PMT sont surtout mis au service de 3 types d'interventions : (a) les programmes d'assistance sociale ou de transferts monétaires mis en œuvre dans la région sud-africaine, où ce type d'intervention est dirigé par les pouvoirs publics, par exemple le *Child Grants program* (Programme de prestations pour enfants) du Lesotho, les programmes d'aide sociale et de soutien au revenu de Maurice et les programmes *Social Cash Transfer* (Transferts monétaires sociaux) and *Farmer Input Support* (Soutien aux intrants agricoles) de la Zambie; (b) les petits programmes récents ou auparavant appuyés par les PTF, notamment le programme de coupons alimentaires pour les pauvres urbains du Burkina Faso, le programme pilote de transferts monétaires *Bomi* du Libéria, Bourse maman du Mali et les programmes de TMC du *Tanzania Social Action Fund* (Fonds d'action sociale de la Tanzanie); et (c) les programmes étatiques qui font l'objet d'une mise à l'échelle par exemple le programme CT-OVC du Kenya et le VUP du Rwanda. Sauf pour ces deux derniers cas, qui concernent l'expansion de la couverture, la majorité des programmes qui ciblent la pauvreté sont de petite ampleur et ne rejoignent qu'une faible partie des pauvres.

L'efficacité des méthodes de ciblage utilisées en Afrique n'a pas encore fait l'objet d'analyses approfondies, surtout en raison de la disponibilité limitée des données nécessaires à l'estimation des erreurs d'inclusion et d'exclusion. En effet, une enquête sur les bénéficiaires d'un programme ne peut que mettre en lumière le nombre de récipiendaires qui ne font pas partie du groupe cible (soit, ici, les erreurs d'inclusion). Par contre, la conduite d'une enquête des ménages représentative permet d'évaluer l'ensemble des erreurs de ciblage. Mais ces enquêtes sont rares, peu fréquentes et ne collectent souvent pas l'information sur le statut des ménages bénéficiaires. Même les programmes qui ciblent des catégories très spécifiques et en apparence aisément identifiables peuvent présenter des erreurs de ciblage. On peut penser ici aux pensions de vieillesse : de façon concrète, la seule sélection des bénéficiaires à partir de leur âge n'est pas sans entraîner certaines erreurs, par exemple parce que les cartes d'identité ne sont pas toujours utilisées ou peuvent être porteuses d'informations erronées. Parfois, « l'erreur » de ciblage réside dans le fait que la catégorie utilisée n'est pas cohérente avec l'objectif. Par exemple, le programme de pensions de vieillesse du Swaziland a pour objectif d'aider les grands-parents à prendre soin des orphelins, mais 83 pour cent des personnes âgées n'ont aucun orphelin à charge et 55 pour cent des orphelins n'habitent pas avec une personne âgée. Par ailleurs, dans plusieurs pays, les catégories ciblées souffrent souvent d'un manque de définition claire.

La question-clé reste donc de savoir dans quelle mesure les filets sociaux africains peuvent identifier et rejoindre les ménages affectés par la pauvreté et la vulnérabilité, particulièrement lorsque celles-ci sont extrêmes. Les programmes cherchent souvent à cibler soit les ménages pauvres ou une forme quelconque de vulnérabilité étroitement associée à la pauvreté, par exemple l'insécurité alimentaire. Cependant, les mesures directes du revenu ou de la richesse nécessaires à une méthode de ciblage de la pauvreté par déclaration vérifiée des ressources sont rarement disponibles. Les programmes se tournent par conséquent, afin de desservir les ménages pauvres et très pauvres, vers des méthodes alternatives, notamment de ciblage catégoriel, géographique, par PMT ou à base communautaire. La justesse de ces méthodes paraît donc cruciale. En Éthiopie, il a d'ailleurs fallu clarifier les concepts d'insécurité alimentaire transitoire et chronique lors de la réforme de l'aide d'urgence. La pauvreté généralisée dans les zones rurales de l'Éthiopie entraînait en effet des problèmes d'accès alimentaire qui n'étaient ni temporaires ni chroniques, mais variaient en fonction de la saison et de l'année. En fait, les données d'enquête ont suggéré que la population souffrant d'insécurité alimentaire pouvait s'élever de 2,6 millions à 26 millions, selon la source des données et la définition utilisée.

Si un programme de filets sociaux entend cibler les pauvres, il devra utiliser des critères catégoriels puis ajouter une ou plusieurs autres méthodes d'identification. Compte tenu de l'ubiquité des programmes africains qui ont recours au ciblage catégoriel, il faut se demander si une politique de ciblage de catégories spécifiques de la population constitue un moyen efficace de cerner la pauvreté. Par exemple, le ciblage des ménages avec enfants et personnes âgées peut s'avérer pro-pauvre, parce que cette catégorie est souvent porteuse de plus de ménages pauvres qu'un groupe de ménages identifiés au hasard. Au Kenya par exemple, les ménages avec OEV ou encore avec enfants de moins de 18 ans présentent des taux de pauvreté plus élevés que ceux de la population en général. Le fait de les cibler directement entraînera certainement moins d'erreurs d'inclusion que l'absence de ciblage. Cependant, les erreurs d'exclusion pourraient être importantes, puisque de nombreux ménages pauvres ne comptent aucun OEV ou personne âgée. En outre, la corrélation entre ce type de catégorie et la pauvreté peut se révéler relativement faible. En effet, une simulation de l'efficacité des différentes méthodes utilisées au Kenya (Encadré 4.2) pour cibler les pauvres indique que la performance de certaines formes de ciblage catégoriel pourrait être équivalente une absence totale de ciblage (ou à un ciblage randomisé). Le ciblage à base communautaire semble en fait le plus efficace pour l'identification directe des ménages pauvres, dépassant même à cet égard au Kenya la performance du PMT et du ciblage catégoriel. D'ailleurs, la majorité des filets sociaux du Mozambique qui ont recours à une méthode catégorielle semble également présenter une faible performance pro-pauvre (Encadré 4.3). Finalement, le ciblage catégoriel ne peut en lui-même distinguer les personnes très pauvres de l'ensemble des pauvres.

Encadré 4.2 L'efficacité des différentes méthodes de ciblage au Kenya

Il y a peu d'informations relatives au coût des différentes méthodes de ciblage pratiquées au Kenya, et une analyse quantitative complète des compromis effectués ne s'avère pas possible. Néanmoins, il reste utile de tenter une quantification des effets potentiels des différentes méthodes utilisées. La simulation a évalué les résultats attendus des différentes méthodes catégorielles, du PMT, du ciblage communautaire, du ciblage parfait (les ménages sont ici priorisés uniquement en fonction de leur écart au seuil de pauvreté) et du ciblage randomisé (voulant que la sélection des ménages soit laissée au hasard). Le Tableau E4.2.1 illustre les changements prévus dans le nombre de personnes vivant dans une pauvreté extrême, dans l'écart de pauvreté, et dans l'écart de pauvreté alimentaire consécutivement à l'utilisation des différentes méthodes de ciblage.

suite de l'encadré page suivante

Encadré 4.2 L'efficacité des différentes méthodes de ciblage au Kenya *(suite)*

Tableau E4.2.1 Résultats de la simulation des méthodes de ciblage

Méthodes de ciblage	Réduction du nb. de pers. vivant dans une pauvreté extrême (%)	Pourcentage de réduction dans l'écart de pauvreté absolue (%)	Pourcentage de réduction dans l'écart de pauvreté alimentaire (%)
Catégoriel			
Ménages avec handicapé ou malade chronique	8,6	12,22	13,11
Ménages avec OEV	8	13,93	14,3
Ménages avec personne de plus de 60 ans	8,86	15,25	15,06
Ménages avec enfants de moins de 18 ans	9,07	15,7	16,21
PMT	9,28	15,41	15,71
Ciblage à base communautai re	10,04	18,33	18,19
Ciblage parfait	9,64	30,44	31,09
Ciblage randomi sé	8,26	12,89	12,91

Les ciblages par PMT et à base communautaire semblent mieux parvenir à identifier les ménages pauvres que les méthodes catégorielles. Cependant, à partir de ce constat général, plusieurs tendances intéressantes se dégagent. Tout d'abord, le ciblage catégoriel a généralement le même niveau d'impact sur le nombre de personnes vivant dans la pauvreté que le ciblage randomisé, malgré que leur performance en matière d'écart de la pauvreté soit meilleure. Parmi l'ensemble des méthodes catégorielles, le ciblage des personnes âgées ou des enfants de moins de 18 ans semble le plus efficace à la fois sur le nombre de pauvres que sur l'écart de pauvreté, un effet comparable à celui du PMT. Ce résultat reflète le fait que de nombreuses personnes âgées et enfants vivent dans une pauvreté extrême. En second lieu, l'effet du ciblage parfait sur la pauvreté extrême est légèrement plus important que celui du PMT ou du ciblage catégoriel sur le nombre de pauvres; cependant, le ciblage parfait fait état de résultats nettement meilleurs en matière d'écart de pauvreté. Le ciblage communautaire performe mieux que le PMT et les méthodes catégorielles dans toutes les mesures de pauvreté.

Avant qu'une décision ne soit prise sur l'adoption de l'une ou l'autre de ces méthodes, leur impact sur la pauvreté doit être mis en relation avec les coûts réels et exhaustifs y afférents. Aucun des programmes examinés n'avait procédé à une ventilation budgétaire et aucune donnée n'était disponible sur les coûts encourus par l'utilisation des différentes méthodes de ciblage. En fait, les données sont trop faibles pour appuyer de façon solide les arguments des dernières études en faveur ou défaveur d'une approche en particulier. À cet égard, l'approche kényane, qui consiste à tester et à adapter graduellement une combinaison d'approches de ciblage, fait du pays un terrain idéal pour une évaluation complète des coûts et des avantages des différentes options.

Source : Ministère de l'État pour la Planification, le Développement National et la Vision 2030, 2012.

Encadré 4.3 L'efficacité du ciblage des principaux filets sociaux du Mozambique

Les principaux programmes d'assistance sociale du Mozambique ciblent leurs bénéficiaires à partir de définitions catégorielles. Le *Programa Subsidio de Alimentos*, (Programme de subventions alimentaires) (PSA) cible les personnes âgées, les handicapés et les femmes pauvres enceintes inaptes au travail. Le *Programa Apoio Social Directo*, (Programme d'assistance sociale directe) (PASD) fournit un soutien à court terme aux OEV et aux ménages pauvres qui ont fait face à un choc.

L'analyse de l'incidence des résultats permet d'évaluer *l'efficacité du ciblage* des programmes d'assistance sociale ou l'ampleur des retombées sur les pauvres. La courbe de concentration (Lorenz) illustre la part des ressources totales (axe vertical) allouée aux différents pourcentages de la population, classés selon la consommation par habitant, le revenu ou la richesse (axe horizontal). Un programme pro-pauvre présenterait une courbe de concentration située au-dessus de la ligne courbe de 45 degrés. Si la courbe se situe sous la courbe de concentration de la consommation, le programme n'est pas pro-pauvre. Il sera probablement régressif et contribuera à l'augmentation des inégalités dans le pays.

La Figure E4.3.1 illustre les courbes de concentration du PSA et du PASD. Les courbes de concentration de ces 2 programmes se trouvent au-dessus de la courbe de concentration de la consommation, ce qui en fait des interventions progressistes. Cependant les courbes de concentration évoluent autour de la ligne de 45 degrés et, en examinant le graphique, il

Figure E4.3.1 Courbes de concentration

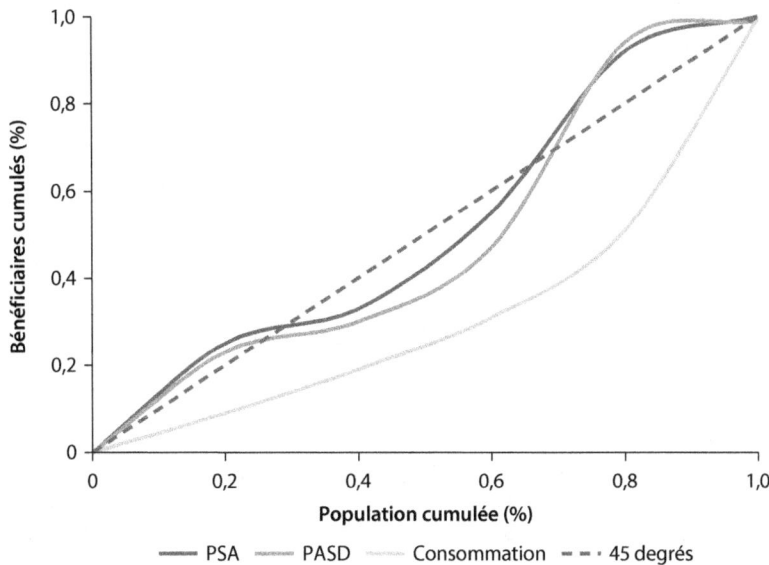

Source : Banque mondiale 2011 ; estimations basées sur le *Inquérito ao Orçamento Familiar* (Enquête sur le budget des ménages) 2008 – 2009.
Note : PASD = *Programa Apoio Social Directo* (Programme d'assistance sociale directe) ; PSA = *Programa Subsidio de Alimentos* (Programme de subventions alimentaires).

suite de l'encadré page suivante

Encadré 4.3 L'efficacité du ciblage des principaux filets sociaux du Mozambique *(suite)*

n'est pas possible de déterminer si les programmes ciblent adéquatement les pauvres (c'est-à-dire sont pro-pauvres).

La *précision du ciblage* d'un programme peut-être déterminée à partir d'un indice de concentration. Un indice de valeur négative indique que le programme est pro-pauvre. Plus l'indice s'écarte du seuil, en termes absolus, plus le programme parvient à rejoindre les pauvres avec précision. La figure E4.3.2 illustre les indices de concentration du PSA, du PASD et d'autres programmes du Mozambique. On peut constater que le PSA est pro-pauvre alors que le PASD ne l'est pas, mais que tous les 2 se situent presque à la limite entre le caractère pro-pauvre ou non. En résumé, tout en gardant à l'esprit plusieurs difficultés d'estimations, la précision du ciblage du PSA et du PASD du Mozambique reste faible. Les modalités de sélection des bénéficiaires devraient être améliorées. De même, les subventions énergétiques ne sont pas pro-pauvres et ont un caractère régressif.

Figure E4.3.2 Indices de concentration

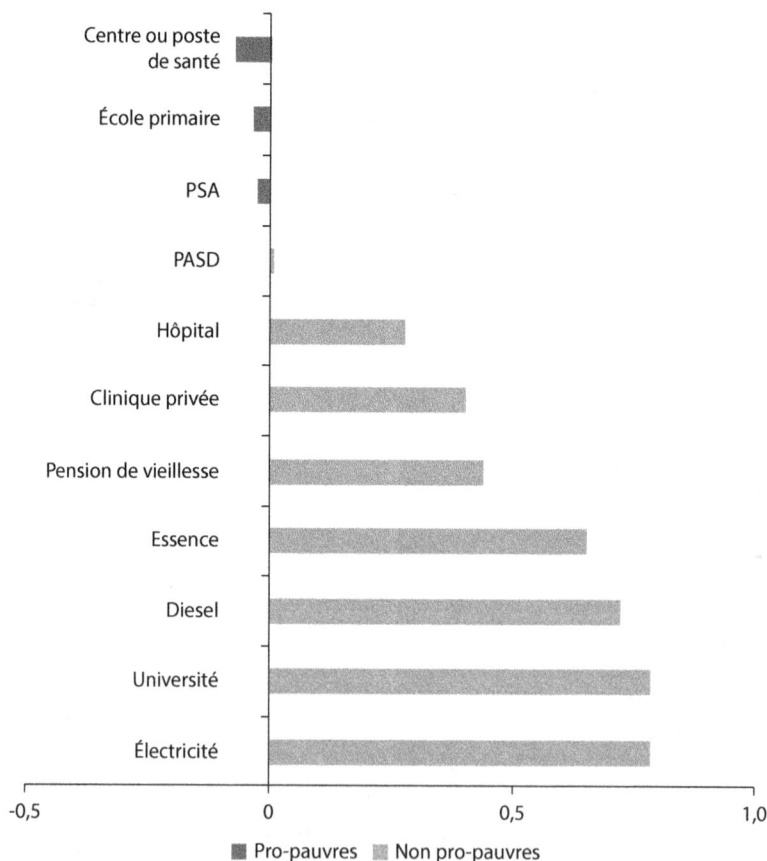

Source : Banque mondiale 2011 ; estimations basées sur le *Inquérito ao Orçamento Familiar* (enquête sur le budget des ménages) 2008 – 2009.
Note : PASD = *Programa Apoio Social Directo* (Programme d'assistance sociale directe) ; PSA = *Programa Subsidio de Alimentos* (Programme de subventions alimentaires).

Comme l'approche catégorielle, le ciblage géographique pourrait ne pas suffire à l'atteinte des ménages pauvres et vulnérables. Dans les pays régulièrement affectés par l'insécurité alimentaire et les chocs climatiques (ceux du Sahel par exemple) plusieurs filets sociaux ciblent les zones et les districts les plus touchés. Le ciblage géographique, alors facile et peu coûteux[13] risque malgré tout d'entraîner des erreurs d'exclusion et d'inclusion importantes. Des estimations très approximatives effectuées en Tanzanie indiquent en effet qu'une mise en œuvre uniquement concentrée sur les districts les plus affectés par l'insécurité alimentaire (ce que font d'ailleurs la plupart des programmes) risque d'exclure environ 68 pour cent des ménages extrêmement pauvres du pays.

Le ciblage par PMT réussit probablement mieux à identifier avec précision les pauvres que les méthodes catégorielles et géographiques employées isolément. L'indice du PMT peut se révéler plus précis parce qu'il considère davantage d'informations sur les caractéristiques inhérentes à la pauvreté d'un ménage (notamment le type d'habitat, la taille du ménage, le niveau d'éducation du chef de ménage, et l'accès à des installations sanitaires). En outre, le processus permet de conserver une trace transparente, structurée et révisable des décisions d'un programme sur l'éligibilité individuelle, ce qui, dans la plupart des cas, paraît essentiel. Les simulations faites au Kenya suggèrent par exemple que le ciblage par PMT (et à base communautaire) est plus performant que le ciblage randomisé ou catégoriel (voir l' Encadré 4.2), mais qu'une méthode catégorielle pourrait mener à l'obtention de résultats équivalents en termes de ciblage des ménages vivant dans une pauvreté extrême. Une étude sur le ciblage qui a examiné l'utilisation du PMT par les filets sociaux africains, notamment à travers 7 études de cas pays, a relevé à chaque fois des erreurs relatives au seuil d'éligibilité, aux populations et aux régions admissibles. Ainsi, les erreurs d'exclusion allaient de 14 pour cent au Niger et de 15 pour cent dans les zones urbaines du Cameroun à 40 pour cent et 41 pour cent au Ghana et au Kenya respectivement. De même, les erreurs d'inclusion allaient de 12 pour cent au Niger à 52 pour cent au Malawi (Mills et del Ninno, à paraître).

Cependant, la mesure des variables clés utilisées pour estimer les résultats du PMT peut s'avérer problématique lorsque la capacité est faible et la pauvreté généralisée. Malgré qu'il s'agisse souvent d'une initiative à fonds perdu, une enquête nationale des ménages de référence de haute qualité permet, malgré son coût élevé, de générer une pondération utile au PMT. Une fois les variables vérifiables de base utilisables par un PMT identifiées, les coûts marginaux d'un examen de base par PMT s'avèrent relativement faibles. Cependant, les avantages liés à l'utilisation du PMT (la précision additionnelle dans l'identification de la pauvreté) pourraient ne pas être toujours suffisants à la justification de cette dépense administrative additionnelle. Dans plusieurs pays africains où la pauvreté est généralisée, notamment au Lesotho, à Madagascar, au Mozambique, au Swaziland et en Zambie, les ménages pauvres présentent un profil de répartition de la consommation et des caractéristiques relativement uniformes, ce qui ne permet pas à un test multidimensionnel d'établir une distinction claire entre les pauvres et les non pauvres, ou même entre les pauvres et les plus pauvres d'entre les pauvres. Le PMT peut également paraître opaque et pourrait être, pour cette raison, moins acceptable par les ménages que les méthodes de ciblage plus simples. Parmi les communautés participant au programme CT-OVC du Kenya, plusieurs des personnes interrogées ont attribué leur sélection par le PMT au hasard, à Dieu, à la chance ou à « l'ordinateur » de Nairobi. Certains membres des communautés considéraient en outre que plusieurs autres ménages – dont certains plus méritants – n'étaient pas, mais auraient dû être couverts par le programme. Les aspects liés aux objectifs, contextes, profils de pauvreté, données disponibles, à l'économie politique et aux capacités de chaque pays sont donc déterminants dans le choix des méthodes les plus appropriées à l'atteinte des objectifs spécifiques et à l'identification des groupes ciblés.

Le ciblage à base communautaire a certainement le potentiel de rejoindre les plus pauvres, mais les données indiquent qu'il serait préférable de le combiner avec d'autres méthodes afin de minimiser la capture par les élites et les erreurs d'inclusion. Certains programmes africains qui utilisent le ciblage à base communautaire ont d'ailleurs fait la preuve de son efficacité dans l'identification des pauvres. Par exemple, le programme de transferts monétaires sociaux du Malawi, dont le ciblage est exclusivement à base communautaire, fait partie des interventions de transferts ciblés les plus progressifs au monde, avec une couverture de 62 pour cent des personnes vivant dans une pauvreté extrême atteinte après, sommes toutes, un travail administratif relativement réduit. Les autres arguments en faveur au ciblage à base communautaire concernent la faiblesse de ses coûts, son action incitative sur la cohésion communautaire et une appropriation plus importante du programme. Cette méthode pourrait également constituer une option intéressante lorsque la capacité à entreprendre d'autres formes de ciblage est faible ou lorsque les ménages des quintiles inférieurs sont relativement homogènes, ce qui rendrait difficile l'utilisation du PMT. Cependant, les programmes basés sur un ciblage communautaire peuvent être victimes de népotisme ou de manipulations politiques, comme cela s'est prétendument produit dans le programme d'argent contre travail de la Sierra Leone. Suite aux allégations de favoritisme au Malawi, des mesures ont été prises afin de minimiser l'implication des chefs de village dans la sélection des bénéficiaires et, par là même, d'améliorer l'efficacité du ciblage. Par ailleurs, l'analyse effectuée au Ghana semble indiquer que l'efficacité du ciblage à base communautaire varie plus largement dans les différents villages que celle du PMT (Mills et del Ninno, à paraître). Les simulations mentionnées à l' Encadré 4.2 révèlent qu'en matière d'identification des pauvres au Kenya, le ciblage à base communautaire pourrait générer des résultats aussi bons que ceux du PMT et même supérieurs au ciblage catégoriel. Dans plusieurs pays, notamment au Cameroun, au Mozambique et en Tanzanie, le ciblage à base communautaire est d'ailleurs souvent combiné au PMT afin d'améliorer la performance du processus d'identification des bénéficiaires ciblés.

L'efficacité du ciblage des programmes alimentaires (banques céréalières ou vente de denrées subventionnées) est mal connue. Ces programmes ont généralement recours à une combinaison de méthodes de ciblage géographique (vers des zones à forte insécurité alimentaire), d'auto-ciblage (en fonction de la qualité et du prix des denrées offertes) et de sélection ou validation communautaire des ménages éligibles. Les rapports d'évaluation du Mali, de la Mauritanie et de la Tanzanie indiquent qu'aucune donnée n'est disponible sur le nombre ou les caractéristiques des ménages bénéficiaires d'aliments subventionnés ou distribués gratuitement. Les programmes de subventions alimentaires et d'intrants agricoles du Malawi et de la Tanzanie ont par ailleurs fait l'objet de rapports anecdotiques suggérant que, même si les personnes pauvres et vulnérables sont théoriquement ciblées, les chefs villageois ont tendance à distribuer les denrées plus largement afin de maintenir la cohésion sociale. Au Burkina Faso, les plus pauvres pourraient ne jamais avoir accès aux céréales subventionnées en raison non seulement d'un manque de ressources, mais aussi d'une application évasive du critère de vulnérabilité des bénéficiaires. Ce constat s'applique également aux banques céréalières villageoises (Stock Alimentaire Villageois de Sécurité) (SAVS) et aux boutiques de vente de denrées subventionnées de la Mauritanie.

Les résultats en matière d'auto-ciblage sont mitigés. Comme souligné au Chapitre 3, certains programmes de travaux publics (par exemple au Malawi et au Togo) sont parvenus à une pratique d'auto-ciblage efficace des travailleurs appartenant aux déciles inférieurs. Cependant, d'autres programmes tendent à fixer un taux salarial supérieur au salaire minimum et du marché, ce qui limite la capacité de l'auto-ciblage à rejoindre les plus pauvres,[14] comme cela a été constaté dans le Programme d'Emploi des Jeunes par l'Approche Haute Intensité de Main d'Œuvre (PEJHIMO) du Mali et dans le Projet d'Assainissement de Yaoundé (PAD-Y). Au Togo, les analyses ont constaté que seule une faible proportion des bénéficiaires des filets sociaux du pays – qui utilisent majoritairement un ciblage géographique ou l'auto-ciblage – peut être considérée pauvre ou vulnérable.

Les subventions alimentaires et énergétiques ont fait largement la preuve de leur caractère régressif comme d'ailleurs de leur impact majoritairement nonpauvre, puisque la consommation des biens subventionnés est beaucoup plus importante chez les mieux nantis que chez pauvres. Le Mali subventionne le riz et, même si ce dernier absorbe 10,7 pour cent de la dépense du ménage moyen, il ne représente plus que 6,9 pour cent de la dépense des ménages du quintile le plus pauvre. Au Ghana, les pauvres ne tirent parti que de 2,3 pour cent des subventions sur l'essence et le diesel (hors kérosène). Au Cameroun, les données récentes indiquent que 80 pour cent des subventions sur le carburant profitent aux mieux nantis. Les subventions sur le riz et le poisson sont également régressives, bien que dans une moindre mesure. D'autres pays africains tels que le Bénin, le Libéria, le Mozambique et le Togo ont également instauré des subventions générales des prix. Même si des évaluations rigoureuses de leurs impacts sur les conditions sociales et la pauvreté n'ont pas été réalisées dans l'ensemble des pays concernés, il est largement admis que ces subventions sont fortement régressives, comme cela a été démontré dans les autres PRI et PFR (Coady et al. 2006).

De façon générale, les analyses des filets sociaux ont conclu qu'il y a largement place à amélioration du ciblage des filets sociaux africains et que la principale contrainte à cet effet réside dans le manque de données. En effet, les données relatives au ciblage de la pauvreté sont tout particulièrement insuffisantes puisque, contrairement à d'autres critères basés sur le genre ou l'invalidité, la pauvreté n'est pas facilement observable et doit être présumée à partir d'autres caractéristiques plus simplement mesurables. En outre, une bonne structuration du processus décisionnel entourant le ciblage contribue à la transparence, à la redevabilité et au soutien d'un programme. L'exactitude permise par une approche – qu'elle soit basée sur des catégories très simples, des différences géographiques ou des indices de PMT – dépend de la facilité avec laquelle les caractéristiques multidimensionnelles peuvent être mesurées et de leurs capacités respectives à prédire la pauvreté. Les simulations de ciblage basées sur des enquêtes de ménages représentatives peuvent permettre une certaine évaluation de la précision relative des différentes méthodes de ciblage, par exemple lorsque le profil de pauvreté dans les quintiles inférieurs est relativement équivalent (comme au Lesotho, à Madagascar, au Mozambique, au Swaziland et en Zambie). Dans ces pays, la combinaison de méthodes, notamment les cartes de pauvreté afin d'identifier les zones vulnérables, puis la conduite d'un PMT et d'un ciblage à base communautaire dans des villages spécifiques pourrait s'avérer déterminante. Les interventions pilotes ou les évaluations d'impact qui mettent à l'épreuve différentes méthodes peuvent également contribuer à l'amélioration du ciblage en général. Les interventions pilotes, même si elles demandent davantage que les simulations basées sur des données d'enquêtes, fournissent plus d'informations puisqu'elles renseignent directement sur les enjeux liés à la mise en œuvre, particulièrement dans les contextes de faible capacité.

Lors de la conception des programmes, une meilleure évaluation de la précision relative des différentes méthodes de ciblage pourrait donc s'avérer déterminante, même si plusieurs autres considérations sont alors également pertinentes. Par exemple, la performance des programmes catégoriels en matière de ciblage de la pauvreté pourrait ne pas être optimale, mais ces derniers sont facilement mis en œuvre et profitent souvent d'un large appui populaire en raison de leur transparence. De même, le soutien politique accordé aux programmes universels est généralement plus important que celui réservé aux interventions à ciblage étroit. En outre, les frais d'exploitation des programmes universels et du ciblage catégoriel sont inférieurs à ceux du PMT. Cependant, dans la mesure où un programme entend appuyer les pauvres ou certaines populations vulnérables, le ciblage universel ou catégoriel a quand même un coût, essentiellement lié au gaspillage potentiel des ressources au profit des non-pauvres et à la diminution correspondante des ressources destinées au soutien de ceux dont les besoins sont les plus importants. Ce coût est peu mesuré, notamment en raison de l'absence de données sur les taux d'erreurs d'inclusion et d'exclusion. En fait, ce coût ne pourra être appréhendé et considéré lors du choix d'une méthode de ciblage que suite à une quantification des gains potentiels de précision tirés de méthodes de ciblage plus intensives.

Une définition plus claire des objectifs de ciblage et des plates-formes afférentes les plus courantes peut s'avérer utile. Plusieurs PRI de la région sud-africaine dans lesquels les systèmes de filets sociaux sont relativement bien établis (par exemple au Botswana, à Maurice, au Mozambique, en Namibie, en Afrique du Sud et au Swaziland) disposent d'une pléthore de programmes catégoriels s'adressant à des groupes spécifiques. Il s'agit généralement des OEV, des personnes âgées, des handicapés, des patients atteints du VIH sida, des femmes enceintes et des ex-combattants. Cependant, aucune définition ne précise clairement qui appartient à ces différents groupes. En outre, les indicateurs élémentaires d'éligibilité, par exemple l'âge du bénéficiaire, sont difficiles à vérifier et mènent à des erreurs d'exclusion et d'inclusion. Les analyses des filets sociaux du Ghana, du Kenya, de Maurice et des Seychelles suggèrent qu'il pourrait être sage à la fois de définir un seul ensemble de critères d'identification des bénéficiaires ciblés par les filets sociaux; d'utiliser des méthodes de ciblage communes et de mettre en place un seul registre des bénéficiaires. Cette approche pourrait réduire les frais d'exploitation et le risque d'influence politique tout en améliorant la coordination, la transparence et l'équité des programmes, notamment lors de la sélection des bénéficiaires. Le Chapitre 5 aborde les différentes considérations d'économie politique relatives au ciblage des programmes de filets sociaux en Afrique.

Flexibilité, prévisibilité et état de préparation aux crises

La flexibilité des programmes de filets sociaux devrait permettre une réponse aux crises et l'octroi de soutiens prévisibles. Comme mentionné au Chapitre 2, les personnes pauvres et vulnérables d'Afrique sont affectées de façon répétitive par différents chocs (notamment les chocs climatiques, les augmentations des prix alimentaires et énergétiques, les crises financières mondiales, la maladie et la mortalité d'un membre du ménage). Au cours des dernières années, les crises alimentaires ont été dévastatrices dans tous les pays étudiés, que ce soit suite à l'augmentation des prix, aux sécheresses ou aux inondations. La prévalence et la fréquence des chocs en Afrique doivent pousser les pouvoirs publics à s'assurer que les programmes et les dispositifs nécessaires à un soutien rapide et adéquat des personnes affectées sont bien en place. Par conséquent, il est essentiel que les programmes de filets sociaux soient conçus et dotés de la flexibilité nécessaire à leur modification ou à leur mise à l'échelle en réponse aux besoins accrus en temps de crise. En outre, même lorsque les programmes de filets sociaux ciblent essentiellement la réduction de la pauvreté à long terme, le versement aux bénéficiaires de transferts fiables et prévisibles paraît déterminant dans leur capacité à utiliser ce soutien à bon escient.

Les récentes crises financières, alimentaires et énergétiques ont démontré que les pays africains ne disposaient pas de programmes pouvant riposter rapidement aux chocs. En fait, en l'absence de filets sociaux bien ciblés, les gouvernements ont plutôt fait face aux crises en introduisant soit des programmes *ad hoc* d'aide alimentaire d'urgence, des subventions générales coûteuses ou des subventions de prix. Au Bénin, au Burkina Faso, au Mali et au Niger, les pouvoirs publics ont riposté à l'insécurité alimentaire accrue en procédant à une distribution d'urgence dans les zones affectées et en utilisant les banques céréalières pour la vente de denrées alimentaires à des prix réduits, ceci sans grand contrôle sur le ciblage ou les résultats. Dans d'autres pays, (par exemple au Bénin, au Cameroun, au Mozambique et au Togo), il y a eu, à prix fort, introduction de subventions alimentaires générales et augmentation des subventions sur le carburant. Par ailleurs, d'autres programmes de filets sociaux à plus long terme axés sur un soutien régulier aux personnes pauvres et vulnérables, tels que le programme d'intrants scolaires du Botswana et les TMC du programme Bouse maman du Mali ont fréquemment encouru des délais de paiement aux bénéficiaires, ce qui a augmenté leurs difficultés et réduit leur efficacité. D'ailleurs, dans plusieurs des systèmes de filets sociaux étudiés, les transferts monétaires ont été qualifiés d'irréguliers, d'erratiques et d'imprévisibles.

Cependant, certains gouvernements ont reconnu que la gestion des crises allait demander plus de prévoyance et des dispositifs de soutien plus rapides, ce qui les a incités à élaborer des systèmes de filets sociaux plus prévisibles. De façon intéressante, selon la classification effectuée par l'Unité d'ancrage de la Protection Sociale de la Banque mondiale, les pays africains qui se sont dotés de mesures solides d'amélioration de leurs filets sociaux au cours d'une crise sont tous des PFR : L'Éthiopie, le Kenya, le Niger, le Rwanda, la Tanzanie et le Zimbabwe (voir Tableau B2 à l'Annexe B). La plupart d'entre eux ont entrepris un programme de renforcement de leurs filets sociaux afin que ces derniers puissent mieux répondre aux crises et bénéficient d'ailleurs à cet effet du soutien des PTF. Les PRI ne disposent par contre que de mesures modérées ou limitées de renforcement de leurs filets sociaux face à une crise. Par conséquent, il est clair que la présence de systèmes de filets sociaux bien établis et de grande ampleur (comme c'est le cas dans plusieurs PRI d'Afrique) ne signifie pas nécessairement que ceux-ci protègent adéquatement les plus pauvres contre les chocs. En fait, l'introduction d'un ou deux programmes flexibles et bien ciblés, susceptibles de rejoindre les groupes les plus affectés par une crise, pourrait s'avérer plus appropriée et plus efficace.

Plusieurs pays africains se tournent maintenant vers l'expérience du PSNP, le programme prévisible et novateur de l'Éthiopie, dans l'espoir d'apprendre comment augmenter la flexibilité de leurs propres filets sociaux et tirer profit de son expérience en matière de distribution alimentaire et monétaire. Dans la plupart des pays africains, la riposte aux différentes crises prend le plus souvent la forme d'une aide alimentaire, même si aucune donnée probante n'indique que la distribution de denrées constitue le mode de soutien le plus efficace et le plus efficient. En Mauritanie, le programme *Emel* (« Espoir » en arabe) est le principal instrument national de riposte à une crise. Sa composante filets sociaux – responsable de la distribution d'aliments gratuits ou subventionnés – s'autofinance en grande partie. Avec la fréquence et l'ampleur accrues des chocs climatiques qui frappent la Mauritanie, ce programme de réponse d'urgence ponctuelle et à court terme à la sécheresse s'est finalement transformé en intervention de grande ampleur quasi-permanente. Le Niger a élaboré un plan de contingentement national afin d'améliorer sa réponse d'urgence, notamment en matière de garantie à l'accès alimentaire, de soutien à la protection des actifs du ménage et de développement d'indicateurs d'alerte précoce. Même si la Cellule de Crise Alimentaire responsable du programme de riposte aux crises du Niger facilite surtout la conduite de travaux publics et la distribution alimentaire – tous deux à travers un ciblage peu performant – des réformes sont en cours afin d'améliorer les dispositifs de riposte. D'autres pays, notamment le Rwanda et la Tanzanie, examinent cette expérience dans une perspective de renforcement de leur capacité à répondre aux changements climatiques (Encadré 4.4).

Il faudra un certain temps pour que les programmes et systèmes de filets sociaux puissent aider efficacement les ménages affectés par les chocs. Par conséquent, les pays devraient se doter de programmes de filets sociaux dont la mise en œuvre pourra – avec les instruments adéquats (ciblage, registre unique, etc.) – faciliter une riposte appropriée. Ces systèmes ont tout avantage à être élaborés lorsque la situation est stable, afin que leur activation et mise à l'échelle puissent se faire rapidement lorsque survient une crise, ceci de façon à (a) identifier promptement les ménages affectés; (b) transférer rapidement les appuis adéquats; et (c) intervenir avec transparence et efficacité.

Les programmes de travaux publics, s'ils sont soigneusement élaborés et mis en œuvre, ont certainement le potentiel d'agir comme instruments de riposte aux crises, notamment en raison de leur caractère à court terme et de leur utilisation de l'auto-ciblage. En fait, la capacité des programmes de travaux publics à répondre aux crises a été largement démontrée dans plusieurs pays du monde,

---

Encadré 4.4 Le rôle des filets sociaux dans la promotion de l'adaptation aux changements climatiques

Les pays africains admettent de plus en plus que les filets sociaux peuvent constituer un instrument important de réponse aux changements climatiques. La sécheresse de 2011 dans la Corne de l'Afrique et celle qui frappe actuellement le Sahel illustrent les effets dévastateurs que les changements climatiques peuvent générer sur les populations pauvres et vulnérables. Le recours aux filets sociaux pour la riposte à ces chocs augmente, par exemple en Éthiopie et au Kenya suite à la sécheresse de 2011, et plus récemment au Mali et au Niger.

Outre cette fonction de riposte aux crises, les filets sociaux sont de plus en plus considérés comme des instruments essentiels de renforcement de la résilience des ménages pauvres et vulnérables face aux impacts des changements climatiques. En Éthiopie et au Rwanda, les travaux publics améliorent la gestion de l'eau et réduisent l'érosion des sols. Les filets sociaux contribuent également à l'adaptation aux changements climatiques en permettant aux ménages de diversifier les risques, d'améliorer leurs revenus, de renforcer leurs compétences et d'accroître leurs actifs.

Source : Banque mondiale 2012a.

---

notamment en Argentine, en Éthiopie, en Lettonie et au Mexique. Or, même si les programmes de travaux publics sont très répandus en Afrique, leurs objectifs ont souvent été axés sur la création d'actifs communautaires et la promotion d'un développement à plus long terme des communautés pauvres et vulnérables. À cet égard, l'Éthiopie fait figure d'exception, puisque le PSNP, quoique de grande ampleur, a été conçu de façon suffisamment flexible pour lutter contre les sécheresses, la pauvreté saisonnière et l'insécurité alimentaire, tout en s'attaquant simultanément, dans une perspective de développement à plus long terme, aux causes sous-jacentes à l'insécurité alimentaire. Les programmes de travaux publics mis en œuvre dans d'autres pays ont cependant été largement au service d'une réponse *ad hoc*. Le Niger a par exemple utilisé ses programmes de vivres contre travail et d'argent contre travail en riposte à la crise alimentaire de 2005. De même, les États affectés par des conflits, tels que le Libéria, Madagascar et la Sierra Leone, ont mis en place de nombreux petits programmes non coordonnés d'argent contre travail et de vivres contre travail axés sur la reconstruction et la cohésion sociale. Ainsi, il faudra explorer davantage la capacité des programmes de travaux publics nationaux bien coordonnés – qui procèdent à des transferts monétaires (ou alimentaires) aux ménages affectés par une crise lors de périodes saisonnières particulièrement difficiles – à intervenir en tant instruments flexibles, dotés de capacités d'expansion et de contraction rapides lors d'une situation d'urgence.

L'impact des filets sociaux africains

La majorité (sinon l'ensemble) des études sur les filets sociaux identifient l'absence de dispositifs de suivi et évaluation adéquats comme la principale faiblesse des programmes africains. Plusieurs pays (notamment le Bénin, le Burkina Faso, le Libéria, le Mali, la Tanzanie et le Togo) ne possèdent aucune donnée administrative précise sur le nombre de bénéficiaires rejoints et l'ampleur des prestations versées par chacune de leurs interventions. Les programmes de distribution alimentaire qui procèdent à travers les banques céréalières ou la vente de céréales à des prix subventionnés manquent tout particulièrement de données sur le nombre et le profil de leurs bénéficiaires, comme d'ailleurs sur les effets de cette distribution sur le bien-être des ménages. Cependant, les dispositifs de suivi et évaluation de certains pays de la région sud-africaine (Botswana, Maurice et Mozambique) semblent mieux intégrés et plus institutionnalisés. Au cours des dernières années, plusieurs pays ont cependant investi dans leurs dispositifs de suivi et évaluation respectifs.

Même si davantage d'études sont nécessaires, plusieurs évaluations d'impact démontrent clairement que les programmes de filets sociaux sont efficaces. Il y a quelques années, les évaluations d'impact rigoureuses ne pouvaient d'ailleurs porter que sur les quelques programmes d'ampleur nationale (par exemple en Éthiopie et au Kenya) et les transferts pilotes à petite échelle (notamment les programmes de cantines scolaires et de TMC du Burkina Faso, les TMC du Zomba du Malawi, les TMC à base communautaire de la Tanzanie et le programme de

TMNC du district de Monza en Zambie). Ces évaluations d'impact examinent généralement les effets des transferts sur la consommation alimentaire des ménages et leur utilisation des services d'éducation et de santé. Cependant, les évaluations d'impact des petits programmes pilotes peuvent également s'avérer déterminantes, puisqu'elles documentent l'efficacité dans des contextes à faible revenu et renseignent sur la capacité potentielle de mise à l'échelle de ces interventions pilotes au niveau national. En général, la conduite d'évaluations d'impact sur les programmes de grande ampleur reste relativement rare. Même les pays dotés de dispositifs de suivi administratif très avancés ne procèdent pas à des évaluations d'impact régulières, alors que celles-ci pourraient renseigner les décideurs et les administrateurs sur l'évolution de la situation des bénéficiaires à la suite des interventions. En fait, la plupart des programmes de grande ampleur (par exemple les programmes universels de cantines scolaires) n'ont jusqu'à maintenant fait l'objet d'aucune évaluation d'impact rigoureuse. Toutefois, dans certains cas (le CT-OVC et le *Hunger Safety Net Programme* (Programme de filets sociaux contre la faim) du Kenya et le PSNP d'Éthiopie par exemple), les évaluations d'impact ont été intégrées à la conception du programme et les informations ainsi générées sont réinvesties dans l'expansion et la modification de la mise en œuvre. Quelques évaluations d'impact se penchent sur la meilleure façon de concevoir un programme de protection sociale. Par exemple, l'évaluation d'impact d'un TMC pilote du Burkina Faso cherche à voir s'il est plus efficace de verser les transferts aux mères ou aux pères et une évaluation d'impact menée au Malawi compare le niveau d'efficacité des TMNC et des TMC. Cependant, il faudra procéder à davantage d'évaluations d'impact si l'on veut étudier de façon explicite les avantages et inconvénients des différentes caractéristiques de conception.

Néanmoins, la quantité de données en provenance des différentes évaluations d'impact des programmes de filets sociaux africains augmente rapidement. Plusieurs gouvernements travaillent activement – avec la Banque mondiale[15] et certains autres PTF – à l'amélioration de la base de données sur l'impact des programmes de filets sociaux. Actuellement, plus de 20 évaluations d'impact appuyées par la Banque mondiale sont en cours dans le secteur de la protection sociale (notamment en Éthiopie, au Ghana, au Lesotho, au Malawi, au Niger, au Nigéria, en Sierra Leone, en Tanzanie, au Togo et en Ouganda), et plusieurs autres sont en planification (par exemple au Cameroun, en Guinée, au Mali, au Mozambique et au Swaziland). La plupart de ces études se concentrent sur l'évaluation des effets des programmes de transferts monétaires sur le bien-être, les pratiques nutritionnelles ou l'utilisation des services de santé et d'éducation. Plusieurs d'entre elles sont axées sur certaines problématiques spécifiques aux filets sociaux mis en œuvre en Afrique ou dans des contextes à faible revenu, par exemple l'efficacité des mesures accompagnatrices introduites (Guinée, Niger et Togo); les effets productifs des filets sociaux ou encore les stratégies de graduation liées aux activités génératrices de revenus ou à l'emploi (Cameroun, Éthiopie, Kenya et Malawi).

La première vague d'évaluations d'impact des programmes de transferts monétaires a généralement fait état de résultats positifs. Ainsi, les études ont par exemple constaté que les programmes de transferts monétaires conditionnels et non conditionnels du Malawi avaient tous deux augmenté la scolarisation des filles, diminué le taux d'abandon et, en retour, retardé l'âge du mariage de plusieurs d'entre elles. Les effets des conditions se sont révélés mitigés. L'évaluation du programme de transferts monétaires CT-OVC du Kenya a souligné la présence de plusieurs résultats positifs, notamment en matière de consommation, de dépense alimentaire, de diversité diététique, d'augmentation des actifs du ménage et de taux d'inscription au cycle secondaire. Cependant, l'étude n'a pu observer aucun effet important sur les indicateurs de santé de l'enfant, l'inscription à l'école primaire ou le taux de fréquentation scolaire. En outre, il semble que le programme ait surtout profité aux ménages peu nombreux. En effet, puisque le transfert monétaire était forfaitaire, les membres des ménages nombreux recevaient dans les faits un plus faible montant, ce qui, dans leur cas, réduisait la valeur du transfert. Les données tirées des TMC pilotes du Burkina Faso indiquent par ailleurs que les programmes de transferts monétaires, conditionnels ou non, augmentent l'inscription des enfants âgés de 9 à 13 ans (les années clés de fréquentation scolaire), particulièrement des enfants « les plus doués » et des garçons dont la scolarisation est généralement priorisée par le ménage. Cependant, les TMC se sont révélés plus efficaces encore en matière d'inscription des « enfants marginaux », notamment des enfants et des filles plus jeunes ou moins doués. Comparativement au groupe contrôle, les TMC ont également favorisé une augmentation substantielle du nombre de consultations de santé préventive au cours de l'année précédant l'enquête, alors que les transferts monétaires non conditionnels n'ont eu à cet égard aucun effet. D'ailleurs, une étude du programme de TMC du nord du Nigéria a révélé que ce dernier avait eu des effets très importants sur la participation des filles au cycle secondaire, notamment en termes d'inscription, de fréquentation et même de performance.

Les impacts positifs comme les résultats mitigés des programmes de cantines scolaires ont également été documentés. L'étude du PAM sur le programme de cantines scolaires (repas scolaires et rations à emporter pour les filles) du Burkina Faso a constaté une augmentation de 5 à 6 pour cent de l'inscription des filles, sans aucun effet négatif sur l'inscription des garçons. Cependant, la fréquentation n'a pas perduré et il n'y a eu aucune amélioration dans la réussite scolaire des filles, et même une légère diminution des notes en mathématiques chez les garçons. L'évaluation s'est demandée si les cantines scolaires constituaient la méthode la plus rentable d'atteinte des résultats souhaités. À travers le monde, certaines données indiquent cependant que les cantines scolaires améliorent la fréquentation scolaire, la cognition et l'atteinte éducationnelle, particulièrement si elles sont accompagnées de l'administration de vermifuges et de renforcements en micronutriments (Bundy et al. 2009).

En Éthiopie, on a constaté que la participation aux travaux publics améliorait la sécurité alimentaire des ménages, telle que mesurée à travers la réduction des lacunes alimentaires auto-rapportées, même si cet effet était plus important dans les ménages bénéficiaires de transferts réguliers et à forte valeur. En effet, on a pu constater que l'apport calorique était de 17 pour cent plus élevé dans les ménages du PSNP bénéficiant de transferts récents et réguliers. En outre, la vente catastrophique de bétail avait diminué dans les ménages recevant des transferts prévisibles et à forte valeur, alors qu'au contraire, elle avait augmenté lorsque le transfert était imprévisible, quoique les participants aux travaux publics du PSNP aient fait état de plus de ventes précipitées que les groupes contrôles. Par ailleurs, le PSNP a eu un effet mesurable sur l'augmentation des actifs et des investissements des ménages, notamment en matière de nombre de têtes de bétail.

Par ailleurs, quelques évaluations qualitatives ont été réalisées. Ces études ont constaté que les impacts des programmes examinés – soit les programmes de TM *Bomi* et de travaux publics du Libéria, le TMC Bourse maman du Mali et le programme de transferts monétaires pilote *Kalamo* de la Zambie – portaient essentiellement sur la consommation alimentaire et la scolarisation des enfants. En Éthiopie, les bénéficiaires du PSNP ont rapporté une utilisation accrue des services sociaux, notamment des services de santé, ainsi qu'une hausse de l'inscription et de la fréquentation scolaire de leurs enfants. Les données suggèrent également que les pensions de vieillesse du Swaziland ont eu un effet positif sur la sécurité alimentaire, l'état nutritionnel et l'utilisation des services d'éducation et de santé. En outre, certaines évaluations ont mesuré l'efficacité du ciblage et examiné le partage au sein du ménage des prestations versées par les programmes de pension de vieillesse du Lesotho et d'Afrique du Sud.

Le soutien à une productivité accrue des ménages intéresse de plus en plus les responsables du développement de filets sociaux en Afrique, même si les effets productifs de ces interventions doivent encore être mieux documentés. Ainsi, outre l'octroi d'un soutien monétaire ou en nature destiné à accroître la consommation du ménage et à prévenir la vente catastrophique des actifs en temps de crise, plusieurs programmes de transferts africains cherchent également à stimuler la génération de revenus et la productivité des bénéficiaires. Les filets sociaux peuvent en effet ouvrir une voie non seulement à l'augmentation des revenus du ménage, mais aussi à l'amélioration du bien-être à long terme après l'interruption du soutien. Par exemple, les bénéficiaires du PSNP d'Éthiopie sont mis en relation avec le *Household Asset Building Program* (Programme de renforcement des actifs du ménage). L'exploitation de ce lien leur permet d'améliorer la productivité de leur entreprise agricole et d'accroître leur sécurité alimentaire à long terme. De façon similaire, les bénéficiaires du PSNP de la Tanzanie peuvent participer en petits groupes à la promotion de l'épargne communautaire. Il s'agit ici de multiplier la capacité d'épargne en fonction de besoins et d'investissements futurs. La promotion de l'épargne communautaire fait également l'objet des discussions entourant l'élaboration de nouveaux programmes au Mozambique. Ailleurs, les bénéficiaires des transferts monétaires pilotes en préparation au Cameroun seront encouragés à participer à des activités de sensibilisation et de formation sur la génération de revenus, les moyens d'accéder à la microfinance et les compétences nécessaires à la conduite d'une petite entreprise. Ces activités accompagnatrices sont non seulement importantes pour l'amélioration des conditions de vie des ménages après l'achèvement des 24 mois de soutien monétaire, mais aussi pour l'obtention de l'appui politique et public au programme, qui se veut une intervention consensuelle de réduction durable de la pauvreté au Cameroun.

Les dernières recherches et évaluations consacrées aux aspects productifs des filets sociaux d'Afrique sont prometteuses. De façon générale, il n'y a en effet jusqu'à maintenant que peu de données rigoureuses d'évaluation sur le potentiel d'amélioration de la productivité des filets sociaux d'Afrique. Les groupes les plus défavorisés – souvent visés par les programmes faisant l'objet de ciblage très pointu – risquent fort d'être ceux qui rencontrent le plus de difficultés lors de la mise en œuvre d'activités productives. La Banque mondiale s'est récemment engagée – avec plusieurs autres partenaires – dans un programme de recherche qui a eu des effets positifs sur les programmes de transferts monétaires, notamment en termes de mesure de la productivité (par exemple la stimulation de l'économie locale et du marché de l'emploi) au Kenya, au Lesotho et au Malawi. L' Encadré 4.5 aborde ce point de façon plus détaillée. D'autres recherches sur les activités accompagnatrices visant l'amélioration des activités productives des bénéficiaires de filets sociaux sont en cours dans 10 pays, incluant l'Éthiopie et le Ghana.

Encadré 4.5 Les transferts monétaires peuvent-ils être productifs en Afrique?

La plupart des programmes de filets sociaux sont axés sur la réduction de l'indice de pauvreté. Cependant ils ont également la capacité d'accroître la productivité et lutter contre la pauvreté à long terme. D'ailleurs, les travaux publics sont considérés comme productifs même à court terme puisque, outre le transfert de revenus aux ménages défavorisés, ils encouragent les petits investissements communautaires. Les programmes de transferts monétaires (souvent conditionnels) peuvent également aider les ménages pauvres à investir dans le capital humain de leurs enfants, par exemple en favorisant une fréquentation scolaire plus régulière. Néanmoins, certains groupes très pauvres et indigents pourraient ne pas être en mesure de participer à la société de façon productive et devoir consacrer le soutien monétaire accordé à l'achat d'aliments et autres biens essentiels (le rôle protecteur des filets sociaux). L'augmentation de la consommation peut par ailleurs être considérée comme productive en elle-même puisque, par exemple, un meilleur apport nutritionnel aide les enfants à développer et à améliorer leurs perspectives d'avenir. Il a été démontré qu'au Kenya et en Afrique du Sud, les pensions de vieillesse versées aux grands-parents avaient été réinvesties dans la scolarisation de leurs petits-enfants.

Les filets sociaux mis en œuvre en Afrique accordent une importance croissance à la productivité des ménages. Même si leur potentiel à cet effet n'est pas encore pleinement exploité, certains constats tirés des évaluations d'impact et autres recherches menées dans plusieurs pays africains font état de résultats prometteurs. Les conclusions initiales indiquent que l'octroi d'un faible montant régulier – même non conditionnel – permet aux ménages de diversifier leurs moyens de subsistance, d'accroître leur consommation de « stratégies positives » (par exemple, investissements dans les actifs, le capital humain et le développement

suite de l'encadré page suivante

Encadré 4.5 Les transferts monétaires peuvent-ils être productifs en Afrique? *(suite)*

d'une petite entreprise) et de diminuer le recours aux « stratégies négatives » d'adaptation (notamment la réduction du travail abusif ou risqué et de la vente d'actifs dans les périodes de détresse). En tant que tels, les filets sociaux permettent donc aux ménages d'investir dans des activités plus productives et à meilleur rendement. En outre, il a été démontré que les transferts monétaires renforçaient l'économie locale grâce aux divers effets multiplicateurs générés. Les principaux constats sont les suivants :

- Au Kenya et au Malawi, les transferts monétaires versés ont favorisé l'accroissement des investissements dans les actifs agricoles, notamment dans les outils servant aux récoltes et le bétail. En outre, les 2 programmes étudiés se sont révélés porteurs d'une augmentation de la consommation alimentaire et de la diversité diététique, le tout accompagné d'une participation accrue de l'autoproduction à la consommation du ménage. Le programme du Malawi a favorisé le transfert des emplois agricoles salariés (adultes et enfants confondus) vers des activités rémunérées au sein même de l'entreprise du ménage, alors que le programme du Kenya a permis de réduire le travail des enfants. En fait, le programme du Kenya a eu une influence positive sur la participation des ménages dirigés par une femme à des activités autres qu'agricoles.
- En Éthiopie, une évaluation d'impact a constaté que les ménages qui avaient eu accès à la fois au PSNP et aux paquets complémentaires de soutien agricole étaient plus susceptibles de bénéficier d'une certaine sécurité alimentaire, d'emprunter à des fins productives, d'utiliser des technologies agricoles améliorées et de diriger leurs propres activités entrepreneuriales non agricoles.
- L'examen qualitatif terrain des programmes de transferts monétaires du Ghana, du Kenya et du Zimbabwe a constaté que les transferts monétaires favorisaient des investissements accrus dans les activités économiques, amélioraient le capital social et augmentaient la présence de dispositifs de partage des risques. En outre, les transferts avaient permis aux ménages de réduire l'importance de leurs dettes et d'améliorer leur solvabilité.
- Les effets multiplicateurs sur l'économie locale des revenus versés par les transferts monétaires ont été respectivement estimés à 1,81 et 2,23 au Kenya et au Lesotho. Ces chiffrent indiquent en fait que les non-bénéficiaires et l'économie locale profitent largement des retombées commerciales et productives des programmes de transferts monétaires.

Néanmoins, seuls quelques programmes de filets sociaux africains ont introduit des composantes productives additionnelles (par exemple sous forme de formation ou de liaison des bénéficiaires avec un soutien au petit entrepreneuriat et au crédit). Même si les résultats initiaux sont prometteurs, des recherches supplémentaires sont nécessaires. Les évaluations d'impact des nouveaux programmes de transferts monétaires du Cameroun et du Niger examineront d'ailleurs explicitement la présence ou non d'effets productifs. Elles évalueront notamment les impacts des mesures d'accompagnement, soit l'efficacité des campagnes de sensibilisation des bénéficiaires sur l'amélioration des stratégies de gestion des risques et le soutien à la mise en œuvre d'activités productives.

Sources : Kenya : Asfaw et al. 2013; Éthiopie : Gilligan, Hoddinott, et Taffesse 2009; Ghana, Kenya, et Zimbabwe : OPM 2013a, 2013 b, et 2013c; Kenya et Lesotho : Taylor, Kagin, et Filipski 2013 et Taylor, Thome, et Filipski 2013; Malawi : Boone *et al.* 2013 et Covarrubias, Davis, et Winters 2012.

Résumé des principaux messages

Les principaux messages du chapitre sont les suivants :

• Les programmes de filets sociaux d'Afrique utilisent une vaste gamme de méthodes de ciblage, souvent en association. Le ciblage géographique, l'auto-ciblage, le ciblage à base communautaire et le ciblage catégoriel sont les plus répandus. Les programmes qui ciblent la pauvreté utilisent rarement une forme quelconque de mesure de la consommation et du revenu, mais certains pays (Kenya et Rwanda) vont de l'avant en mettant plutôt à l'échelle des programmes bien ciblés et en harmonisant leurs autres interventions afin de minimiser les duplications et de réduire l'occurrence de transferts inefficaces et inefficients.

• L'amélioration du ciblage des programmes de filets sociaux africains passe par l'association de différentes méthodes (notamment catégorielle, géographique, PMT ou ciblage à base communautaire) dont la synergie permettra d'identifier les groupes ciblés ou les plus pauvres avec une meilleure précision. Dans tous les cas, le choix de la méthode de ciblage devrait tout d'abord relever des objectifs du programme et de la capacité institutionnelle de l'organisme de mise en œuvre, puis ensuite correspondre au profil de pauvreté et à l'économie politique du pays concerné. La structuration du processus décisionnel relatif au ciblage, quelle que soit la méthode privilégiée, peut en outre favoriser la transparence et la redevabilité, la capacité de mise à l'échelle et la réponse rapide aux chocs.

• La question-clé reste de savoir dans quelle mesure les filets sociaux africains sont en mesure d'identifier et de rejoindre les ménages pauvres et vulnérables, particulièrement lorsque ces conditions sont extrêmes. Cependant, les mesures directes du revenu ou de la richesse, telles qu'utilisées par exemple lors d'un ciblage basé sur une déclaration vérifiée des ressources, ne sont que rarement disponibles. Par conséquent il faudra, avant toute décision, évaluer la précision potentielle de toutes les méthodes de ciblage employées.

• La couverture des personnes pauvres et vulnérables par les filets sociaux africains reste généralement très faible, quoiqu'en augmentation graduelle. Néanmoins, dans plusieurs PRI de la région sud-africaine, les pensions sociales versent des prestations substantielles à un grand nombre de personnes âgées. Cependant, puisque ces allocations s'adressent à tous ceux qui ont quitté le marché du travail, les glissements vers les non-pauvres sont à la fois substantiels et coûteux.

• Il faudra, pour que les programmes de filets sociaux puissent satisfaire efficacement aux besoins importants des populations africaines, que les programmes qui fonctionnent bien soient graduellement et sélectivement mis à l'échelle. Un petit nombre de programmes bien coordonnés et adéquatement mis en œuvre peut certainement répondre aux besoins des populations les plus pauvres. Le PSNP d'Éthiopie, qui combine la réalisation de travaux publics au versement de transferts de soutien direct en est un bon exemple.

- La générosité des programmes de filets sociaux est souvent difficile à mesurer, mais l'ampleur des prestations versées par les programmes de transferts monétaires africains semble équivalente à celle des programmes mis en œuvre dans d'autres régions. Il y a peu d'informations sur la générosité, la couverture et l'efficacité du ciblage de l'aide alimentaire et d'urgence, qui est pourtant très répandue dans des pays tels que le Bénin, le Burkina Faso, le Cameroun, le Kenya, le Mali, le Niger et le Togo.

- La plupart des filets sociaux africains manquent de flexibilité et de prévisibilité, mais plusieurs pays ont amorcé l'élaboration de systèmes et programmes qui versent des prestations plus prévisibles et sont suffisamment flexibles pour riposter aux crises. Avec le soutien des PTF, plusieurs PFR ont entrepris le renforcement de la fonction de réponse aux crises de leurs filets sociaux. Les programmes de travaux publics ont certainement le potentiel nécessaire à l'élargissement de leur rôle de filet social au cours des chocs saisonniers, dans la mesure où leur ciblage reste concentré sur les pauvres et où leur mise à l'échelle permet d'augmenter le nombre de participants.

- Le développement de filets sociaux susceptibles d'assurer la riposte aux crises avec la flexibilité nécessaire demande du temps. La plupart des pays africains n'ont pas été en mesure d'utiliser leurs filets sociaux pour la réponse efficace aux dernières crises mondiales et ont donc dû se tourner vers des subventions universelles inefficaces et coûteuses. Afin d'améliorer le niveau de préparation aux crises, les pouvoirs publics devraient donc élaborer et développer des systèmes de filets sociaux pendant les périodes stables afin que ces derniers soient prêts et disponibles lors de la prochaine crise.

- En dépit de la faiblesse actuelle du suivi et évaluation des programmes de filets sociaux d'Afrique, la situation tend à s'améliorer rapidement. De plus en plus d'évaluations d'impact sont réalisées et leurs constats contribuent à l'accroissement de la base de connaissances sur les programmes de filets sociaux africains. Lorsqu'ils sont connus, les impacts des filets sociaux sur les indicateurs de pauvreté et de bien-être se sont généralement révélés positifs, mais de façon mitigée. Les systèmes d'information doivent être améliorés et la collecte de données additionnelles sur le nombre et le type de bénéficiaires couverts, comme sur les résultats des programmes, doit être intensifiée, ceci afin que les décideurs et les planificateurs puissent réinvestir ces informations dans l'amélioration de la conception et de la coordination des programmes, comme dans l'obtention de ressources financières et du soutien des PTF.

Notes

1. En termes numériques, cela concerne 26 des 34 programmes de la Sierra Leone et 31 des 37 programmes du Mozambique (Banque mondiale 2011, 2012c).
2. Les chiffres proviennent des bases de données sur la protection sociale en Europe et en Asie centrale ainsi que sur la protection sociale en Amérique latine et dans les Caraïbes de la Banque mondiale.

3. Au démarrage du PSNP, les *ménages souffrant d'insécurité alimentaire chronique* ont été définis comme ayant une insuffisance alimentaire annuelle de 3 mois ou plus et étant bénéficiaires d'une aide alimentaire depuis 3 années consécutives.

4. Ces programmes incluent le *Public Welfare Assistance Scheme* (Dispositif public d'assistance au bien-être), les transferts monétaires sociaux, le *Food Security Pack* (Paquet pour la sécurité alimentaire, et le *Peri-Urban Community Self-Help program* (Programme périurbain d'auto assistance communautaire).

5. Par exemple, selon la base de données sur la surveillance des pensions de HelpAge (http://www.pension-watch.net/about-social-pensions/about-social-pensions/social -pensions-database/), la couverture est de 6 pour cent en Argentine, de 5 pour cent au Brésil, de 10 pour cent en Uruguay, de 20 pour cent au Costa Rica, de 51 pour cent au Chili, de 12 pour cent en Moldavie et de 16 pour cent en Thaïlande.

6. Cette gamme illustre les niveaux de prestations versées par 5 programmes d'Éthiopie, du Lesotho, du Mali, du Sénégal et de la Zambie.

7. Ce constat est cohérent avec les observations rapportées par Garcia et Moore (2012).

8. Le PAM a fixé les rations distribuées par les programmes à 50 pour cent ou 75 pour cent des besoins nutritionnels en macronutriments de base dans un ménage moyen (calories et protéines).

9. Les programmes alimentaires – particulièrement de réponse d'urgence – utilisent généralement les normes du projet Sphère, qui sont internationalement reconnues. Ces normes s'appliquent entre autres à la réponse d'urgence et obligent l'organisme de mise en œuvre à la distribution de 2100 kilocalories, incluant les protéines et le gras, sous forme de céréales, de légumineuses et d'huile.

10. Ces estimations présument que la valeur des vivres et des transferts monétaires est équivalente, ce qui permet de s'assurer que toute épargne estimée n'est pas attribuable à la différence dans la valeur du transfert monétaire ou alimentaire mensuel, mais reflète plutôt le gain d'efficacité dans la mise en œuvre du programme.

11. Ces indicateurs multidimensionnels d'estimation pourraient inclure des informations sur l'habitation du ménage ou le niveau d'éducation du chef de ménage. Le ciblage par PMT est généralement pratiqué lorsque des données fiables sur la consommation et le revenu des ménages ne sont pas disponibles.

12. Coll-Black *et al.* (2012) ont utilisé les indices Coady-Grosh-Hoddinott et ont comparé le score du PSNP avec celui des programmes examinés par Coady, Grosh, et Hoddinott (2004).

13. Le choix de zones géographiques à partir d'une carte de la pauvreté déjà établie et de déclencheurs politiques ou d'urgence (par exemple l'occurrence d'une catastrophe naturelle) peut s'avérer peu coûteux. Cependant, un ciblage géographique fiable demande une analyse précise, des cartes de la pauvreté et de la vulnérabilité (ou de l'insécurité alimentaire) et peut-être même l'accès à des données de recensement.

14. Ces constats sont cohérents avec ceux de McCord et Slater (2009).

15. L'Institut international de recherche sur les politiques alimentaires analyse également l'efficacité relative des transferts monétaires vs alimentaires dans certains pays d'Afrique. Plusieurs autres évaluations d'impact sont également en cours, notamment sur le *OVC Child Grant program* (Programme de prestations aux enfants et aux OEV) du Lesotho et le dispositif de transferts monétaires sociaux de la Zambie.

Références

Ahmed, Akhter U., Agnes R. Quisumbing, Mahbuba Nasreen, John F. Hoddinott, et Elizabeth Bryan. 2009. *Comparing Food and Cash Transfers to the Ultra Poor in Bangladesh.* Washington, DC : Institut international de recherche sur les politiques alimentaires.

Asfaw, Solomon, Benjamin Davis, Josh Dewbre, Giovanni Federighi, Sudhanshu Handa, et Paul Winters. 2013. « *The Impact of the Kenya CT-OVC Programme on Productive Activities and Labour Allocation.* » PtoP résumé du projet, Projet de la protection à la production, Organisation des Nations Unies pour l'Alimentation et l'Agriculture, Rome.

Banque mondiale. 2011. Mozambique : *Social Protection Assessment—Review of Social Assistance Programs and Social Protection Expenditures.* Washington, DC : Banque mondiale.

———. 2012a. Gérer les risques, promouvoir la croissance : développer des systèmes de protection sociale en Afrique—La stratégie de protection sociale de la Banque mondiale en Afrique, 2012–2022. Washington, DC : Banque mondiale.

———. 2012b. *Rwanda Social Safety Net Assessment : Draft Report.* Washington, DC : Banque mondiale.

———. 2012c. *Sierra Leone : Social Protection Assessment.* Washington, DC : Banque mondiale.

———. 2012d. *Zambia: Using Productive Transfers to Accelerate Poverty Reduction.* Washington DC : Banque mondiale.

Boone, Ryan, Katia Covarrubias, Benjamin Davis, et Paul Winters. 2013. « *Cash Transfer Programs and Agricultural Production: The Case of Malawi.* » Agricultural Economics, 44 (3) : 365–78.

Bundy, Donald, Carmen Burbano, Margaret Grosh, Aulo Gelli, Matthew Jukes, et Lesley Drake. 2009. *Rethinking School Feeding: Social Safety Nets, Child Development, and the Education Sector.* Washington, DC : Banque mondiale.

Coady, David P., Margaret Grosh, et John Hoddinott. 2004. *Targeting of Transfers in Developing Countries.* Washington, DC : Banque mondiale.

Coady, David P., Moataz El-Said, Robert Gillingham, Kangni Kpodar, Paulo A. Medas, et David Locke Newhouse. 2006. « *The Magnitude and Distribution of Fuel Subsidies: Evidence from Bolivia, Ghana, Jordan, Mali, and Sri Lanka.* » FMI document de travail 06/247, Washington, DC : Fonds Monétaire International, http://www.imf.org /external/pubs/ft/wp/2006/wp06247.pdf.

Coll-Black, Sarah, Daniel O. Gilligan, John F. Hoddinott, Neha Kumar, Alemayehu Seyoum Taffesse, et William Wiseman. 2012. « *Targeting Food Security Interventions in Ethiopia: The Productive Safety Net Programme.* » Dans *Food and Agriculture in Ethiopia: Progress and Policy Challenges*, édité par Paul A. Dorosh et Shahidur Rashid, 280–317. Philadelphie : presses de l'Université de Pennsylvanie.

Covarrubias, Katia, Benjamin Davis, et Paul Winters. 2012. « *From Protection to Production: Productive Impacts of the Malawi Social Cash Transfer Scheme.* » Journal of Development Effectiveness 4 (1) : 50–77.

Fiszbein, Ariel, et Norbert Schady. 2009. *Conditional Cash Transfers: Reducing Present and Future Poverty.* Washington, DC : Banque mondiale.

Garcia, Marito, et Charity M. T. Moore. 2012. *The Cash Dividend: The Rise of Cash Transfer Programs in Sub-Saharan Africa.* Washington, DC : Banque mondiale.

Gilligan, Daniel O., John F. Hoddinott, et Alemayehu Seyoum Taffesse. 2009. « *The Impactof Ethiopia's Productive Safety Net Programme and Its Linkages.* » Étude du Journal of Development 45 (10) : 1684–1706.

Grosh, Margaret, Carlo del Ninno, Emil Tesliuc, et Azedine Ouerghi. 2008. *For Protection and Promotion: The Design and Implementation of Effective Safety Nets.* Washington, DC : Banque mondiale.

McCord, Anna, and Rachel Slater. 2009. *Overview of Public Works Programmes in Sub-Saharan Africa.* Londres : Institut de Développement Outre-Mer.

Mills, Brad, et Carlo del Ninno. À paraître. « *Effective and Inclusive Social Assistance Targeting Mechanisms in Sub-Saharan Africa.* » Washington, DC : Banque mondiale.

Ministère d'État à la Planification au développement national et à la vision 2030. 2012. Kenya. *Social Protection Sector Review.* Nairobi : République du Kenya.

OPM (Oxford Policy Management). 2013a. « *Qualitative Research and Analyses of the Economic Impact of Cash Transfer Programmes in Sub Saharan Africa: Ghana Country Case Study Report.* » PtoP du projet, Projet de la protection à la production, Rome: Organisation des Nations Unies pour l'Alimentation et l'Agriculture.

———. 2013b. « *Qualitative Research and Analyses of the Economic Impact of Cash Transfer Programmes in Sub Saharan Africa: Kenya Country Case Study Report.* » PtoP résumé du projet, Projet de la protection à la production. Rome: Organisation des Nations Unies pour l'Alimentation et l'Agriculture.

———. 2013c. « *Qualitative Research and Analyses of the Economic Impact of Cash Transfer Programmes in Sub Saharan Africa: Draft Zimbabwe Country Case Study Report.* » Résumé du projet, Projet de la protection à la production. Rome: Organisation des Nations Unies pour l'Alimentation et l'Agriculture.

Taylor, J. Edward, Justin Kagin, et Mateusz Filipski. 2013. « *Evaluating General Equilibrium Impacts of Kenya's Cash Transfer Program for Orphans and Vulnerable Children* (CT-OVC). » PtoP résumé du projet, Projet de la protection à la production. Rome: Organisation des Nations Unies pour l'Alimentation et l'Agriculture.

Taylor, J. Edward, Karen Thome, et Mateusz Filipski. 2013. « *Evaluating Local General Equilibrium Impacts of Lesotho's Child Grants Program.* » PtoP résumé du projet, Projet de la protection à la production. Rome: Organisation des Nations Unies pour l'Alimentation et l'Agriculture.

CHAPITRE 5

Financement, coûts et durabilité

La dépense en filets sociaux est difficilement quantifiable, notamment en raison de sa grande variabilité au fil du temps. En outre, puisque les systèmes d'information des pays africains présentent plusieurs faiblesses, le suivi de la dépense relative à chaque programme est lui aussi problématique. La plupart des renseignements individuels mentionnés ici ont été tirés des rapports nationaux sur les filets sociaux, mais sont présentés avec des réserves importantes. Toutes les données devraient être considérées comme des approximations.

La plupart des pays en développement dépensent entre 1 et 2 pour cent de leur produit intérieur brut (PIB) en filets sociaux (Grosh *et al.* 2008). Cependant, dans certains cas, cette dépense est inférieure à un pour cent du PIB (hors subventions générales) et une augmentation pourrait s'avérer justifiée. Toutefois, ceci ne signifie pas nécessairement que les programmes existants doivent faire l'objet d'expansion afin de couvrir davantage de bénéficiaires puisque plusieurs d'entre eux sont soit à caractère universel ou catégoriel (et profitent par conséquent à plusieurs bénéficiaires non pauvres). Dans les pays riches en ressources qui investissent abondamment dans les subventions générales alimentaires et énergétiques, les filets sociaux ciblés peuvent jouer un rôle facilitateur lors de la réforme de ces subventions, notamment en atténuant considérablement les effets ressentis.

Les pays financent leurs filets sociaux de différentes façons. Ils peuvent par exemple procéder à une réallocation budgétaire, augmenter les taxes ou obtenir un financement des partenaires techniques et financiers (PTF). En Afrique, la part des filets sociaux financée par les PTF est colossale. Par conséquent, ce chapitre traitera des tendances de financement à la fois en provenance des PTF et des gouvernements. Par ailleurs, il paraît préférable de financer les filets sociaux de façon contre-cyclique, ce qui permet leur mise à l'échelle en présence d'une crise, lorsque les besoins des pauvres ont atteint un seuil critique. Cependant, dans de nombreux pays africains, peu de programmes de filets sociaux bénéficient d'un plein financement, même lorsque le contexte est stable.

Les principaux constats effectués ici confirment qu'en Afrique, la dépense en filets sociaux est faible – sauf dans les pays à revenu intermédiaire (PRI) de la région sud-africaine – mais augmente de façon constante. Plusieurs pays ont encore recours à des subventions générales de redistribution des revenus très coûteuses, mais ces dernières ne profitent pas aux pauvres. Pourtant, les filets sociaux bien ciblés seraient abordables en Afrique si la dépense en programmes universels et catégoriels inefficaces était transférée vers des interventions qui ciblent la pauvreté extrême et certains groupes vulnérables spécifiques. En outre, la nouvelle richesse générée par les industries extractives contribuera certainement au dégagement d'un espace fiscal plus important dans plusieurs pays africains. La mobilisation des financements des PTF restera cependant essentielle, particulièrement dans les pays à faible revenu (PFR) où ces contributions pourraient cependant être coordonnées à travers un « panier commun » utilisé pour lisser le financement des filets sociaux au fil du temps. En outre, l'harmonisation des programmes financés au sein d'un système cohérent augmente leur efficacité et leur durabilité à long terme. Cependant, la réforme réussie des filets sociaux dépend également de la viabilité politique. L'abandon des programmes d'urgence et catégoriels au profit d'instruments mieux ciblés demande une compréhension approfondie des enjeux administratifs et politiques y afférents.

La dépense en filets sociaux

Dans la plupart des pays africains, et particulièrement dans les PFR, la dépense en filets sociaux est beaucoup plus faible que dans d'autres régions du monde. Comme l'illustre le Tableau 5.1, cette dépense ne dépasse pas 1,7 pour cent du PIB et 4,4 pour cent de la dépense gouvernementale totale de la plupart des pays africains. Dans les PFR, elle est encore plus basse avec 1,1 pour cent du PIB et 3,7 pour cent de la dépense gouvernementale totale. Comparativement aux autres pays en développement, où la dépense se situe généralement entre 1 et 2 pour cent du PIB, ces montants restent nettement insuffisants (Grosh *et al.* 2008).[12] En outre, la dépense des pays africains en filets sociaux est plus faible que celle consacrée à la santé et à l'éducation. Au Mali, elle ne constitue que 8 pour cent des budgets accordés à la santé et à l'éducation et, au Burkina Faso, la dépense cumulée des 2 secteurs est 14 fois plus élevée que celle effectuée dans les filets sociaux.

Pourtant, dans les PFR, même ce niveau de dépense représente une dépense non négligeable. Compte tenu de l'ampleur de la pauvreté (soit du besoin en filets sociaux) et de la faiblesse des recettes nationales (soit des sommes à redistribuer), ce niveau de dépenses paraît insuffisant à la satisfaction des besoins d'un grand nombre de pauvres. Cependant, puisque la base fiscale est étroite, la dépense d'un pour cent du PIB peut sembler importante à plusieurs gouvernements, particulièrement dans les pays en butte à des contraintes budgétaires ou fortement endettés. La justification d'une augmentation de l'enveloppe budgétaire consacrée aux filets sociaux (ou même à leur maintien au niveau actuel)

Tableau 5.1 Coûts et financement des filets sociaux

Pays	Dépense en filets sociaux (% du PIB, dépense gouv + PTF)			% de la dépense gouv. totale (exl. subventions)	Pourcentage de la dépense en FS financé par		Année
	Excluant subventions générales	Incluant subventions générales	Uniquement subventions générales		Gouvernement	PTF	
Afrique du Sud	3,5	n.d.	n.d.	n.d.	n.d.	n.d.	2010
Bénin	0,3	0,9	0,5	1,1	35	65	Moyenne 2005-10
Botswana	3,7	3,7	0	9,5	100	0	Moyenne 2009-10-2012-13
Burkina Faso	0,6	1,3	0,7	<1.0	20	80	Moyenne 2005-09
Cameroun	0,2	1,6	1,4	1,5	23	77	Moyenne 2008-10
Éthiopie	1,2[a]	1,2[a]	0	n.d.	0	100	2009
Kenya	0,8	0,8	0	1	29	71	2010
Lesotho	4,6	4,6	0	8	n.d.	n.d.	2010-11
Libéria	1,5	1,5	0	4,4	6	94	Moyenne 2008-11
Madagascar	1,1	1,1	0	5	n.d.	n.d.	2010
Mali	0,5	0,5	0,1	n.d.	40	60	Moyenne 2006-09
Maurice	4,4	5,2	0,8	9	n.d.	n.d.	2008-09
Mauritanie	1,3	3,2	1,9	4,6	62	38	Moyenne 2008-13
Mozambique	1,7	3,1	1,4	n.d.	38	62	2010
Niger	n.d.	n.d.	n.d.	1,0-5,0	33	67	Moyenne 2001-06
Rwanda	1,1	1,1	0	n.d.	n.d.	n.d.	2010-11
Sierra Leone	3,5	5,6	2,1	13,1	15	85	2011
Swaziland	2,1	2,1	0	n.d.	n.d.	n.d.	2010-11
Tanzanie	0,3	0,3	0	1	n.d.	n.d.	2011
Togo	0,5	1,3	0,8	1,8	25	75	Moyenne 2008-10
Zambie	0,2	2,1	1,9	n. d.	25	75	2010-11

suite du tableau page suivante

Tableau 5.1 Coûts et financement des filets sociaux *(suite)*

| Pays | Dépense en filets sociaux (% du PIB, dépense gouv + PTF) | | | % de la dépense gouv. totale (exl. subventions) | Pourcentage de la dépense en FS financé par | | Année |
	Excluant subventions générales	Incluant subventions générales	Uniquement subventions générales		Gouvernement	PTF	
Moyenne	1,7	2,2	0,6	4,4	32	68	n.d.
Moyenne PFR	1,1	1,7	0,6	3,7	27,5	72,5	n.d.
Moyenne PRI	2,7	3,2	0,7	7,0	49,3	50,7	n.d.
Moyenne systèmes établis	3,9	4,5	0,4	9,3	100	0	n.d.
Moyenne systèmes en gestation	1,5	1,7	0,2	2,8	28	72	n.d.
Moyenne stade précoce/aucune planification	1,0	2,1	1,0	4,5	26,4	73,6	n.d.
Moyenne EEAC	1,8[b]	1,8[b]	n.d.	n.d.	n.d.	n.d.	Dern. année 2008-10
Moyenne ALC	1,1[c]	1,1[c]	n.d.	n.d.	n.d.	n.d.	2010
Moyenne MOAN	0,7	6,4[d]	n.d.	n.d.	n.d.	n.d.	Dernière année dispo.

Sources : Analyses nationales des filets sociaux ; Silva, Levin, et Morgandi 2013 ; Woolard et Leibbrandt 2010 ; base de données sur la protection sociale de la Banque mondiale, Amérique latine et Caraïbe

Note : n.d. = non disponible. Les totaux peuvent ne pas s'additionner à cause des erreurs d'arrondi. Sauf pour le soutien sur le budget général, les données sur la dépense incluent le financement des partenaires techniques et financiers (PTF), mais excluent le financement par le secteur privé. EEAC = Europe de l'Est et Asie centrale ; ALC = Amérique latine et Caraïbe ; MOAN = Moyen-Orient et Afrique du Nord

a. Uniquement la dépense en filets sociaux productifs ; exclut les autres types de filets sociaux ;

b. Dépense gouvernementale seulement, incluant les subventions dans de très rares cas, lorsque les données étaient disponibles. Les données ont lieu pendant la dernière année disponible entre 2008 et 2010.

c. Données de 2010 pour 10 pays d'Amérique latine et des Caraïbes ;

d. Données de la dernière année disponible pour 11 pays du Moyen-Orient et de l'Afrique du Nord. La dépense inclut les subventions générales et les cartes de rationnement.

passe donc nécessairement par l'assurance que la dépense sera plus efficace et donnera des résultats plus substantiels. Néanmoins, avec la poussée des industries extractives, les recettes tirées des ressources naturelles vont accroître l'espace fiscal de plusieurs pays africains, ce qui devrait permettre davantage d'investissements ciblés vers les pauvres.

Par ailleurs, la dépense des pays de la région sud-africaine en systèmes de filets sociaux étatiques est similaire à celle d'autres PRI du monde. Dans les PRI africains où les filets sociaux sont largement catégoriels et universels, la dépense est beaucoup plus élevée et peut se monter à environ 2,7 pour cent du PIB et 7 pour cent de l'ensemble de la dépense gouvernementale (Tableau 5.1). Ces niveaux sont conformes à ceux des autres PRI du monde et peuvent être considérés relativement adéquats et abordables. Néanmoins, même lorsque l'allocation gouvernementale en filets sociaux est généreuse, la dépense devrait s'avérer efficace et générer un maximum d'impacts au coût le plus bas possible.

En Afrique, la dépense en filets sociaux suit l'occurrence cyclique des crises et a donc beaucoup augmenté au cours des dernières années. La Figure 5.1 illustre la croissance de cette dépense entre 2005 et 2011 dans 7 pays africains. Cette accélération relève essentiellement de 3 facteurs : (a) l'octroi par l'État de subventions générales plus généreuses en réponse aux crises alimentaires,

Figure 5.1 Tendance de la dépense en filets sociaux dans les pays sélectionnés, 2005 - 2011

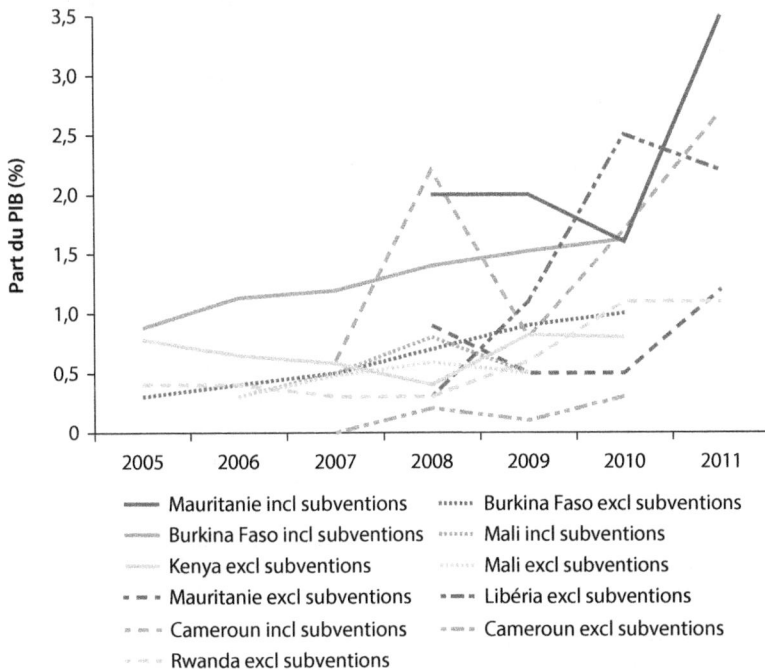

Source : Ministère d'État à la Planification, au Développement National et à la Vision 2030, 2012; Banque mondiale 2011a, 2011b, 2012a, 2012b, 2013a.
Note : Les données 2011 sur le Cameroun incluent uniquement la dépense en subventions énergétiques.

financières et énergétiques; (b) l'augmentation de l'aide alimentaire d'urgence accordée suite à la hausse du prix des denrées et de l'insécurité alimentaire dans plusieurs pays; et (c) une dépense accrue des PTF dans les filets sociaux. La hausse de la dépense varie d'un pays à l'autre. Au Libéria, où la courbe de croissance de la dépense en filets sociaux est la plus marquée, celle-ci est surtout attribuable aux nouvelles allocations budgétaires pour la conduite de travaux publics et la mise en œuvre de cantines scolaires et autres programmes de distribution alimentaire initiés par les PTF en raison du contexte post-conflit. Au Kenya, la dépense en filets sociaux a doublé entre 2008 et 2010, surtout à cause du secours d'urgence et de rétablissement versé suite à la sécheresse de 2008 et des nouveaux programmes de transferts monétaires initiés en 2009. Au Bénin et au Burkina Faso, la dépense a augmenté plus régulièrement en raison de l'expansion graduelle des programmes financés par les PTF, même si le Bénin a en outre accentué ses subventions générales. Au Cameroun par contre, la forte croissance des subventions alimentaires et énergétiques versées en raison des crises reste le moteur de l'ensemble de la dépense, dont la tendance est par conséquent extrêmement volatile.

Ainsi, la majorité de la dépense va à des programmes d'urgence ou alimentaires et à des transferts catégoriels ou universels, ce qui laisse peu de ressources pour des interventions de réduction de la pauvreté chronique et de la vulnérabilité (Tableau 5.2). Dans plusieurs pays d'Afrique de l'Ouest (Bénin, Burkina Faso,

Tableau 5.2 Pourcentage de la dépense en filets sociaux, par type de programme, pays sélectionnés

	Pourcentage de la dépense en filets sociaux allouée à						
Pays	Cantines scolaires	Travaux publics	Exemptions de frais	Transferts monétaires	Distribution alimentaire/ en nature	Programme nutritionnel	Autre
Bénin	56	16	12	1	8	3	4
Botswana	12	8	0	22	0	1	57[a]
Cameroun	8	6	44	1	40	<1	0
Libéria	34	17	0	5	9	33	2
Lesotho[b]	42	0	0	47[c]	0	10	1
Mali	18	15	0	0	36	31	0
Maurice	0,5	0	0	87	0	0	13[d]
Mauritanie	12	8	7	5	59	8	0
Sierra Leone	17	21	32	0,2	13	9	7
Togo	6	6	14	0	59	14	1
Zambie	2	n.d.	0	2	27	1	69

Source : Analyses nationales des filets sociaux.
Note : n.d. = non disponible. Ces données incluent à la fois les financements étatiques et des PTF, mais excluent les subventions générales
a. ce chiffre exclut les bourses d'études;
b. les données du Lesotho sont approximatives, calculs par les auteurs;
c. ce chiffre inclut certains transferts alimentaires et en nature ainsi que les exemptions de frais de santé accordées par le programme d'assistance publique.
d. ce chiffre inclut les programmes de soutien en nature notamment en matière d'habitat, de fournitures scolaires, de bourses à l'éducation supérieure et de subventions au transport par autobus.

Cameroun, Libéria, Mali, Mauritanie, Niger, Sierra Leone et Togo), la dépense en filets sociaux va essentiellement à des programmes d'urgence et d'aide alimentaire. En 2005, 90 pour cent de la dépense en filets sociaux du Burkina Faso concernait les programmes alimentaires, une part encore très élevée en 2009 (70 pour cent). Les chiffres équivalents sont de 72 pour cent au Togo, de 75 pour cent au Libéria, de 80 pour cent au Niger et de 94 pour cent en Mauritanie (dernières années disponibles). Au cours de la crise de 2008, près de 80 pour cent de la dépense en filets sociaux du Cameroun (excluant les subventions) concernait des programmes de distribution d'urgence à large échelle de denrées alimentaires gratuites ou à prix réduit. Au Kenya, malgré la croissance régulière des programmes de transferts monétaires axés sur la lutte contre la pauvreté et la vulnérabilité à long terme, le gros des financements va encore à des interventions de secours d'urgence et de rétablissement. Entre 2005 et 2010, le *General Food Distribution program* (Programme général de distribution alimentaire) a absorbé 53 pour cent de la dépense en filets sociaux. Cependant, dans plusieurs PRI de la région sud-africaine (Botswana, Lesotho et Maurice), la plus grande part de la dépense va aux programmes de transferts monétaires axés sur la vieillesse et aux régimes universels et catégoriels en vigueur. Au Botswana par exemple les 2/3 du budget consacré à la dépense en santé vont à des programmes qui ciblent les groupes à vulnérabilité chronique, notamment les personnes âgées, les orphelins et les enfants scolarisés dans le besoin. Le Botswana a également instauré des programmes de bourses d'études substantielles qui sont considérées dans le budget global alloué aux filets sociaux. En outre, à Maurice, les programmes de transferts monétaires constituent 87 pour cent de la dépense, surtout en raison de l'allocation de pensions de vieillesse très généreuses.

Dans plusieurs pays, les subventions alimentaires et énergétiques absorbent la part du lion de la dépense en filets sociaux, même si ces interventions ne profitent pas aux segments les plus pauvres de la population. En 2011, les subventions énergétiques totalisaient 1,5 pour cent du PIB régional ou 5,5 pour cent de l'ensemble des recettes des États d'Afrique subsaharienne (FMI 2013).

Au Burkina Faso, les subventions générales représentaient entre 2005 et 2009 plus de 90 pour cent de la dépense en filets sociaux. Au Cameroun, entre 2008 et 2010, les subventions alimentaires et énergétiques coûtaient à l'État plus de 1,4 pour cent du PIB et plus de 6 pour cent de la dépense gouvernementale. Au Cameroun, on estime que les subventions énergétiques ont, à elles seules, fait bondir la dépense en filets sociaux à 2,7 pour cent du PIB. Le Bénin, la Mauritanie, le Mozambique et le Togo ont également recours à des subventions générales coûteuses de redistribution des revenus, même si de très nombreuses indications confirment que ces subventions sont essentiellement régressives (voir Chapitre 4). Les données en provenance du Bénin, du Cameroun et du Togo indiquent que la croissance des subventions de riposte aux crises a entraîné l'éviction d'autres dépenses sociales plus régulières. En Zambie, les transferts pour intrants agricoles sont fondés sur un ciblage partiel des producteurs bénéficiaires, mais de très nombreuses erreurs d'inclusion font qu'ils favorisent également les agriculteurs mieux nantis. Le *Maize Price Support Scheme* (Dispositif de soutien aux prix du maïs) et le *Farmer Input Support Program* (Programme de soutien aux intrants agricoles) absorbent ensemble environ 93 pour cent de la dépense en filets sociaux de la Zambie.

Financement par les gouvernements et les partenaires techniques et financiers

Les PTF sont les principaux bailleurs de fonds des filets sociaux d'Afrique (hors subventions générales). Le Programme alimentaire mondial (PAM), le Fonds des Nations Unies pour l'Enfance (UNICEF) (dont la plupart des financements proviennent de programmes gouvernementaux bilatéraux), ainsi que de nombreux organismes bilatéraux et petites organisations de secours d'urgence sont les plus actifs sur le terrain. Comme illustré au Tableau 5.1, 68 pour cent de la dépense en filets sociaux des pays africains provient des PTF. Cette part atteint presque 75 pour cent si les PRI sont exclus puisque ces derniers disposent généralement de programmes étatiques généreux, surtout envers les personnes âgées. Par contre, de nombreux pays dépendent de plus en plus de la générosité des PTF pour le financement de leurs filets sociaux, notamment le Burkina Faso où les financements extérieurs se sont presque multipliés par 5 au cours des dernières années. En Éthiopie, le *Productive Safety Net Program* (Programme de filets sociaux productifs) est presque entièrement financé par les PTF. La Mauritanie, pourtant un PFR, constitue une exception : environ 62 pour cent de la dépense en filets sociaux (hors subventions énergétiques) réalisée entre 2010 et 2012 provient de financements intérieurs. Le PAM appuie des programmes de cantines scolaires, de vivres contre travail, de coupons et d'autres types d'aide alimentaire dans presque tous les pays d'Afrique. La Banque mondiale s'intéresse par ailleurs de plus en plus aux programmes de filets sociaux ciblés dans des pays tels que le Kenya, le Niger et la Tanzanie. Certains partenaires du secteur privé, par exemple la *Equity Bank* du Kenya, contribuent également modestement aux financements.

Les gouvernements et les PTF ont largement priorisé les programmes alimentaires. Les PTF mettent surtout l'accent sur les filets sociaux axés sur l'alimentation thérapeutique et la nutrition, alors que les gouvernements se concentrent plutôt sur les banques céréalières et la distribution de denrées de base à prix réduit. Ce profil est particulièrement évident dans les pays limitrophes au Sahel, qui souffrent d'insécurité alimentaire répétitive. Les PTF appuient en outre la conduite de petits programmes de transferts monétaires axés sur la lutte contre la pauvreté, notamment les transferts monétaires conditionnels (TMC) versés par Bourse maman au Mali, les TMC *Zomba* au Malawi, les transferts monétaires *Bomi* au Libéria et ceux du *Nahouri* au Burkina Faso. Au cours des dernières années, le PAM a mis en œuvre dans divers pays des programmes de coupons alimentaires qui devaient permettre aux ménages, surtout urbains, contrer l'augmentation des prix alimentaires, (au Burkina Faso, en Mauritanie et en République du Congo par exemple). Les PTF augmentent actuellement les financements consentis aux transferts monétaires axés sur la pauvreté en

Éthiopie, au Kenya, au Niger et en Tanzanie. Récemment, plusieurs de ces bailleurs ont remplacé le financement de prestations en nature par des transferts monétaires et des coupons, qui offrent des coûts de transaction beaucoup plus bas et une meilleure flexibilité aux ménages bénéficiaires.

Les ressources investies par les PTF dans la conduite de filets sociaux resteront nécessaires, du moins à court et moyen terme, particulièrement dans les PFR et dans plusieurs pays à revenu intermédiaire inférieur (PRII). Les gouvernements et les bailleurs de fonds devraient donc travailler à une mise en commun de leurs financements afin qu'il soit possible de concentrer toutes les ressources sur les priorités fixées par les stratégies nationales et de favoriser l'harmonisation des programmes comme le développement de systèmes de filets sociaux cohérents. La mise en commun des financements des PTF pourrait également rendre plus facile la réponse nationale aux crises et par conséquent réduire le besoin d'aide d'urgence ponctuelle. Un dispositif conjoint de financement d'urgence pour imprévus a d'ailleurs été utilisé en Éthiopie lors de la riposte aux sécheresses et son implantation est actuellement prise en considération par le Kenya. Les principaux enseignements tirés de l'expérience éthiopienne démontrent que la mise en commun des fonds des PTF au profit d'un seul objectif, par exemple la sécurité alimentaire, permet au gouvernement de développer, face aux crises, une approche unifiée, mieux planifiée et plus efficace, dont les effets dépassent largement les résultats des mesures aléatoires de secours d'urgence antérieures. À moyen et à long terme cependant, et tout particulièrement dans les PRI, les financements devraient provenir du budget national et permettre la transition vers des systèmes pleinement dirigés par les pouvoirs publics. Cette transition doit encore être effectuée par les pays africains.

Durabilité : que faudrait-il faire pour satisfaire aux besoins à moyen terme?

Les coûts exorbitants des programmes universels tels que les subventions et les pensions de vieillesse risquent d'être insoutenables à moyen et long terme. Dans de nombreux pays, les changements démographiques – par exemple le vieillissement de la population – et les pressions fiscales consécutives à la dernière récession mondiale ont menacé la pérennité financière des programmes universels, un problème qui pourrait par contrecoup entraîner la diminution ou l'interruption de la conduite de programmes ciblés. Au Lesotho, les recettes gouvernementales ont chuté drastiquement au cours des dernières années, ce qui rend la mise à l'échelle des filets sociaux existants et l'introduction de nouveaux programmes tout à fait impossible au plan fiscal. Les pensions de vieillesse, les cantines scolaires et les programmes de bourses pour études supérieures absorbent l'essentiel de la dépense en transferts directs, alors que l'on sait que les retombées de ces 3 types de programmes favorisent nettement les mieux nantis. Le Swaziland fait face aux mêmes problèmes puisque, malgré un meilleur espace fiscal, le pays a subi les contrecoups de la récession mondiale et a dû verser les pensions de vieillesse de façon intermittente, en priorisant les bénéficiaires dotés de comptes bancaires (généralement les non-pauvres). En outre, les prestations d'assistance sociale versées aux ménages pauvres sans membres âgés ont été suspendues.

À Madagascar, le coût des prestations de sécurité sociale des travailleurs du secteur formel est passé de 44 pour cent à 86 pour cent du total de la dépense en protection sociale entre 2007 et 2010, ce qui a amoindri la part disponible pour les programmes axés sur la pauvreté. À Maurice, le pays qui présente la dépense en pensions de vieillesse non contributives la plus élevée du continent (environ 3 pour cent du PIB), les coûts ont augmenté – en termes réels – de 30 pour cent entre 2004-2005 et 2008–2009 et devraient encore doubler d'ici 2025.

La réallocation des ressources des programmes universels à des interventions axées sur la pauvreté peut augmenter considérablement la capacité des filets sociaux à rejoindre les plus pauvres. Les coûts croissants de la protection sociale mettent en lumière le besoin pressant de rationalisation de la dépense, d'amélioration de la qualité et d'augmentation de l'efficacité des programmes existants. Les évaluations de filets sociaux menées dans plusieurs pays de la région ont indiqué qu'il fallait revoir soigneusement le rapport coût-efficacité des programmes universels et catégoriels, afin d'évaluer leurs effets sur la réduction de la pauvreté et des inégalités. Les pays devraient d'ailleurs entamer aussi rapidement que possible la réallocation de la dépense au profit de programmes qui ciblent les personnes les plus pauvres et les plus vulnérables. D'ailleurs, les contraintes de capacités auxquelles font face la majorité des pays africains et les enjeux politiques liés à un ciblage de la pauvreté très pointu jouent en faveur d'une priorisation de certaines sous-catégories de pauvres, par exemple les ménages avec enfants vulnérables.

Puisque davantage de pays africains profitent maintenant de la richesse générée par l'exploitation des ressources minières, les programmes, notamment les filets sociaux qui investissent dans les pauvres, seront de plus en plus abordables. Outre les pays exportateurs de pétrole et de produits énergétiques, on estime qu'au cours des 10 prochaines années, près de 30 pays d'Afrique subsaharienne dépendront de l'exportation de leurs ressources minières (plus de 20 pour cent des exportations) (Banque mondiale 2013b). Si les fonds supplémentaires sont adéquatement investis, notamment dans la lutte contre la pauvreté à long terme et l'amélioration du capital humain chez les pauvres, il sera possible de propulser très rapidement ces pays africains vers l'avant. Cependant, ces perspectives impliquent la prise en considération de questions d'économie politique importantes et une planification stratégique tournée vers l'avenir (voir la prochaine section sur les questions d'économie politique).

Les simulations démontrent que des filets sociaux financièrement viables et très efficaces peuvent être mis en œuvre en Afrique.[3] Les enveloppes budgétaires actuelles et à venir (estimées) pourraient suffire à la viabilité des filets sociaux si le ciblage est prioritairement axé sur la pauvreté et l'insécurité alimentaire extrêmes, ou encore sur certains groupes spécifiques – par exemple les familles pauvres avec enfants ou les chômeurs. Ainsi, en Zambie, on estime qu'environ un pour cent du PIB (soit la moitié du budget du *Farmer Input Support Program* (Programme de soutien aux intrants agricoles) proposé pour 2012) suffirait à couvrir les 20 pour cent les plus pauvres de la population. Au Cameroun, il faudrait environ 0,5 pour cent du PIB pour assurer un versement de 1000 FCFA à la moitié des pauvres chroniques. Ce chiffre est nettement inférieur au 1,6 pour cent du PIB dépensé en moyenne par le pays entre 2008 et 2010, notamment au titre de subventions générales.

Cependant, il en coûterait beaucoup plus si les filets sociaux devaient couvrir tous les pauvres de façon adéquate, particulièrement en Afrique de l'Ouest. Par exemple, un soutien de 1000 FCFA par individu et par mois versé à l'ensemble des personnes pauvres et vulnérables coûterait au Bénin l'équivalent de 1,0 à 1,2 pour cent de son PIB. Au Togo, on estime qu'il faudrait environ 1,8 pour cent du PIB pour transférer ces 1000 FCFA à l'ensemble des pauvres chroniques, et un pour cent supplémentaire pour couvrir la pauvreté transitoire. Hors subventions générales, ces niveaux sont beaucoup plus élevés que ceux actuellement dépensés par les gouvernements et les PTF en filets sociaux, mais, en fait, pas beaucoup plus substantiels que la dépense réelle lorsque les subventions générales sont prises en compte.

L'économie politique des filets sociaux en Afrique

Pour atteindre leurs objectifs, les programmes de filets sociaux doivent être solides au plan technique, réalisables aux plans administratifs et financiers et politiquement viables.[4] La prise de décisions politiques et les préférences déterminent la répartition du budget entre la protection sociale et les autres dépenses puis, au sein de l'enveloppe allouée à la protection sociale, l'allocation financière aux différents types de programmes ciblés, universels et catégoriels. À travers toute l'Afrique, chaque contexte national – incluant l'ancien régime colonial, l'avancée de la démocratisation et l'occurrence de conflits antérieurs (par exemple au Rwanda et en Sierra Leone) – influence les politiques sociales. Ainsi, les politiciens kényans ont profité dans le passé de la distribution d'aide alimentaire sélective pour s'assurer du soutien électoral, déniant par là même l'accès de certains groupes vulnérables aux transferts (De Waal 1997). En Afrique du Sud, les considérations politiques ont fortement modelé le développement du régime de pensions sociales au début des années 1990, après la fin de l'apartheid. D'autres pays de la région sud-africaine, notamment le Lesotho et le Swaziland, ont adopté un modèle de pensions généreuses semblable à celui d'Afrique du Sud, même en l'absence de fortes motivations politiques. En outre, en raison des caractéristiques de la gouvernance en Afrique, les PTF exercent une forte influence, particulièrement dans les pays fortement endettés et en Afrique de l'Ouest.

En réalité, il n'est pas facile d'abandonner l'aide alimentaire d'urgence et les subventions universelles au profit de programmes qui ciblent davantage la pauvreté, notamment les transferts monétaires. Premièrement, le ciblage peut s'avérer coûteux et demander une gestion plus complexe. Deuxièmement, plusieurs pays africains considèrent encore les filets sociaux comme des « dons » et craignent le développement d'une attitude de dépendance chez les bénéficiaires, même si dans la région sud-africaine, les transferts monétaires sont beaucoup mieux acceptés en raison de l'héritage d'une politique sociale fondée sur les droits et, par conséquent, l'acceptabilité de la priorisation de certaines catégories. Troisièmement, l'amélioration de l'efficacité du ciblage des filets sociaux implique le retrait des avantages actuellement consentis à de nombreux bénéficiaires, ce qui constitue un enjeu politique important et pourrait conduire à certaines formes d'agitation sociale ou à la réduction du soutien électoral accordé au gouvernement en place. L'expérience de la Colombie et du Sri Lanka, qui ont remplacé leurs programmes universels et coûteux par des filets sociaux mieux ciblés et axés sur la pauvreté, démontre que le glissement des avantages vers les non-pauvres peut favoriser le soutien politique, quoique des programmes efficaces risquent également de perdre le soutien politique et d'être démantelés (Hickey 2007). L'Encadré 5.1 soulève plusieurs des questions que les pays africains

---

Encadré 5.1 Procéder à une réforme des subventions : que peut apprendre l'Afrique des expériences des autres pays?

Indonésie 2005

La réforme des subventions énergétiques a longtemps constitué un enjeu politique en Indonésie. Le pays a tenté plusieurs fois au cours de cette période de procéder à la réforme des subventions afin d'améliorer sa situation fiscale, mais aussi d'atteindre d'autres objectifs politiques, notamment l'amélioration de l'efficience énergétique et la protection de l'environnement.

Réformes depuis 1997. Les 2 premières tentatives d'élimination des subventions (1998 et 2003) ont échoué. Les coupes drastiques (au lieu d'une approche graduelle), la piètre communication et l'insatisfaction générale envers le gouvernement ont mené à des protestations violentes et les mesures ont finalement été abandonnées. Cependant, préoccupé par la pression fiscale croissante générée par les subventions énergétiques, le gouvernement a adopté en 2005 2 augmentations majeures du prix du carburant. Dans cette foulée, le prix du diesel a doublé et celui du kérosène a presque triplé. Il y a eu encore une fois opposition à la réforme, mais moins fortement qu'auparavant. Le gouvernement était alors dirigé par le président Susilo Bambang Yudhoyono, qui avait été élu pour la première fois en 2004 et a été réélu avec une large majorité en 2009.

Mesures d'atténuation. Les réformes de 2005 ont été accompagnées du versement de transferts monétaires non conditionnels au 19,2 millions de ménages pauvres (35 pour cent de la population). Les autres mesures concernaient un programme d'assurance maladie pour les pauvres, un programme d'assistance scolaire et un projet extensif d'infrastructures rurales. Plusieurs analyses ont attribué la réduction de l'intensité des protestations de 2005 à l'introduction de ces programmes de soutien au bien-être.

Enseignements. Une réduction rapide des subventions peut susciter l'opposition aux réformes, alors que la popularité du gouvernement et une stratégie de communication transparente augmentent la probabilité de réussite. Les transferts monétaires ciblés ont démontré leur efficacité en tant que mesures consensuelles d'atténuation des effets pervers.

suite de l'encadré page suivante

Encadré 5.1 Procéder à une réforme des subventions : que peut apprendre l'Afrique des expériences des autres pays? *(suite)*

Philippines, 1996

Les Philippines sont un importateur net de pétrole. Jusqu'à la fin des années 1990, le secteur pétrolier en aval était fortement réglementé, ce qui a entraîné l'introduction de subventions lorsque les prix pétroliers internationaux se sont mis à augmenter. Le *Oil Price Stabilization Fund* (Fonds de stabilisation des prix pétroliers) (OPSF) a stabilisé les prix intérieurs des produits pétroliers en collectant ou en assumant la différence entre le prix intérieur réglementé et les coûts réels d'importation. Comme la hausse du prix intérieur se révélait politiquement difficile à appliquer, le gouvernement a dû procéder régulièrement au réapprovisionnement de l'OPSF.

Réformes. Initialement, le contexte politique n'était pas favorable à la réforme des subventions énergétiques; le président Fidel Ramos n'avait gagné les élections que par une faible marge et son parti était minoritaire dans les 2 chambres du congrès. Néanmoins, une campagne de communication publique a été amorcée dès les débuts, notamment à travers un spectacle itinérant qui renseignait tous les habitants du pays sur les problèmes entraînés par les subventions sur les prix pétroliers. Même si le parti du président était minoritaire au congrès, ce dernier a mis sur pied une entité de coordination entre l'exécutif et les 2 chambres du congrès de façon à prioriser le projet de loi sur la déréglementation pétrolière et à en arriver à un consensus. En 1996, le gouvernement a adopté une loi abolissant l'OPSF et autorisant la fluctuation des prix. Le secteur est demeuré libéral et la fluctuation des prix pétroliers internationaux se reflète maintenant dans les prix intérieurs.

Mesures d'atténuation. La Loi de 1996 prévoyait une période de transition au cours de laquelle les prix sur les produits pétroliers seraient ajustés mensuellement à travers un dispositif de tarification automatique. Au cours de cette période, le gouvernement a transféré à l'OPSF les sommes nécessaires à l'absorption des augmentations de prix qui dépassaient le seuil fixé. Plus récemment, les autorités ont annoncé diverses mesures de réduction des impacts des crises énergétiques et alimentaires de la mi- 2008. Le gouvernement a inauguré un « paquet » de programmes pro-pauvres financés grâce à la valeur ajoutée des recettes en taxes tirées de la hausse des prix pétroliers. Ce « paquet » politique incluait la subvention de l'électricité consommée par les ménages indigents, l'octroi de bourses d'études secondaires pour les étudiants à faible revenu et la subvention de prêts pour la conversion des moteurs utilisés par le transport public au gaz de pétrole liquéfié moins coûteux. En outre, le gouvernement a distribué du riz subventionné aux ménages à faible revenu et démarré un programme de transferts monétaires conditionnels.

Enseignements. L'expérience des Philippines met en lumière l'importance de la planification, de la persistance et d'un plan de communication adéquats pour l'atteinte de résultats satisfaisants. La survie actuelle de la réforme peut être attribuée à son exhaustivité et aux mesures d'atténuation à l'intention des pauvres au cours de la flambée des prix pétroliers de 2008, mesures qui, conjointement, ont favorisé le maintien du soutien populaire.

Source : FMI 2013.

devraient considérer lors de la réforme des subventions énergétiques et de l'investissement des nouvelles recettes tirées des ressources minières. En allant de l'avant, les pays devront en effet établir un juste équilibre entre (a) l'acheminement efficace de ces ressources vers les plus pauvres à travers des filets sociaux ou d'autres investissements dans les services sociaux; et (b) le développement de systèmes de protection sociale financièrement et politiquement durables.

Le rôle des filets sociaux dans la réforme des subventions et l'utilisation à bon escient des recettes minières devra faire l'objet d'un examen plus approfondi, qui tiendra compte de l'économie politique propre à chaque pays. Les pays africains qui s'emploient à rationaliser les dépenses publiques pour mieux venir en aide aux segments les plus pauvres de leurs sociétés ont tout intérêt à se doter de filets sociaux efficaces. Or, les différents aspects de l'économie politique doivent être considérés soigneusement lorsque l'on cherche à équilibrer des programmes étroitement ciblés avec d'autres investissements qui profitent à un éventail plus large d'individus et contribuent à l'amélioration des résultats sociaux en général. Alors que l'exploitation récente des ressources minières procure à un nombre grandissant de pays africains une nouvelle prospérité, il paraît particulièrement important de maintenir un équilibre judicieux entre la part de cette nouvelle richesse qu'il convient de consacrer (a) aux filets sociaux axés sur les plus démunis et à l'amélioration des services sociaux et (b) à la mise sur pied de systèmes de protection sociale viables, à la fois au plan politique et au plan budgétaire.

Par conséquent, les réformes destinées à augmenter l'efficacité des filets sociaux devraient adopter une position intermédiaire. Il s'agit en fait de développer des programmes de filets sociaux qui peuvent à la fois promouvoir la transformation économique et soutenir certains groupes dont les besoins sont communément admis par l'ensemble de la société. La concentration des appuis sur les personnes les plus pauvres et les plus vulnérables peut s'avérer importante dans la justification politique des dépenses, surtout dans un contexte de contraintes financières. Néanmoins, une couverture plus ou moins nationale semble toujours politiquement attrayante. En réalité, l'équilibre entre une couverture suffisante et un ciblage adéquat, complété d'une prestation appropriée permettront aux systèmes de filets sociaux d'être à la fois efficaces et durables. Dans les pays où les systèmes sont dirigés par les pouvoirs publics et où il y a présence d'un contrat social entre l'État et ses citoyens, les enjeux résident essentiellement dans le maintien du contrat pendant l'inclusion des pauvres et dans la limitation des coûts. Lorsque les systèmes nationaux sont fragmentés et qu'il y a peu de confiance entre les citoyens et l'État, il sera plus approprié d'établir un contrat social durable qui renforce le rôle de la protection sociale dans la réduction de la pauvreté en général.

En réponse à ces préoccupations sociales et politiques, les décideurs pourraient considérer comme éminemment attirants les programmes d'emploi (par exemple les travaux publics) ou les interventions assorties de conditions voulant que les bénéficiaires investissent dans la santé et l'éducation de leurs enfants (par exemple les TMC). Par exemple, la Tanzanie procède actuellement à la réforme de ses programmes de travaux publics insuffisamment pro-pauvres. D'autres programmes de TMC font l'objet de mises à l'épreuve et d'expansion; notamment à travers des interventions pilotes au Burkina Faso et au Malawi. Néanmoins, les segments les plus pauvres et les plus vulnérables de la société sont souvent ceux qui ont le plus de difficulté à respecter les coresponsabilités du programme et sont donc les plus à risque d'être exclus du soutien si les conditions imposées sont rigoureusement appliquées. L'adoption de méthodes d'autociblage, de ciblage géographique et à base communautaire, qui sont moins radicales que le ciblage direct de la pauvreté à travers un test multidimensionnel des moyens d'existence (PMT), peut à cet égard s'avérer fort utile (les méthodes de ciblage ont été abordées plus en détail au Chapitre 4).

Les filets sociaux performants dans le soutien aux groupes les plus vulnérables peuvent constituer des dispositifs d'atténuation et faciliter la réforme de programmes de subventions générales très coûteux. En premier lieu, les gouvernements pourraient mettre sur pied des programmes qui ciblent les groupes à très faible revenu puis réduire graduellement les montants investis dans les subventions ou les autres programmes régressifs. Le moment fixé pour l'ajustement des prix et la stratégie de communication du gouvernement lors de la réforme des subventions générales seront déterminants dans la faisabilité politique et l'acceptabilité par la population des réformes envisagées. En outre, la présence de mesures d'atténuation efficaces, qui compensent les personnes pauvres affectées par l'augmentation des prix, pourra empêcher toute croissance indue de la pauvreté. D'ailleurs, les filets sociaux ont joué à cet égard un rôle efficace en Indonésie (réforme énergétique de 2005 et 2008), en Jordanie et en Tunisie (réforme des prix alimentaires), particulièrement lors de la hausse des produits de première nécessité. Dans d'autres pays, par exemple au Nigéria, où la montée des prix pétroliers a entraîné des émeutes nationales en janvier 2012, il n'y avait alors en place aucun filet social opérationnel susceptible de protéger les pauvres contre la hausse des prix.

En fin de compte, les pays africains devront nécessairement faire des compromis lors de l'élaboration de leurs systèmes de filets sociaux. Les décideurs déterminent le profil de leurs systèmes de filets sociaux sur la base de critères propres au contexte comme aux préférences politiques, culturelles, historiques et sociales. Ces choix devraient être pleinement informés et prendre en considération les pour et les contre des différentes approches – notamment en matière de ciblage, de sophistication du programme, d'impacts attendus et de coûts encourus. Par exemple, l'administration liée à la mise en œuvre de programmes universels ou catégoriels, notamment les pensions de vieillesse pour les plus de 65 ans ou les prestations aux ménages avec enfants d'âge scolaire (primaire), paraît certainement plus facile, même dans des contextes de faible capacité ou de manque de données. Le versement de prestations monétaires à un grand nombre de ménages peut également présenter certains attraits politiques. Néanmoins, les programmes universels et catégoriels sont généralement très coûteux et totalement inefficaces dans la réduction de la pauvreté. En tant que « dons », ils risquent également de faire face à une certaine résistance politique (comme cela s'est par exemple produit au Cameroun). Par contre, les programmes bien ciblés, qui versent des prestations à des groupes éligibles spécifiques (définis à partir d'un PMT) et prévoient certaines formes de coresponsabilités, par exemple le bilan de santé ou la participation à une formation sur la microfinance, risquent fort de générer des effets beaucoup plus substantiels et ceci à moindre coût (puisqu'ils ne sont pas universels). Même si les programmes de TMC axés sur l'amélioration de la productivité et la promotion des ménages pauvres peuvent s'avérer justifiés sur la base de leur succès dans d'autres pays où les indicateurs à long terme de la pauvreté se sont améliorés, il est certain que leur mise en œuvre dans les PFR reste particulièrement complexe et pourrait ne pas s'avérer cohérente avec les contrats sociaux adoptés par des pays qui préfèrent fortement la redistribution et l'équité, notamment dans le sud de l'Afrique.

Résumé des principaux messages

Les principaux messages du Chapitre sont les suivants :

- En Afrique, la dépense en filets sociaux reste faible (sauf dans les PRI du Sud du continent), varie considérablement au fil du temps et a augmenté depuis la crise mondiale. Cependant, plusieurs pays ont adopté une politique de subventions générales coûteuses dont les retombées sur les pauvres sont disproportionnellement faibles.

- Les PTF financent une large part des filets sociaux d'Afrique (excluant les subventions générales), un apport qui restera nécessaire au moins à moyen terme, particulièrement dans les PFR. La mise en commun et l'harmonisation des financements qu'ils destinent aux filets sociaux permettraient aux gouvernements de mieux se préparer aux crises tout en continuant, dans une perspective à plus long terme, à renforcer les systèmes et à mettre à l'échelle leurs programmes.

- La dépense en filets sociaux reste caractérisée par une aide alimentaire et d'urgence dispersée, ce qui indique que ni les PTF, ni les gouvernements ne se sont concentrés sur le financement de filets sociaux durables axés sur une réduction à long terme de la pauvreté chronique. Une meilleure allocation dans la dépense de la protection sociale rendrait non seulement les programmes de filets sociaux plus efficaces et plus durables à long terme, mais favoriserait aussi l'harmonisation de programmes disparates au sein d'un système national de filets sociaux cohérent.

- Les filets sociaux bien ciblés seraient abordables en Afrique si les programmes catégoriels et universels inefficaces étaient rationalisés et si la dépense était réorientée vers les pauvres et certains groupes vulnérables spécifiques (selon les objectifs d'un programme donné). De même, des filets sociaux performants dans le soutien aux groupes les plus vulnérables peuvent agir comme dispositifs d'atténuation et faciliter la réforme de programmes de subventions générales coûteux. Avec la richesse croissante générée par les ressources minières, les pays africains disposeront d'un espace fiscal plus important qui permettra l'investissement dans des filets sociaux davantage axés sur les pauvres.

- La réussite d'une réforme des filets sociaux dépend également de la viabilité politique. L'abandon de programmes d'urgence et catégoriels et leur remplacement par des instruments de développement mieux ciblés demandent une compréhension en profondeur des différents enjeux administratifs et politiques en cause. Les considérations d'économie politique doivent être examinées avec soin lorsqu'il s'agit d'établir un équilibre entre des programmes étroitement ciblés et d'autres investissements susceptibles de desservir un plus grand nombre d'individus et de contribuer à l'amélioration des résultats sociaux.

- La croissance de la dépense dans les filets sociaux d'Afrique devrait aller de pair avec une concentration sur les programmes bien ciblés dont les effets sont les plus importants et la réduction graduelle de programmes régressifs ou inefficaces.

Notes

1. La Stratégie de Protection Sociale de la Banque mondiale en Afrique (2012-2022) soutient que, considérant le faible niveau de la dépense en filets sociaux dans les pays africains par rapport aux normes internationales, les filets sociaux sont non seulement abordables en Afrique, mais pourraient, comme le démontre l'expérience, avoir une couverture nationale pour un coût équivalent à seulement 1 à 2 pour cent du PIB (Banque mondiale 2012c).

2. La dépense moyenne en Afrique correspond à celle des autres PFR à travers le monde. Cependant, lorsqu'elle est comparée à la celle des PRII, la dépense en filets sociaux y est généralement plus faible. Par exemple, la République Kirghize et le Tadjikistan ne dépensent respectivement que 1 pour cent et 0,6 pour cent du PIB en assistance sociale. Cependant, dans 6 PRII d'Europe de l'Est et d'Asie centrale, la dépense en assistance sociale allait, entre 2008 et 2009, de 1,2 pour cent à 2,7 pour cent du PIB (base de données sur la protection sociale, Europe et Asie centrale). La dépense en filets sociaux (hors subvention) de la République du Yémen s'élevait à environ 1,5 pour cent du PIB (2008 et 2009) alors qu'en Cisjordanie et à Gaza, elle est actuellement d'un peu moins de 1 pour cent (Silva, Levin, et Morgandi 2013). Au Honduras, la dépense en filets sociaux ne représentait en 2010 que 0,4 pour cent du PIB (base de données sur la protection sociale, Amérique latine et Caraïbe).

3. Les estimations doivent être considérées avec certaines réserves. Ainsi, elles assument une répartition égale des prestations au seuil actuel de pauvreté et au niveau des écarts de pauvreté; elles n'incluent pas les frais d'exploitation (généralement de 15 pour cent) et assument un ciblage parfait (en fait presque impossible à atteindre).

4. Voir Ouerghi (2005) et Hickey (2007) pour une discussion plus approfondie.

Références

Banque mondiale. 2011a. *Burkina Faso: Social Safety Nets*. Washington, DC : Banque mondiale.

———. 2011b. *Mali: Social Safety Nets*. Washington, DC : Banque mondiale.

———. 2012a. «*Cameroun : Filets Sociaux.*», Washington, DC : Banque mondiale.

———. 2012b. *Lesotho: A Safety Net to End Extreme Poverty*. Washington, DC : Banque mondiale.

———. 2012c. Gérer les risques, promouvoir la croissance: développer des systèmes de protection sociale en Afrique — La stratégie de protection sociale de la Banque mondiale en Afrique, 2012–2022. Washington, DC : Banque mondiale.

———. 2013a. République Islamique de Mauritanie: *Summary Analysis of Safety Net Programs and Costs*. Washington, DC : Banque mondiale.

———. 2013b. «*Securing the Transformational Potential in Africa's Mineral Resources.*» Présentation PowerPoint, Washington, DC : Banque mondiale.

De Waal, Alex. 1997. *Famine Crimes: Politics and the Disaster Relief Industry in Africa*. Oxford, R. U. : James Curry.

FMI (Fonds Monétaire International). 2013. *Case Studies on Energy Subsidy Reform: Lessons and Implications*. Washington, DC.

Grosh, Margaret, Carlo del Ninno, Emil Tesliuc, et Azedine Ouerghi. 2008. *For Protection and Promotion: The Design and Implementation of Effective Safety Nets*. Washington, DC : Banque mondiale.

Hickey, Sam. 2007. «*Conceptualizing the Politics of Social Protection in Africa.*» BWPI Document de travail 4, Institut Brooks sur la pauvreté mondiale, Université de Manchester, Manchester, R. U.

Ministère d'État à la Planification, au Développement national et à la Vision 2030. 2012. *Kenya Social Protection Sector Review*. Nairobi: République du Kenya.

Ouerghi, Azedine. 2005. «*The Political Economy of Targeted Safety Nets.* » Primer Note 20 sur les filets sociaux, Washington, DC : Banque mondiale.

Silva, Joana, Victoria Levin, et Matteo Morgandi. 2013. *Inclusion and Resilience: The Way Forward for Social Safety Nets in the Middle East and North Africa*. Washington, DC : Banque mondiale.

Woolard, Ingrid, et Murray Leibbrandt. 2010. «*The Evolution and Impact of Unconditional Cash Transfers in South Africa.* » Document de travail 51, Southern Africa Labour and Development Research Unit, Université de CapeTown, CapeTown, Afrique du Sud.

CHAPITRE 6

Aller de l'avant : introduire de meilleurs filets sociaux en Afrique

Tout au long de cette étude, nous avons examiné, à partir des analyses effectuées dans 22 pays africains, les objectifs, les caractéristiques, les systèmes, la performance et le financement des filets sociaux. L'étude devait à la fois dresser le profil des filets sociaux en Afrique – notamment de leurs forces et de leurs faiblesses – et identifier les domaines à améliorer de façon à guider les gouvernements et les partenaires techniques et financiers (PTF) dans le renforcement des systèmes de filets sociaux africains, mais aussi dans la protection et la promotion des ménages pauvres et vulnérables.

Malgré 2 décennies de forte croissance économique, la force des indices de pauvreté persiste en Afrique, particulièrement dans les zones rurales. Une large part des bénéfices tirés de la croissance économique échappe à la majorité de la population africaine. Outre les taux élevés de pauvreté chronique, le continent est marqué par une vulnérabilité généralisée à différents types de risques, notamment les chocs environnementaux et économiques ponctuels. En plus, de nouvelles sources de vulnérabilité émergent en raison des tendances démographiques, des changements climatiques et des enjeux de gouvernance auxquels l'Afrique se trouve maintenant exposée suite à son intégration dans l'économie globale. Les effets de ces chocs peuvent être profonds et durables. Par ailleurs, l'augmentation de la prospérité et le développement socio-économique risquent d'accentuer les inégalités et d'entraîner l'érosion des structures sociales et filets sociaux traditionnels.

La distribution inéquitable des dividendes tirées de la croissance suggère que les initiatives ciblées, par exemple les filets sociaux, seront déterminantes pour la concrétisation des stratégies de réduction de la pauvreté. En effet, la présence en Afrique de filets sociaux bien ciblés est essentielle à la protection et à la promotion des ménages souffrant de pauvreté et de vulnérabilité chroniques. Associés à une croissance soutenue, ces filets sociaux pourraient accélérer la réduction de la pauvreté et aider les pauvres à investir dans leur capital humain et matériel. Si l'on considère les nouveaux objectifs de la Banque mondiale de réduction à 3 pour cent de la pauvreté extrême avant 2030, il est certain que le rôle des filets sociaux dans la concentration des investissements vers les pauvres sera primordial en Afrique. En outre, à la suite de chocs ou de changements sociétaux, les filets sociaux peuvent également assurer à ceux qui souffrent de pauvreté transitoire le soutien nécessaire, notamment en matière de stratégies de renforcement de la résilience afin d'éviter la dilapidation des actifs lors de difficultés importantes. Certains groupes sont particulièrement vulnérables aux effets néfastes des chocs et de la pauvreté persistante, notamment les orphelins, les populations affectées par le VIH sida, les veuves et les personnes âgées sans soutien familial.

Même si les gouvernements sont de plus en plus sensibilisés à l'importance des filets sociaux, plusieurs pays africains abordaient jusqu'à tout récemment la protection sociale sur une base largement ponctuelle. En ce sens, la capacité des filets sociaux à faire reculer fortement la pauvreté en Afrique est loin d'avoir été pleinement exploitée. Cependant, lorsque les récentes crises économiques, alimentaires et énergétiques ont menacé les avancées dans la réduction de la pauvreté, la vision des filets sociaux a graduellement changé et leur capacité clé à lutter contre la pauvreté dans la région fait l'objet d'un intérêt croissant. Évidemment, l'ampleur de la pauvreté et de la vulnérabilité est telle que les filets sociaux d'Afrique ne peuvent rejoindre tous les pauvres et doivent, s'ils veulent atteindre un maximum d'impact et conserver leur abordabilité, se concentrer sur les personnes souffrant de pauvreté extrême et certains groupes vulnérables spécifiques. Avec la découverte de nouvelles ressources naturelles et l'augmentation des recettes afférentes, l'espace fiscal nécessaire au financement des investissements dans les pauvres deviendra de plus en plus abordable en Afrique.

La nécessité d'une approche systématique aux filets sociaux

Dans la plupart des pays africains, les filets sociaux qui relèvent de l'État sont relativement nouveaux et quoiqu'en croissance, présentent des niveaux de dépense et de couverture relativement faibles, sauf dans certains pays à revenu intermédiaire (PRI). Malgré certaines exceptions – notamment les pensions de vieillesse universelles des PRI et certains programmes axés sur des groupes spécifiques – la couverture de la plupart des programmes individuels est infime comparativement au nombre total de bénéficiaires éligibles dans un pays. Les quelques données disponibles suggèrent en particulier que moins du quart des ménages pauvres et vulnérables d'Afrique ont accès à un filet social. En outre, des duplications, chevauchements et fragmentations non négligeables masquent la faiblesse des taux de couverture. La dépense moyenne en filets sociaux dans les pays à faible revenu (PFR) correspond à environ 1,1 pour cent du produit intérieur brut (PIB), un niveau relativement bas face à l'étendue de la pauvreté et par rapport à la dépense dans d'autres pays en développement, qui se situe généralement entre 1 et 2 pour cent du PIB (Grosh *et al.* 2008).

En Afrique, le développement des filets sociaux diffère selon les contextes nationaux, l'économie politique et les déterminants socioculturels propres à chaque pays. D'ailleurs, les cadres de politiques, approches et dispositifs institutionnels qui gouvernent les systèmes de filets sociaux sont loin d'être homogènes sur le continent. Par exemple, les PRI de la région sud-africaine se sont dotés de systèmes gouvernementaux robustes fondés sur l'équité horizontale alors que, dans les PFR et les États fragiles, les PTF ont une influence certaine sur l'orientation de la protection sociale, avec une majorité de programmes axés sur l'aide d'urgence, tout particulièrement en Afrique de l'Ouest et au Sahel. Par conséquent, toute mesure de renforcement des filets sociaux doit être élaborée de façon à prendre en compte ces facteurs contextuels spécifiques, sans quoi la satisfaction effective des besoins des groupes ciblés pourrait s'avérer difficile.

En dépit de l'hétérogénéité des contextes et des politiques à travers le continent, le concept de filet social en tant qu'instrument clé de réduction de la pauvreté fait son chemin et le dialogue comme la discussion sur la protection sociale s'accentuent. De plus en plus de pays africains élaborent des stratégies de protection sociale qui serviront d'assise au développement de systèmes de filets sociaux efficaces et efficients. L'expérience tirée de certains pays africains, du Rwanda par exemple, indique que la présence de plans d'action clairs, assortis de mesures de mise en œuvre et d'un chiffrement des coûts minutieux est essentielle à l'opérationnalisation des stratégies concernées.

Les filets sociaux d'Afrique ne sont pas tous logés dans une institution déterminée et manquent souvent d'entités de coordination telles que les comités de pilotage interministériels. La responsabilité des programmes de filets sociaux étatiques est généralement répartie entre plusieurs ministères, notamment le bureau du président, le bureau du premier ministre, le ministère des Finances, les ministères des Affaires sociales, de la Femme et de la Famille, de l'Emploi et autres ministères transversaux, chacun doté de ses propres mandats. Plusieurs de ces ministères ne disposent pas de pouvoirs politiques décisionnels importants. Par ailleurs, les appuis dispersés des PTF ont laissé les PFR aux prises avec une multitude de programmes isolés ou pilotes, qui manquent de coordination ou de parrains politiques. Ainsi, le Libéria et Madagascar mettent tous 2 en œuvre plus de 5 différents programmes de travaux publics, chacun coordonné par un ministère et un PTF différents.

Par conséquent, peu de pays disposent de systèmes de filets sociaux bien planifiés en mesure de concrétiser une approche stratégique à la réduction de la pauvreté et de la vulnérabilité. Les systèmes de filets sociaux sont plutôt formés d'un grand nombre de petits programmes fragmentés introduits par les PTF. Notre analyse confirme d'ailleurs que 50 pour cent des pays examinés n'ont aucun système faîtier de gouvernance de leurs programmes de filets sociaux. Cependant, 36 pour cent d'entre eux ont entamé l'élaboration d'un système et ce dernier est déjà présent dans 14 pour cent des cas.

Les programmes axés sur le soutien aux ménages souffrant de pauvreté et de vulnérabilité chroniques et l'appui à l'émergence hors de la pauvreté sont peu fréquents au-delà de PRI tels que le Botswana, l'Afrique du Sud et le Swaziland (qui disposent de régimes de pensions sociales). Dans les PFR d'Afrique de l'Ouest par exemple, les filets sociaux prennent plutôt la forme d'une aide d'urgence ou alimentaire. Dans une poignée de pays, notamment en Éthiopie et en Tanzanie cependant, des programmes durables et plus institutionnalisés font leur apparition, notamment grâce à l'appui de ministères influents tels que le ministère des Finances et le ministère de l'Économie et du Plan. Par ailleurs, même si les programmes de transferts monétaires nationaux qui ciblent les pauvres ne sont pas très répandus, il en existe certains dont l'extension est en cours, notamment le *Cash Transfer for Orphans and Vulnerable Children program* (Programme de transferts monétaires aux orphelins et enfants vulnérables) (CT-OVC) du Kenya et le programme Vision 2020 *Umurenge* (VUP) du Rwanda. Dans l'ensemble des pays, les filets sociaux prennent essentiellement la forme de cantines scolaires, de travaux publics, de transferts monétaires à des groupes spécifiques – par exemple les enfants et les personnes âgées - et de programmes de transferts en nature; cependant, 17 des 22 pays étudiés ont également introduit des subventions générales (aliments, carburant ou intrants) largement non ciblées. Près de 82 pour cent des pays mettent en œuvre des programmes de transferts catégoriels qui ciblent des groupes vulnérables spécifiques tels que les orphelins, les personnes affectées par le VIH, les personnes âgées, les indigents et les handicapés. Cependant, en raison des limites imposées par les données géographiques et de la faiblesse des capacités d'application, ces programmes ne disposent pas de critères clairs qui leur permettraient d'établir avec justesse le niveau de vulnérabilité d'un ménage bénéficiaire.

Plusieurs PFR et États fragiles ont une attitude réactive face aux crises et aux catastrophes et n'accordent qu'une aide d'urgence. Par conséquent, ils ne disposent pas de programmes de filets sociaux à long terme, ce qui rend leurs dispositifs de riposte aux chocs faibles, inflexibles et imprévisibles. En outre, la performance de la distribution alimentaire et des programmes d'aide d'urgence couramment mis en œuvre en Afrique de l'Ouest (par exemple au Bénin, au Burkina Faso, au Cameroun, au Mali et en Mauritanie) est très peu documentée.

L'amélioration de la précision du ciblage effectué par les programmes de filets sociaux africains demandera la combinaison de plusieurs méthodes, qui pourront conjointement permettre d'identifier les individus et les ménages ciblés. Le choix de la méthode de ciblage dépendra des objectifs du programme et de la capacité institutionnelle des organismes de mise en œuvre. En outre, l'approche devra être adaptée au profil de pauvreté et à l'économie politique spécifiques au pays. Ainsi, la précision des données disponibles sur le revenu des ménages et la consommation ne permet généralement pas d'en faire les seuls critères fiables d'identification des ménages les plus nécessiteux. Pour atteindre leurs objectifs à des coûts raisonnables, les filets sociaux doivent donc procéder à un ciblage précis, bien couvrir les groupes identifiés, verser les prestations adéquates et avoir la flexibilité nécessaire aux ajustements suscités par l'évolution des besoins et la réponse aux chocs.

Les filets sociaux bien ciblés sont abordables en Afrique, particulièrement si la dépense en subventions universelles et catégorielles inefficaces peut être réduite ou réallouée au soutien, par des programmes harmonisés, des ménages affectés par la pauvreté extrême et des groupes vulnérables spécifiques. Dans les PFR, où la pauvreté est élevée et les recettes étatiques très faibles, l'obtention du financement des PTF restera essentielle au soutien des efforts consentis par les filets sociaux, à la fois à court et à plus long terme. À l'exception des programmes universels, par exemple de pensions de vieillesse et de subventions générales, les PTF financent une très large part des filets sociaux africains – plus de 80 pour cent au Burkina Faso, au Libéria, au Mali et en Sierra Leone. Dans les PRI par contre, les fonds publics permettent actuellement d'accorder un soutien approprié aux plus pauvres. Au Cameroun par exemple, les estimations indiquent que le déploiement de filets sociaux adéquats auprès de la moitié des pauvres chroniques ne coûterait que 0,5 pour cent du PIB.

Dans plusieurs pays, les subventions générales se sont révélées non seulement un moyen coûteux de redistribution des revenus, mais aussi un dispositif élitiste puisque les pauvres en tirent concrètement peu d'avantages – comme l'illustrent les subventions énergétiques du Cameroun, de la Mauritanie et de la Sierra Leone. L'élimination de ces programmes et subventions pourrait dégager l'espace fiscal nécessaire à la mise en œuvre de filets sociaux plus efficaces et mieux ciblés. En retour, des filets sociaux performants dans le soutien aux groupes les plus vulnérables pourraient atténuer les impacts et du coup faciliter la réforme de programmes de subventions générales coûteuses. L'accélération de l'exploitation des ressources naturelles dans toute l'Afrique (voir Banque mondiale 2013) contribue également au dégagement d'un espace fiscal additionnel pour la mise en œuvre de filets sociaux.

Plusieurs pays travaillent activement à l'augmentation de l'efficacité de leurs programmes existants et au développement de systèmes de filets sociaux cohérents. Certains d'entre eux procèdent par exemple à la mise à l'échelle de leurs programmes en cours, notamment de leurs interventions relativement bien ciblées (par exemple le *Tanzania Social Action Fund* (Fonds d'action sociale de la Tanzanie), le *Livelihood Empowerment against Poverty program* (Programme de renforcement des moyens de subsistance contre la pauvreté) du Ghana ou le CT-OVC du Kenya). En outre, de plus en plus de pays s'orientent vers l'élaboration de systèmes et programmes de filets sociaux prévisibles et suffisamment flexibles pour être en mesure de répondre aux crises. Le *Productive Safety Net Program* (Programme de filets sociaux productifs) (PSNP) de l'Éthiopie fait à cet égard figure de pionnier. De façon plus générale, la précision des données sur le revenu des ménages et la consommation ne permet pas d'en faire les seuls instruments d'identification des personnes les plus nécessiteuses. Par conséquent, l'amélioration de l'exactitude du ciblage des programmes de filets sociaux africains passera probablement par l'association simultanée de différentes méthodes, qui pourront toutes ensemble identifier les ménages et les individus les plus pauvres et les plus vulnérables. Le choix de la méthode de ciblage dépendra des objectifs du programme et de la capacité institutionnelle des organismes de mise en œuvre. L'approche devra être adaptée au profil de pauvreté et à l'économie spécifique du pays considéré.

Aller de l'avant : comment introduire des systèmes de filets sociaux en Afrique

Pour aller de l'avant, les pays africains doivent tout d'abord formuler leur vision à long terme des systèmes de filets sociaux et définir les stratégies qui permettront de concrétiser cette vision. Les gouvernements africains doivent donc poursuivre leur préparation de stratégies de protection sociale et leur mise en œuvre. En outre, pour opérationnaliser leur vision, notamment en fonction des caractéristiques et de l'ampleur des groupes les plus vulnérables comme de la couverture des programmes existants, les décideurs pourront guider leurs actions sur les choix suivants :

- Types de programmes de filets sociaux, modalités optimales de mise à l'échelle, harmonisation des objectifs et minimisation des chevauchements.
- Modalités de financement appropriées à moyen et à long terme.
- Dispositifs institutionnels – particulièrement la définition des rôles et responsabilités des ministères et des organismes de mise en œuvre et l'identification des moyens de coordination.

Une autre étape essentielle concernera l'intégration, l'harmonisation et l'unification des programmes de filets sociaux. L'étude indique qu'un petit nombre de programmes coordonnés et performants peut répondre de façon efficace et concrète aux besoins des plus pauvres. Les pays peuvent en partie atteindre cet objectif à travers la fusion de programmes dotés d'objectifs ou de populations cibles similaires ou encore l'harmonisation de leurs prestations, services et conditions d'éligibilité. Par exemple, le soutien du Rwanda aux pauvres est largement acheminé sous forme de transferts monétaires et de travaux publics mis en œuvre par le VUP, le programme de protection sociale phare du pays. Le VUP et le Fonds d'assistance aux rescapées du génocide (FARG) font actuellement l'objet d'une harmonisation graduelle (notamment la fusion de leurs listes de bénéficiaires) afin de réduire la duplication et les coûts comme de favoriser une expansion à très large échelle. En outre, l'établissement de liens entre les programmes peut aider à maximiser les synergies, notamment en facilitant le passage des bénéficiaires d'un programme à un autre. L'élaboration de stratégies d'harmonisation demande cependant la conduite d'une évaluation de la couverture existante, du niveau de dépenses, des impacts, de l'efficience, des interactions et de l'efficacité des programmes, notamment afin d'identifier les lacunes et les domaines dans lesquels des réformes sont nécessaires.

En Afrique, la mise à l'échelle des filets sociaux devrait tout d'abord concerner les programmes bien ciblés dont les prestations répondent aux besoins les plus importants et s'accompagner d'une réduction progressive des programmes régressifs ou inefficaces. Comme mentionné plus haut, en raison de l'ampleur de la pauvreté et de la vulnérabilité en Afrique, les filets sociaux seront incapables de desservir tous les pauvres et doivent donc se concentrer sur les personnes les plus pauvres et les plus vulnérables afin de conserver un maximum d'impacts à un coût abordable. Dans plusieurs pays africains, la dépense sous couvert de filet social dans des programmes d'urgence disparates met en lumière l'absence d'accent – des gouvernements ou des PTF – sur le développement de filets sociaux axés sur un déclin à long terme de la pauvreté chronique. Cette situation tend à changer. L'Éthiopie, le Kenya, le Rwanda et la Tanzanie mettent actuellement en place des programmes nationaux à rapport coût-efficacité et couverture améliorés.

Le développement des filets sociaux doit reposer, autant que faire se peut, sur des instruments administratifs solides et des plates-formes communes. Les éléments constitutifs de base, soit les registres de bénéficiaires, les méthodes de ciblage et les modalités de paiement qui permettront au programme d'acheminer efficacement le soutien aux groupes ciblés forment la pierre angulaire de tout système de filets sociaux. En outre, l'adoption de plates-formes communes à différents programmes peut faciliter les économies d'échelle et accroître l'efficacité institutionnelle. Ainsi, certains pays de la région font déjà l'expérience de registres de bénéficiaires uniques, de méthodes de ciblage harmonisées et de modalités de paiement unifiées. D'autres adoptent parallèlement des dispositifs communs de collecte des contributions, de dissémination de l'information et de conduite du suivi et évaluation. Avec le temps, tous ces instruments seront reliés aux bases de données nationales – par exemple d'état civil – ou à différents programmes de réduction de la pauvreté.

Les systèmes de filets sociaux doivent être élaborés et développés lorsque la situation est stable afin qu'ils soient prêts et disponibles lorsque survient une crise. La création de systèmes et programmes de filets sociaux demande du temps, particulièrement si ces derniers doivent soutenir avec efficacité et efficience les ménages affectés par un choc. La plupart des pays africains (incluant le Bénin, le Cameroun, la Mauritanie et la Sierra Leone) ne disposaient d'aucun filet social apte à contrer les dernières crises mondiales et ont dû se tourner vers la mise en œuvre de subventions universelles coûteuses et inefficaces. La mise en commun des financements des PTF, lorsqu'elle est possible, favorise également l'élaboration de systèmes à la fois durables à long terme et aptes à répondre aux situations d'urgence lorsqu'elles se produisent.

Les dispositifs de collecte de données et de suivi et évaluation en appui aux programmes de filets sociaux doivent également faire l'objet d'améliorations. Les données de base essentielles sur le nombre et le type de bénéficiaires, le ciblage et les impacts d'un programme sont cruciales pour l'amélioration de la conception et de la coordination des interventions, l'information des décideurs, l'attraction de ressources financières et le soutien des PTF. Ainsi, l'évaluation de l'adéquation du ciblage – comme d'ailleurs des effets ou des résultats – est nécessaire à l'identification des programmes qui devraient faire l'objet d'une mise à l'échelle. Même si, en Afrique, les données probantes tirées des évaluations d'impact des programmes de filets sociaux augmentent rapidement, il faudra davantage d'informations pour tirer les enseignements pertinents nécessaires à la conception et à la mise à l'échelle de programmes étatiques de plus grande ampleur.

Le rôle des filets sociaux dans la réforme des subventions et l'utilisation à bon escient des recettes minières devra faire l'objet d'un examen plus approfondi, qui tiendra compte de l'économie politique propre à chaque pays. Les pays africains qui s'emploient à rationaliser les dépenses publiques pour mieux venir en aide aux segments les plus pauvres de leurs sociétés ont tout intérêt à se doter de filets sociaux efficaces. Or, les différents aspects de l'économie politique doivent être considérés soigneusement lorsque l'on cherche à équilibrer des programmes étroitement ciblés avec d'autres investissements qui profitent à un éventail plus large d'individus et contribuent à l'amélioration des résultats sociaux en général. Alors que l'exploitation récente des ressources minières procure à un nombre grandissant de pays africains une nouvelle prospérité, il paraît particulièrement important de maintenir un équilibre judicieux entre la part de cette nouvelle richesse qu'il convient de consacrer (a) aux filets sociaux axés sur les plus démunis et à l'amélioration des services sociaux et (b) à la mise sur pied de systèmes de protection sociale viables, à la fois au plan politique et au plan budgétaire

Recommandations en fonction du contexte national

Puisque la situation des filets sociaux varie considérablement à travers l'Afrique, les pays doivent adopter le programme de réforme qui convient le mieux à leur contexte spécifique. Il n'y a pas de solution universelle et l'évolution des systèmes de protection sociale dépend des caractéristiques nationales, notamment du niveau de développement, de la capacité institutionnelle et de l'économie politique. Les programmes de protection sociale des PRI se caractérisent par une ampleur plus large et une couverture plus approfondie que ceux des PFR. En outre, les PFR disposent de peu de ressources face au nombre de ménages pauvres et vulnérables et leur capacité administrative reste limitée. Outre le niveau de développement économique, les objectifs, l'ampleur et les groupes cibles des programmes de protection sociale relèvent également de l'idéologie dominante sur le droit à la protection sociale, laquelle est notamment influencée par la notion de justice, la perception des causes de la pauvreté et les préoccupations d'iniquité. Les stratégies relatives aux filets sociaux devraient en outre prendre en considération les différences en matière de capacité nationale à élaborer des politiques, puis à planifier, coordonner, mettre en œuvre et livrer un programme de protection sociale. Les pays à faible capacité – souvent des PFR – devraient se concentrer sur la mise en œuvre adéquate d'un petit nombre de programmes simples auxquels pourraient s'ajouter des éléments novateurs et plus complexes une fois que la capacité a été renforcée.

Par conséquent, le choix des avenues de développement et de réforme des filets sociaux nationaux devrait reposer sur une analyse soignée des besoins, contraintes et enjeux du pays. Les 22 analyses de filets sociaux émettent à cet effet des recommandations éclairées spécifiques aux différents contextes étudiés. Cependant, certaines recommandations peuvent être regroupées en fonction des typologies nationales utilisées par cette étude (voir Tableau 1.1 du Chapitre 1), ceci de façon à guider d'autres pays dans le développement de leurs systèmes de filets sociaux et à tirer des enseignements des expériences de ces 22 pays africains.

Les recommandations suivantes s'appliquent aux pays considérés par l'étude « à un stade précoce ou sans planification ».[1] Ces pays ne disposent pas de programmes de filets sociaux adéquats et n'ont aucun plan précis d'établissement d'un tel système national. Il s'agit généralement d'États fragiles ou de PFR, mais cette catégorie concerne également certains PRI dans lesquels les subventions générales restent la principale forme de redistribution des revenus.

- *Élaborer et mettre en œuvre une stratégie de développement des filets sociaux.* Il s'agit de répartir clairement les responsabilités institutionnelles et politiques relatives aux programmes et filets sociaux et de définir les rôles et responsabilités concrètes des ministères et organismes concernés. La stratégie devrait ici servir d'assise à un soutien politique et financier solide au développement des filets sociaux. Ces derniers devraient en outre être intégrés au programme national général de réduction de la pauvreté.

- *Définir les principaux instruments administratifs nécessaires à la bonne marche des filets sociaux.* Il s'agit notamment ici de développer des méthodes de ciblage, des registres de bénéficiaires, des modalités de paiement et un système de suivi solides. Ce sont ces instruments qui permettront d'acheminer les transferts effectués par divers programmes vers les ménages pauvres et vulnérables ciblés avec la redevabilité et la transparence requises. Les différents programmes devraient également évoluer vers l'adoption d'un registre unique, de modalités de paiement communes et d'un système de suivi et évaluation coordonné, ceci même s'ils s'adressent à différents groupes de bénéficiaires.

- *Coordonner le soutien disparate des partenaires techniques et financiers.* Dans ce groupe de pays, le développement des filets sociaux reste soumis au soutien des partenaires, à tout le moins à moyen terme. Pour réussir à se doter à plus long terme de systèmes de filets sociaux coordonnés, les pays concernés devraient d'abord veiller à harmoniser les financements et les approches des différents partenaires avec leurs propres stratégies de filets sociaux et systèmes y afférents. Dans les pays post-conflit, la mise en place de dispositifs étatiques d'identification et de suivi des différents programmes mis en œuvre par les PTF servirait tout au moins d'assise concrète aux interventions publiques et favoriserait l'appropriation nationale, particulièrement dans les contextes fragiles et de faible capacité.

- *Élaborer quelques programmes clés de filets sociaux fondés sur une analyse approfondie des besoins du pays concerné.* Ces petits ensembles de programmes clés devraient (a) soutenir de façon régulière les personnes souffrant de pauvreté chronique et extrême et, (b) pouvoir être amplifiés ou réduits selon les besoins des ménages pauvres et vulnérables, notamment en cas d'urgence ou de fluctuation saisonnière des revenus et de la consommation. Le choix des programmes et la façon dont ils seront mis en œuvre devraient correspondre au profil national de pauvreté, à l'expérience des interventions pilotes et aux résultats des études de faisabilité. Le développement de méthodes de ciblage robustes devrait faire l'objet d'efforts concertés afin que, lorsque les programmes sont jugés fonctionnels et que l'économie politique et les recettes fiscales le permettent, les interventions puissent être mises à l'échelle et intervenir efficacement en tant que programmes nationaux. Cependant, il n'est pas nécessaire de faire passer immédiatement les programmes à une échelle supérieure, ceci alors que certaines autres interventions de petite envergure peuvent être renforcées, en particulier dans une perspective de collecte des données de suivi susceptibles de renseigner les décisions relatives à leur avenir.

- *Autres recommandations spécifiques au contexte.* Les pays qui disposent de programmes généreux de subventions générales et d'aide d'urgence devraient considérer la réallocation de certains de ces fonds à des interventions mieux ciblées. En outre, en raison de la faiblesse des résultats du développement humain dans ce groupe de pays, les décideurs auraient tout intérêt à promouvoir les synergies entre les filets sociaux et les interventions dans les secteurs de la santé, de l'éducation et de la nutrition.

Les recommandations suivantes s'appliquent aux pays dont le système de filets sociaux est toujours « en gestation », ou encore, en voie d'élaboration. Il s'agit généralement de PFR, mais aussi de certains PRI.

- *Poursuivre la réforme des programmes catégoriels, universels ou ponctuels d'aide alimentaire d'urgence pour les rendre plus efficaces dans la lutte contre la pauvreté.* L'amélioration du ciblage de la pauvreté est particulièrement importante. Ainsi, les régimes de pension sociale feraient état d'un meilleur rapport coût – efficacité s'ils ciblaient exclusivement les personnes âgées et les handicapés pauvres, alors que les prestations pour orphelins, enfants vulnérables et autres enfants pourraient, dans la même foulée, ne cibler que les ménages pauvres et vulnérables. Les efforts consacrés par ailleurs à la réallocation des subventions universelles et des programmes d'urgence ponctuels et coûteux au profit de filets sociaux mieux ciblés et davantage orientés vers le développement doivent être maintenus.

- *Poursuivre les efforts d'élargissement d'un petit nombre de programmes clés relativement bien ciblés.* L'expérience des 22 pays analysés permet de conclure qu'un petit nombre de programmes complémentaires et bien coordonnés est souvent suffisant à la satisfaction des besoins des pauvres. Le choix des programmes sélectionnés variera d'un pays à l'autre, mais le soutien aux ménages ou individus souffrant de pauvreté chronique devra être régulier; les programmes devront en outre avoir la souplesse nécessaire à leur expansion ou réduction – à court terme ou de façon répétitive – en réponse aux besoins des pauvres exposés aux chocs. À la suite de leur mise à l'échelle, les filets sociaux devraient faire l'objet d'évaluations continuelles afin de s'assurer que les groupes vulnérables sont adéquatement soutenus. Il pourrait en outre s'avérer approprié de compléter ces programmes essentiels par des interventions d'appui complémentaire aux bénéficiaires par la conduite d'activités productives et promotionnelles, qui favorisent notamment l'investissement dans la santé et l'éducation des enfants.

• *Poursuivre le travail d'harmonisation et d'intégration des divers programmes de filets sociaux.* Les pays qui ont élaboré des stratégies de protection sociale ou de filets sociaux doivent encore préparer des plans d'action soigneusement chiffrés. En outre, au-delà de la mise en œuvre des programmes essentiels, ces pays devraient maintenir leurs efforts d'harmonisation et de fusion des objectifs et outils opérationnels de leurs différents programmes, par exemple à travers la création d'un dispositif unique d'enregistrement des bénéficiaires, ce qui permettrait de réduire considérablement les dédoublements et les chevauchements. La capacité à élaborer des systèmes d'information, de suivi et évaluation et de paiement solides devrait en outre être renforcée ou établie.

• *Coordonner l'assistance technique et les financements des partenaires techniques et financiers en les intégrant à un seul « panier commun ».* Comme on a pu l'observer en Éthiopie, ce type de coordination permet de minimiser les doubles emplois et de maximiser l'efficacité des premières étapes de prise en charge par les pouvoirs publics du financement à moyen et long terme d'un système de filets sociaux. Pour établir la durabilité, les pays concernés devront s'assurer d'une enveloppe financée à moyen terme à partir des recettes intérieures. D'ici là, soit à court et moyen terme, le soutien des partenaires et l'assistance technique demeureront vraisemblablement essentiels au renforcement des systèmes et à la mise à l'échelle des programmes.

Les recommandations suivantes s'appliquent aux pays « dotés de systèmes établis », c'est-à-dire qui disposent déjà d'un système national de filets sociaux et de protection sociale. Il s'agit principalement de PRI.

• *Renforcer le système de filets sociaux et de protection sociale afin de s'assurer qu'il vient en aide aux plus pauvres.* Même lorsque les pays disposent de programmes bien établis, des chevauchements, des lacunes et des erreurs d'inclusion majeures peuvent persister, avec pour effet un soutien insuffisant à certains des ménages les plus pauvres et les plus exclus. Il est cependant tout à fait possible, sans modifier l'enveloppe disponible, de procéder à l'affinement des méthodes de ciblage utilisées par les programmes universels et catégoriels afin d'assurer un soutien adéquat aux ménages et individus les plus pauvres des populations ciblées.

• *Poursuivre l'harmonisation et la fusion de programmes de filets sociaux disparates.* Tout comme les pays dans lesquels les systèmes sont encore en gestation, les pays qui disposent de systèmes bien établis devront procéder à l'intégration de leurs différents programmes dans un système national. Il est possible que, suite à l'évaluation de l'efficacité de leur ciblage et de leurs impacts comparatifs, les décideurs doivent à cet effet réduire le nombre de programmes en cours.

• *Poursuivre le renforcement de l'efficacité du ciblage, de dispositifs d'enregistrement unifiés, des modalités de paiement, des systèmes de suivi et évaluation et des processus d'examen des plaintes.* Il s'agit notamment d'inclure les nouvelles TIC dans une perspective de gestion, de redevabilité et de gouvernance améliorées des programmes comme d'associer l'éligibilité et les registres des différents programmes aux bases de données nationales sur l'état civil.

L'avancement des connaissances

Une meilleure compréhension des risques et vulnérabilités qui affectent la population; de la couverture et des effets des filets sociaux existants; et de l'efficience contextuelle des instruments administratifs est essentielle au développement de systèmes de filets sociaux efficaces. En outre, si l'on veut identifier avec précision les groupes cibles des différents programmes de filets sociaux il faut également établir un profil des types de ménage (ou individus) vulnérables aux différents risques, par exemple aux chocs climatiques. Les données sur la couverture des programmes existants sont nécessaires, particulièrement afin d'évaluer dans quelle mesure les appuis parviennent à leurs destinataires, devraient faire l'objet d'expansion ou voir leur efficacité renforcée. Pour aller de l'avant, il faudra examiner de plus près le rôle potentiel des filets sociaux particulièrement dans le cadre des discussions politiques entourant la réforme des subventions, ceci en gardant à l'esprit les différents contextes nationaux. Des études plus poussées permettront également d'évaluer le rôle éventuel des programmes d'aide alimentaire et de leurs infrastructures dans l'implantation ou l'amélioration des systèmes de filets sociaux en Afrique. En outre, la conduite d'évaluations d'impact permettra de vérifier si un programme a les effets souhaités sur les bénéficiaires et d'évaluer dans quelle mesure ces résultats sont attribuables à certains des éléments de conception du programme ou au contexte dans lequel il est mis en œuvre.

L'avancement des connaissances sur les filets sociaux est en grande partie soumis à la présence de systèmes de suivi et d'information robustes, complétés par des analyses fondées sur des enquêtes nationales représentatives et des évaluations d'impact rigoureuses. Les analyses de filets sociaux étudiées ici considèrent l'absence de suivi et évaluation adéquat comme une faiblesse majeure. Plusieurs pays (notamment le Bénin, le Burkina Faso, le Libéria, le Mali, la Tanzanie et le Togo) ne disposent même pas de données administratives précises sur le nombre de bénéficiaires rejoints et l'ampleur des prestations versées par leurs interventions. Bien que ces données essentielles ne puissent être générées que par les systèmes de suivi et évaluation des programmes, il ne s'agit en fait que d'une partie des informations nécessaires, et elles devront être complétées à travers d'autres types de données et d'analyses :

- *Analyse d'enquêtes des ménages représentatives.* Les données sur les bénéficiaires tirées des programmes ont des limites naturelles. Par exemple, elles ne peuvent pas révéler la part du groupe ciblé effectivement couverte par le programme. Cependant, une enquête des ménages représentative peut déceler à la fois le taux de couverture des bénéficiaires ciblés et l'importance de la couverture erronée de bénéficiaires non ciblés. En outre, une enquête des ménages a la capacité nécessaire à la collecte potentielle d'informations – programme par programme – sur l'acheminement effectif des prestations aux ménages, ce qui permet de dresser un portrait complet de la couverture d'un filet social et de relever les chevauchements. Les enquêtes des ménages permettent également l'identification et l'analyse des risques et vulnérabilités auxquels font face les différents types de ménage.

- *Évaluations d'impact.* Une évaluation d'impact rigoureuse, qui compare les différents résultats obtenus chez les bénéficiaires avec ceux d'un groupe contrôle de non-bénéficiaires, permet de déterminer l'ampleur des effets attendus du programme, par exemple des transferts monétaires sur les indices de consommation, de santé et d'éducation. Les évaluations d'impact n'indiquent pas seulement si un programme est efficace ou non, elles identifient en outre les moyens susceptibles d'en améliorer l'efficacité. Les évaluations d'impact sont de plus en plus nombreuses et leurs conclusions contribuent à la croissance des données probantes sur les programmes de filets sociaux en Afrique. Même si dans le passé la plupart d'entre elles ne concernaient, essentiellement à des fins de recherche, que de petites interventions pilotes des PTF – par exemple les programmes de transferts monétaires *Zomba* du Malawi ou Bourse maman du Mali – des évaluations d'impact menées sur des programmes beaucoup plus importants – notamment le CT-OVC et le *Hunger Safety Net Programme* (Programme de filet social contre la faim) du Kenya, le VUP du Rwanda et les PSNP de l'Éthiopie et de la Tanzanie – permettront de guider l'ajustement des programmes et leur adoption par d'autres pays limitrophes. Cependant, il faudra davantage d'évaluations d'impact sur les programmes étatiques à large échelle.

L'appui à la productivité des ménages figure maintenant parmi les objectifs les plus importants des filets sociaux d'Afrique et, dans ce domaine, la disponibilité d'évaluations d'impacts plus nombreuses favoriserait certainement l'élargissement du bassin des connaissances nécessaires à l'élaboration des programmes. Par ailleurs, outre leur soutien à l'investissement dans la santé et l'éducation des enfants des bénéficiaires (généralement à travers les TMC ou les cantines scolaires), les filets sociaux pourraient avoir des effets productifs en aidant les ménages à diversifier leurs moyens de subsistance, à acquérir des actifs, à éliminer leurs stratégies d'adaptation néfastes et à investir dans des activités à plus forte productivité et rendement. Les mesures accompagnatrices pourraient également mettre les bénéficiaires en relation avec des programmes de crédit, d'acquisition de compétences générales ou de formation à l'emploi. Plusieurs programmes de filets sociaux d'Afrique cherchent à augmenter la génération de revenu et la productivité des bénéficiaires à travers différents instruments (par exemple les PSNP d'Éthiopie et de Tanzanie et le programme pilote de transferts monétaires en préparation au Cameroun). Jusqu'à maintenant, les données relatives à l'effet sur la rentabilité de ces interventions accompagnatrices sont limitées et proviennent essentiellement d'autres régions du monde. Cependant, les programmes de recherche en cours examinent les aspects productifs potentiels des programmes de filets sociaux en Afrique (par exemple voir l'Encadré 4.5 du Chapitre 4).

La Banque mondiale contribue à l'avancement des connaissances en favorisant et en facilitant la production et le partage d'informations. Elle participe entre autres au développement de nouvelles connaissances à travers la conduite de travaux analytiques, notamment de plusieurs évaluations d'impact. Ces travaux ont priorisé l'analyse des principales lacunes de connaissances, notamment en matière de prise en compte des questions de productivité et d'emploi, particulièrement chez les jeunes. Les autres priorités de recherche concernent la comparaison de l'efficacité relative des transferts monétaires conditionnels et non conditionnels en Afrique et la promotion des synergies entre les changements climatiques et la protection sociale. La Banque contribue également à l'avancement des connaissances sur les filets sociaux à travers (a) l'affinement de ses évaluations de la pauvreté afin d'y inclure l'analyse de la pauvreté et de la vulnérabilité transitoires et chroniques, particulièrement dans une perspective de renseignement de la programmation de la protection sociale; (b) la conduite d'évaluations de programmes nationaux de protection sociale semblables à celles analysées ici; et (c) la synthèse des plus récents travaux analytiques. Au-delà des 22 analyses de filets sociaux considérés par cette étude, les évaluations nationales menées à l'avenir devraient considérer l'ensemble du secteur de la protection sociale, incluant l'assurance sociale contributive et les programmes du marché du travail.

La Banque aide également les pays à tirer des enseignements des bonnes pratiques internationales et facilite le partage des connaissances entre les différents pays africains. Il existe actuellement de nombreuses opportunités d'apprentissage Sud-Sud sur et hors du continent, auxquelles la Banque apporte d'ailleurs son soutien. Par exemple, le Malawi, le Rwanda et la Tanzanie ont tous appris de l'expérience du PSNP éthiopien et le gouvernement du Ghana a récemment indiqué qu'il souhaitait bénéficier de l'expérience du Kenya dans la mise en œuvre de programmes d'emploi des jeunes. En outre, les pays africains peuvent tirer des enseignements des expériences d'Amérique latine en matière de transferts monétaires et de travaux publics comme de celles de l'Asie du Sud sur l'exécution de travaux publics. La Banque mondiale appuie déjà activement ce type de partage de connaissances à travers la tenue du Forum d'apprentissage Sud-Sud sur la protection sociale et la promotion de nouvelles initiatives d'échange d'informations et voyages d'études bilatéraux entre chercheurs et responsables terrain, notamment à travers la Communauté de pratiques sur les transferts monétaires.

Note

1. Voir Tableau 1.1 du Chapitre 1 pour la classification et le regroupement des pays.

Références

Banque mondiale. 2013. « *Securing the Transformational Potential in Africa's Mineral Resources.* » Présentation PowerPoint, Washington, DC : Banque mondiale.

Grosh, Margaret, Carlo del Ninno, Emil Tesliuc, et Azedine Ouerghi. 2008. *For Protection and Promotion : The Design and Implementation of Effective Safety Nets*. Washington, DC : Banque mondiale.

Définition des filets sociaux

Il n'y a aucun consensus sur la définition des filets sociaux, les problématiques auxquelles ils devraient s'attaquer et les moyens d'adaptation des programmes de filets sociaux au contexte local. Différentes terminologies – protection sociale, sécurité sociale, assistance sociale, filets sociaux et transferts sociaux – sont souvent utilisées de façon interchangeable. Dans cette étude, l'expression filets sociaux désigne les programmes de transferts non contributifs qui ciblent d'une façon quelconque les personnes pauvres ou vulnérables (Grosh *et al.* 2008) alors que la protection sociale englobe à la fois les programmes contributifs et non contributifs.

Les filets sociaux ont essentiellement pour objectif d'accroître la consommation des ménages en biens et services essentiels – soit directement ou par effet de substitution – et non pas de contribuer en eux-mêmes à l'augmentation des ressources du ménage. L'appui aux activités génératrices de revenus et autres programmes de soutien aux moyens de subsistance dépasse le cadre de cette étude ces interventions n'ont pas d'effet direct sur l'augmentation de la consommation.[1] En outre, les filets sociaux ciblent les ménages pauvres et vulnérables – en d'autres termes, les individus qui vivent dans la pauvreté et sont incapables de satisfaire à leurs besoins de base ou encore risquent de basculer dans la pauvreté, soit en raison d'un choc externe ou de conditions socio-économiques particulières, par exemple l'âge, la maladie ou l'invalidité. De même, les subventions universelles, qui ne correspondent pas à la définition de *filets sociaux ciblés*, ont toutefois été considérées par cette étude puisqu'elles demeurent souvent un instrument coûteux, mais important de transferts de ressources aux populations.

Les filets sociaux desservent l'un ou l'autre des groupes suivants (Grosh *et al.* 2008) :

• Pauvres chroniques – soit les ménages qui ne disposent pas des actifs nécessaires à un revenu suffisant, même au cours des bonnes années.
• Pauvres transitoires – soit les ménages dont le revenu est suffisant pendant les bonnes années, mais qui basculent dans la pauvreté, du moins de façon

transitoire, suite à un choc idiosyncrasique ou covariable qui peut relever soit de la maladie d'un membre du ménage, de la perte d'un emploi, de la sécheresse ou d'une crise macro-économique majeure.

- Groupes vulnérables, qui incluent notamment, mais ne se limitent pas aux handicapés, aux personnes âgées, aux orphelins, aux veuves, aux délocalisés, aux réfugiés et aux chercheurs d'asile.
- Les personnes qui ont perdu des prérogatives suite aux réformes politiques.

Les types de programmes de filets sociaux les plus courants peuvent être classifiés comme suit (adapté à partir de Grosh *et al.* 2008) :

- Programmes de transferts monétaires ou en nature non conditionnels :
  - transferts monétaires (prestations pour enfants, allocations familiales, pensions sociales, etc.) et quasi monétaires (bons d'alimentation, coupons pour produits de base, etc.);
  - transferts alimentaires en nature (cantines scolaires, rations à emporter, etc.) et autres types de transfert en nature (par exemple fournitures scolaires).
- Programmes générateurs de revenus :
  - travaux publics qui emploient des travailleurs pauvres et vulnérables contre un salaire ou des vivres.
- Programmes de protection et d'amélioration du capital humain et d'accès aux services essentiels :
  - transferts conditionnels, versés en nature ou en argent sous condition du respect par les ménages de mesures généralement liées à l'utilisation des services d'éducation et de santé;
  - exemption de frais de santé et d'éducation afin d'aider les bénéficiaires à accéder aux services publics de base (exemption de frais pour consultation de santé, bourses scolaires, etc.).

Les filets sociaux forment un sous-ensemble des programmes plus généraux de protection sociale, comme d'ailleurs l'assurance sociale et la législation sociale (lois du travail et normes de santé et de sécurité), qui garantissent l'application de normes civiques minimales de protection des intérêts des individus. La protection sociale est un droit humain essentiel. Elle a été développée afin de réduire la pauvreté et l'insécurité alimentaire, mais aussi de promouvoir la croissance économique et le développement humain. Les filets sociaux interagissent et travaillent parallèlement avec les services d'assurance sociale, de santé, d'éducation et de financement, les services publics et routiers et les autres politiques de réduction de la pauvreté et de gestion des risques (Figure A.1). Les systèmes de filets sociaux englobent généralement plusieurs programmes, idéalement complémentaires, mais aussi d'autres politiques publiques et sociales. Un système de filets sociaux adéquat représente plus que simple assemblage de programmes bien conçus et adéquatement mis en œuvre; en raison des complémentarités qu'il favorise, il incarne nettement plus que la somme de ses parties constituantes.

Figure A.1 Filets sociaux dans les politiques de développement

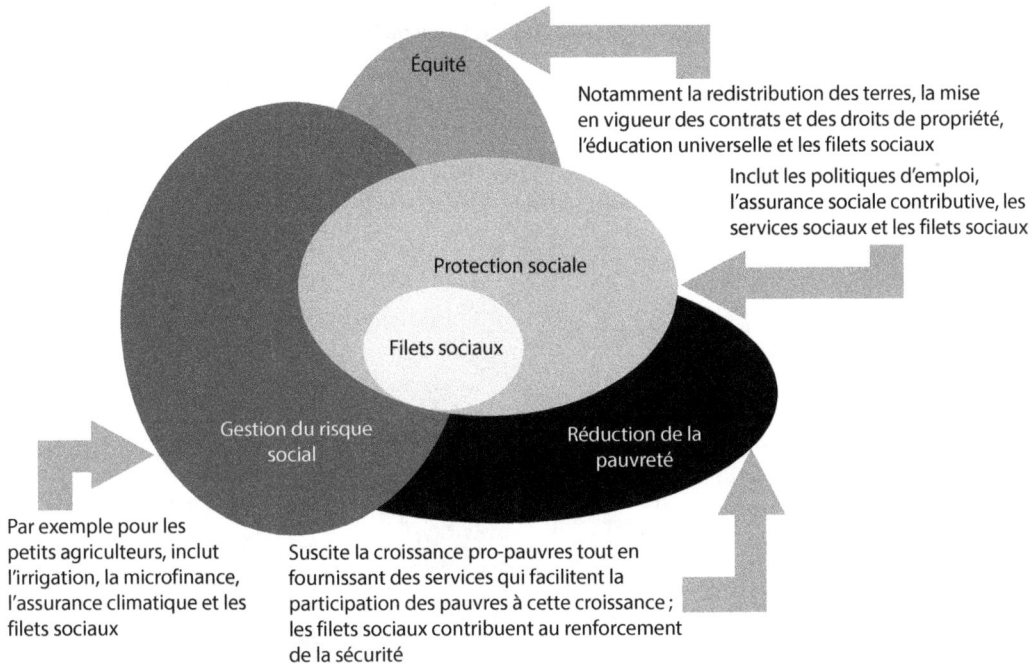

Équité

Notamment la redistribution des terres, la mise
en vigueur des contrats et des droits de propriété,
l'éducation universelle et les filets sociaux

Inclut les politiques d'emploi,
l'assurance sociale contributive, les
services sociaux et les filets sociaux

Protection sociale

Filets sociaux

Gestion du risque
social

Réduction de la
pauvreté

Par exemple pour les
petits agriculteurs, inclut
l'irrigation, la microfinance,
l'assurance climatique et les
filets sociaux

Suscite la croissance pro-pauvres tout en
fournissant des services qui facilitent la
participation des pauvres à cette croissance ;
les filets sociaux contribuent au renforcement
de la sécurité

Source : Grosh *et al.* 2008.

Cette étude s'est concentrée sur les filets sociaux sous financement public –
en d'autres termes financés par un gouvernement local ou national ou par un
partenaire technique et financier international. Dans la plupart des pays en développement, les transferts sociaux sont effectués sous l'une des formes suivantes :

* Soutien étatique formel tel que prescrit par la législation.
* Soutien semi-formel fourni par une agence des Nations Unies ou une
organisation non gouvernementale.
* Soutien informel inter ménages et intra-communautaire.

L'étude ne couvre pas les autres programmes de protection sociale complémentaires aux filets sociaux (banques céréalières, programmes de microcrédit et
subvention des intrants), ni d'ailleurs les filets sociaux informels. Cependant,
comme ces programmes permettent de mieux comprendre l'ensemble des
aspects liés à la protection sociale et à la promotion, leur contribution à la réduction de la pauvreté a donc été abordée ici de façon marginale.

Note

1. Les politiques et programmes destinés à accroître l'accès aux services de base par
l'ensemble de la population (par exemple l'éducation primaire gratuite) dépassent
également le champ d'intérêt de cette étude, comme d'ailleurs les programmes de

transferts qui ciblent les communautés et associations, par exemple pour la construction d'actifs sociaux dans les communautés vulnérables, puisque ces derniers ne ciblent pas explicitement les ménages ou individus pauvres et vulnérables.

Références

Grosh, Margaret, Carlo del Ninno, Emil Tesliuc, et Azedine Ouerghi. 2008. *For Protection and Promotion : The Design and Implementation of Effective Safety Nets*. Washington, DC : Banque mondiale.

Typologies nationales

L'ampleur des recettes nationales des pays mieux nantis pourrait laisser croire qu'ils utilisent davantage de filets sociaux pour la protection de leurs populations. D'ailleurs, l'importance du revenu reste généralement le critère le plus couramment utilisé pour la classification des différents pays du monde. Selon la base de données sur les indicateurs les plus récents du développement dans le monde de la Banque mondiale, 15 des 22 pays analysés dans cette étude appartiennent au groupe des pays à faible revenu (PFR) et les 7 autres au groupe des pays à revenu intermédiaire (PRI) (voir Tableau B.1). Puisque les pays mieux nantis bénéficient généralement de plus de ressources et de capacités ainsi que d'un taux de pauvreté moins élevé que les PFR, on pourrait s'attendre à ce qu'ils protègent leurs populations de façon plus extensive, notamment à travers les filets sociaux.

Cependant, le développement des filets sociaux en Afrique dépend également dans une large mesure de la présence d'un contexte facilitateur, notamment en termes de stabilité du gouvernement, de contrat social entre l'État et ses citoyens et d'héritage colonial. Ainsi, malgré la valeur relativement élevée du produit intérieur brut par habitant, des pays tels que le Cameroun et la Zambie ne disposent pas de systèmes de filets sociaux efficaces (dirigés par les pouvoirs publics) et mettent plutôt en œuvre sans réelle coordination une pléthore de programmes d'aide d'urgence et de sécurité alimentaire dont la mise en œuvre ne repose sur aucune stratégie de protection sociale ou de filets sociaux. Ces caractéristiques ne leur sont pas réservées, elles peuvent également être régulièrement observées dans d'autres PFR et des États fragiles ou affectés par un conflit. Par contre, plusieurs PFR tels que l'Éthiopie, le Kenya, le Rwanda et la Tanzanie suivent l'exemple de nombreux PRI et introduisent des systèmes de filets sociaux coordonnés qui s'adressent aux ménages les plus pauvres menacés par différents types de risques. Dans cette foulée, l'introduction de systèmes de filets sociaux mieux coordonnés et axés sur la pauvreté s'accélère, notamment au Ghana, au Mali, au Mozambique et au Niger.

La répartition géographique des pays africains reflète largement leurs antécédents coloniaux français ou anglais.[1] Dans une analyse des programmes de transferts monétaires mis en œuvre en Afrique, Garcia et Moore (2012) ont constaté

Tableau B.1 Classification des pays selon le niveau de revenu

Pays à faible revenu	Pays à revenu intermédiaire
Bénin	Botswana
Burkina Faso	Cameroon[b]
Éthiopie[a]	Ghana
Kenya[a]	Lesotho
Libéria	Maurice
Madagascar	Swaziland
Malawi	Zambie[b]
Mali	
Mauritanie	
Mozambique	
Niger	
Rwanda[a]	
Sierra Leone	
Tanzanie[a]	
Togo	

Source : Base de données sur les indicateurs du développement dans le monde de la Banque mondiale.
Note :
a. ces pays à faible revenu élaborent des systèmes de filets sociaux.
b. ces pays à revenu intermédiaire ne bénéficient pas de systèmes de filets sociaux bien coordonnés.

la présence de 2 modèles dominants. Le premier (prévalant dans plusieurs PRI mais aussi dans quelques PFR) concerne essentiellement les pays de l'est et du sud de l'Afrique et repose sur une approche largement héritée du régime colonial, qui reconnaît à certaines catégories de la population un droit à la protection sociale. Les programmes sont généralement financés par l'État et bénéficient d'un fort appui institutionnel et d'une vision à long terme. En outre, les gouvernements nationaux sont généralement stables et la fourniture de filets sociaux relève directement de leurs mandats. Le second modèle, qui s'applique surtout aux pays d'Afrique centrale et de l'Ouest (prévalant dans plusieurs PFR et États fragiles), est largement dominé par des programmes de soutien alimentaire et nutritionnel à court terme financés par les PTF, mis en œuvre par différentes entités et sur lesquels les pouvoirs publics n'exercent aucune supervision ou direction. Cependant, les pays du sud et de l'est de l'Afrique n'ont pas tous procédé à l'introduction de systèmes bien développés. À Madagascar par exemple, en raison des crises de gouvernance récurrentes au cours de la dernière décennie, le système de filets sociaux correspond davantage au modèle d'Afrique centrale et de l'Ouest. En outre, en dépit de revenus relativement élevés, certains pays d'Afrique centrale et de l'Ouest, par exemple le Cameroun et la République du Congo (qui ne fait pas partie des pays étudiés ici) ne se sont toujours pas dotés de filets sociaux adéquats.

L'unité d'ancrage de la protection sociale de la Banque mondiale classifie les pays en fonction de (a) la capacité de leurs filets sociaux et (b) les mesures adoptées pour améliorer la riposte des filets sociaux aux crises (Tableau B.2). La plupart des pays examinés par cette étude appartiennent à la catégorie « faible capacité en matière de filets sociaux », sauf le Botswana, l'Éthiopie, le Kenya, le Lesotho, Maurice et le Rwanda, qui disposent tous de systèmes

Tableau B.2 Typologies des pays selon leur niveau de préparation aux crises et la capacité de leurs filets sociaux

Niveau	Mesures solides de rehaussement des filets sociaux au cours d'une crise	Mesures modérées de rehaussement des filets sociaux au cours d'une crise	Mesures limitées ou absentes de rehaussement des filets sociaux au cours d'une crise
Niveau 1 : aucun filet social	Aucune	Comores	République Centrafricaine, Tchad[a], République du Congo, Côte d'Ivoire, Guinée équatoriale[a], Érythrée[a], Gambie, République de Guinée, **Mauritanie**, Somalie[a], Soudan
Niveau 2 : filets sociaux à faible capacité	**Niger, Tanzanie,** Zimbabwe	**Ghana, Libéria, Malawi, Mozambique, Sierra Leone, Togo,** Ouganda	Angola, **Bénin, Burkina Faso**, Burundi, **Cameroun**, République Démocratique du Congo, Gabon[a], Guinée-Bissau, **Madagascar, Mali**, Nigéria, Sao Tomé et principe, Sénégal, **Swaziland, Zambie**
Niveau 3 : filets sociaux à capacité croissante	**Éthiopie, Kenya, Rwanda**	Cap-Vert[a], **Lesotho, Maurice**	Aucune
Niveau 4 : filets sociaux à forte capacité	Aucune	Afrique du Sud, **Botswana**, Namibie	Aucune

Source : Banque mondiale 2011 b (le tableau original inclut également des pays hors de la région Afrique).
Note : les pays en caractère gras sont inclus dans cette étude.
a. lacunes importantes d'informations.

plus développés. En outre, la plupart des pays étudiés ici appartiennent aux catégories « mesures modérées » ou « mesures limitées ou absentes » d'amélioration des filets sociaux en temps de crise. L'Éthiopie, le Kenya, le Niger, le Rwanda et la Tanzanie font figure d'exceptions puisqu'ils ont tous procédé récemment à des améliorations sensibles de leurs systèmes de filets sociaux afin de s'assurer de leur capacité à mieux riposter aux chocs et aux crises systémiques. La classification de la Banque mondiale sur l'état de préparation aux crises correspond par ailleurs étroitement aux typologies fondées sur le revenu et la localisation géographique mentionnées ci-dessus. Les pays du sud et de l'est de l'Afrique ont généralement mis en place des « mesures solides » ou « mesures modérées » d'amélioration de la performance des filets sociaux face à une crise alors que les pays d'Afrique centrale et de l'Ouest à plus faible revenu ne disposent que de « mesures modérées » ou de « mesures limitées ou absentes » de rehaussement de leurs filets sociaux au cours d'une crise. La seule exception reste la Zambie, classifiée par la Banque comme n'ayant qu'une préparation limitée aux crises.

La région Afrique de la Banque mondiale classe les pays avec lesquels elle travaille en 4 catégories basées sur le niveau d'avancement du système de filets sociaux (Tableau B.3). Ici aussi, les typologies fondées sur le revenu et la localisation géographique génèrent des résultats relativement semblables à ceux du modèle par catégorie. Même si seulement quelques pays du sud de l'Afrique mettent en place des systèmes nationaux, ces derniers commencent à émerger dans plusieurs PFR relevant aussi bien du modèle d'Afrique centrale et de l'Ouest que de celui de l'est et du sud de l'Afrique. Cependant, plusieurs PFR appartiennent encore à la catégorie « aucun plan solide d'établissement d'un système national de filets sociaux ».

Tableau B.3 Typologies des pays fondées sur l'ampleur du développement des systèmes de filets sociaux

Avancement du système de filets sociaux	Critères de catégorisation	Pays[a]
Niveau 1 : Système national de filets sociaux établi	Politiques et capacités de mise en œuvre adéquates	Afrique du Sud, **Botswana**, **Maurice**, Namibie, Seychelles
Niveau 2 : Système de filets sociaux en gestation	Un programme ou plus en cours avec harmonisation de l'implication des PTF et progression vers un système unifié de filets sociaux	**Éthiopie**, **Ghana**, **Kenya**, **Lesotho**, **Mali**, **Mozambique**, **Niger**, **Rwanda**, **Swaziland**, **Tanzanie**, Ouganda
Niveau 3 : Stade précoce d'introduction d'un système national de filets sociaux	Projets individuels ou éléments de programmes en place ou leur introduction en cours	Angola, **Bénin**, **Burkina Faso**, Comores, République Démocratique du Congo, **Libéria**, **Madagascar**, **Malawi**, Nigéria, Sénégal, **Sierra Leone**, Soudan, **Togo**, **Zambie**, Zimbabwe
Niveau 4 : Aucun programme adéquat de filets sociaux en cours (sans planification)	Aucun programme de filets sociaux ou dispositif de soutien des groupes vulnérables adéquat	**Cameroun**, République centrafricaine, Tchad, République du Congo, Côte d'Ivoire, Érythrée, Gambie, Guinée, **Mauritanie**, Somalie, République du Sud-Soudan

Source : Banque mondiale 2011a.
Note : Les pays mentionnés en caractères gras ont été considérés au cours de cette étude.
a. La Banque mondiale n'accorde actuellement aucun soutien aux programmes de filets sociaux ou au renforcement des systèmes du Burundi, du Cap-Vert, de la Guinée Équatoriale, de l'Érythrée, du Gabon, de la Guinée-Bissau, de la Mauritanie, de la Namibie, de Sao Tomé et Principe, de la Somalie, de l'Afrique du Sud, de la République du Sud-Soudan et du Soudan. En raison de l'absence de données, certains de ces pays ne sont pas mentionnés dans les différentes catégories du tableau.

Tableau B.4 Typologie des pays utilisée par l'étude

Niveaux	Pays à faible revenu	Pays à revenu intermédiaire inférieur et supérieur
Niveau 1 : « Établis » – Système national de filets sociaux en place	Aucun	Botswana, Maurice
Niveau 2 : « En gestation » – Système de filets sociaux en développement	Éthiopie, Kenya, Mali, Mozambique, Niger, Rwanda et Tanzanie	Ghana, Lesotho, Swaziland
Niveaux 3 et 4 : « Stade précoce et sans planification », soit aucun plan solide d'établissement d'un système national de filets sociaux ou aucun programme adéquat en cours.	Bénin, Burkina Faso, Libéria, Madagascar, Malawi, Mauritanie, Sierra Leone et Togo	Cameroun, Zambie

Source : Banque mondiale 2011b; base de données des indicateurs mondiaux de développement de la Banque mondiale.
Note : Ici, le nombre de niveaux du modèle initialement utilisé par la région Afrique de la Banque a été réduit à 3 :
« établis » = niveau 1; « en gestation » = niveau 2; et, « stade précoce et sans objet » = niveaux 3 et 4.

Pour les besoins de cette étude, les pays ont été regroupés à partir des modèles fondés sur le revenu et les systèmes. La typologie combine donc le revenu, un facteur exogène au développement de systèmes de filets sociaux, mais déterminant pour la constitution d'un contexte favorable, et l'ampleur du développement du système actuel de filets sociaux du pays.[2] Cette typologie est détaillée au Tableau 1.1 du Chapitre 1 et au Tableau B.4 ci-dessus. Les typologies nationales sont reprises tout au long de l'analyse afin d'illustrer certaines des différences sous-jacentes les plus importantes entre les différentes catégories de pays et d'aider à expliquer pourquoi certains pays sont plus à même d'introduire des programmes de filets sociaux efficaces et efficients et des systèmes coordonnés. La typologie compare les objectifs, politiques, programmes de filets sociaux et mesure leur efficacité dans les 22 pays étudiés.

Notes

1. Parmi les pays inclus à cette étude, Madagascar fait figure d'exception puisque le pays appartient à la catégorie des colonies françaises d'Afrique centrale et de l'Ouest même si la distance géographique est importante, comme d'ailleurs le Mozambique qui était une colonie portugaise.

2. La Stratégie de protection sociale de la Banque mondiale en Afrique (2012-2022) différencie également les politiques et systèmes de filets sociaux des PFR et PRI d'Afrique et conclut que les programmes de protection sociale des PRI assurent une couverture plus approfondie que ceux des PFR (Banque mondiale 2012). Les programmes de protection sociale des PFR n'ont qu'une couverture limitée et souffrent de contraintes administratives qui nuisent au dispositif de gouvernance et limitent l'acheminement des services essentiels aux pauvres.

Références

Banque mondiale 2011a. « *Safety Nets in Africa.* » Résumé à Robert Zoellick, Annexe 1, Washington, DC : Banque mondiale.

———. 2011b. « *Update on World Bank on Social Safety Nets and Country Assessments of the Readiness of Safety Net Systems.* » Washington, DC : Banque mondiale.

———. 2012 Gérer les risques, promouvoir la croissance : Développer les systèmes de protection sociale en Afrique — La Stratégie de protection sociale de la Banque mondiale en Afrique (2012-2022). Washington, DC : Banque mondiale.

Garcia, Marito, et Charity M. T. Moore. 2012. *The Cash Dividend: The Rise of Cash Transfer Programs in Sub-Saharan Africa*. Washington, DC : Banque mondiale.

Données sur la pauvreté par habitant

Figure C.1 Pauvreté par habitant avec parité de pouvoir d'achat de 1,25 $ par jour

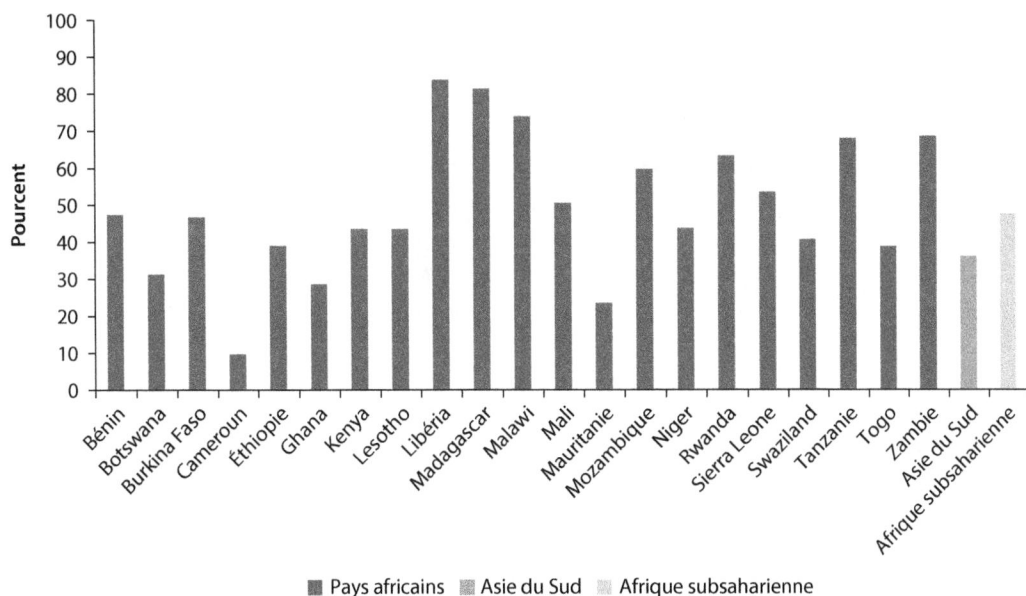

Source : Base de données PovcalNet de la Banque mondiale.
Note : Les moyennes régionales sont des projections pour 2008 à partir des dernières données disponibles, 1,25 $ EU par jour en parité de pouvoir d'achat 2005. Les données sur Maurice ne sont pas disponibles à partir de PovcalNet.

Figure C.2 Pauvreté par habitant avec parité de pouvoir d'achat de 2,00 $ par jour

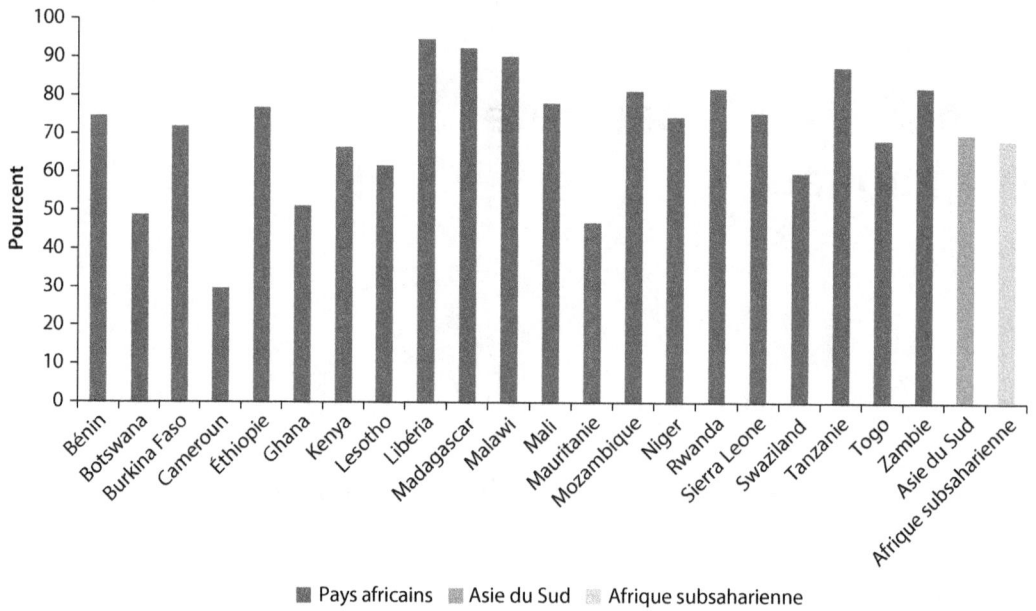

■ Pays africains   ■ Asie du Sud   ▨ Afrique subsaharienne

Source : Base de données PovcalNet de la Banque mondiale.
Note : Les moyennes régionales sont des projections pour 2008 à partir des dernières données disponibles, 2,00 $ EU par jour en parité de pouvoir d'achat 2005. Les données sur Maurice ne sont pas disponibles à partir de PovcalNet.

Méthodes de ciblage et groupes ciblés, par programme

Programme	Méthodes de ciblage	Groupes cibles	Commentaires sur l'efficacité du ciblage
Bénin			
Transferts monétaires aux filles (Coopération suisse)	Géographique; catégoriel; sélection sur appel à candidature par une commission composée de l'ensemble des acteurs	Filles scolarisées des zones pauvres en situation difficile	Ciblage adéquat en dépit de la faiblesse des ressources
Soutien aux indigents	Auto-ciblage; enquêtes sociales	Adultes et enfants indigents	n.d.
Banques céréalières	Géographique; auto-ciblage fondé sur les produits de base et les prix	Populations des régions plus vulnérables du pays victimes d'une crise alimentaire et d'inondations	n.d.
Cantines scolaires	Géographique; basé sur les écoles	Enfants scolarisés au primaire des zones les plus démunies	Ouvert à tous les enfants d'une même école dans un souci d'équité. Dans les zones les plus pauvres les cantines peuvent ne pas atteindre les plus pauvres qui ne fréquentent pas l'école
Cantines scolaires – rations à emporter	Géographique; basé sur les écoles; catégoriel	Filles et autres enfants défavorisés scolarisés des zones les plus démunies	n.d.
Projet de gestion urbaine décentralisée	Géographique; auto-ciblage à partir du salaire	Diplômés sans emploi sortis des lycées et collèges; les artisans en fin de formation	Faible ciblage des pauvres puisque les salaires s'élèvent à près du double du salaire minimum
Travaux publics urbains (Agence danoise de développement international)	Géographique; auto-ciblage à partir du salaire	Travailleurs agricoles au cours de la période de soudure	Salaire maximum près du double du salaire dans la région; 55 pour cent de travailleurs pauvres; un autre 38 pour cent de travailleurs vulnérables
Botswana			
Vulnerable Group Feeding Program (Programme alimentaire pour les groupes vulnérables)	Catégoriel; sans déclaration vérifiée des ressources	Enfants de moins de 5 ans; femmes enceintes et qui allaitent; patients tuberculeux; enfants inscrits au cycle primaire	n.d.
Pensions de vieillesse	Catégoriel; sans déclaration vérifiée des ressources	65 ans et plus	Plusieurs bénéficiaires; les pensions de vieillesse constituent la seule entrée monétaire et soutiennent surtout les besoins alimentaires
Veterans benefits (Prestations pour ex-combattants)	Catégoriel; sans déclaration vérifiée des ressources	Anciens combattants des 2 guerres mondiales et leurs survivants	n.d.
Orphan care program (Programme de soutien aux orphelins)	Catégoriel; sans déclaration vérifiée des ressources	Orphelins de moins de 18 ans	n.d.

suite du tableau page suivante

Programme	Méthodes de ciblage	Groupes cibles	Commentaires sur l'efficacité du ciblage
Community Home-Based Care (Soins communautaires à domicile)	Catégoriel; avec déclaration vérifiée des ressources	Surtout patients atteints du sida en phase terminale	n.d.
Travaux publics Ipelegeng	Auto-ciblage à partir du salaire; rationnement en raison de la demande excessive	Travailleurs pauvres des milieux rural et urbain	Salaires suffisamment bas pour favoriser l'auto-ciblage des pauvres
Burkina Faso			
Programme de coupons alimentaires pour les ménages urbains	Géographique; test multidimensionnel des moyens d'existence basé sur un score de vulnérabilité du ménage; vérification communautaire	n.d.	L'évaluation a révélé un ciblage moins bon qu'attendu, mais tous les ménages bénéficiaires étaient dans le besoin; erreurs d'exclusion importantes; questionnaire d'examen inadéquat
Programme piste rurales – désenclavement à l'Est	Auto-ciblage à partir du salaire	n.d.	Salaire fixé légèrement en dessous du salaire minimum
Vivres contre travail	Auto-ciblage partir du salaire	n.d.	n.d.
Vente d'aliments ciblés à des prix subventionnés	Géographique; auto-ciblage à partir des produits de base et des prix; critères d'éligibilité définis par le COPROSUR; ménages éligibles intéressés doivent s'inscrire	n.d.	Pourrait ne pas rejoindre les personnes très pauvres puisqu'elles risquent de ne pas disposer des ressources financières nécessaires à l'achat des céréales subventionnées. L'application des critères de vulnérabilité n'est pas claire
Distribution ciblée de vivres	Assistance aux populations vulnérables suite à une demande des organismes de bienfaisance	Ménages vulnérables et personnes affectées par un sinistre à petite échelle (incendie, conflit agriculteur – éleveur, etc.)	n.d.
Cantines scolaires	Géographique; basé sur les écoles	Enfants du cycle primaire des zones les plus démunis	n.d.
Cantines scolaires – rations à emporter	Géographique; basé sur les écoles; catégoriel	Filles et autres enfants défavorisés scolarisés des zones les plus démunies	n.d.
Exemption de frais de santé	Catégoriel	Indigents	Non appliqué en raison du manque de dispositifs d'identification des indigents
Coupons pour gratuité des soins de santé	Approche à base communautaire	n.d.	n.d.

suite du tableau page suivante

Programme	Méthodes de ciblage	Groupes cibles	Commentaires sur l'efficacité du ciblage
Cameroun			
Cantines scolaires	Géographique; basé sur les écoles	Enfants du cycle primaire des 4 provinces du nord	n.d.
Cantines scolaires – rations à emporter (PAM)	Géographique; basé sur les écoles; catégoriel	Filles et autres enfants défavorisés scolarisés des 4 provinces du Nord	n.d.
Programmes alimentaires	Catégoriel	OEV; patients atteints du VIH sida	n.d.
Projet d'assainissement de Yaoundé	Géographique; auto-ciblage à partir du salaire	Pauvres urbains	Près de 200 pour cent du salaire normal – trop élevé pour attirer les plus pauvres
Vivres contre travail	Auto-ciblage à partir du salaire	Pauvres ruraux	n.d.
Éthiopie			
Productive Safety Nets Program (Programme de filets sociaux productifs; travaux publics et soutien direct)	Géographique; à base communautaire; auto-ciblage à partir du salaire (travaux publics)	Ménages du milieu rural souffrant d'insécurité alimentaire	87 pour cent des participants aux travaux publics souffrent d'insécurité alimentaire
Ghana			
Livelihood Empowerment Against Poverty Program (Programme de renforcement des moyens de subsistance contre la pauvreté)	Test multidimensionnel des moyens d'existence et ciblage à base communautaire	n.d.	Ciblage adéquat; 57,5 pour cent des retombées vont aux pauvres
Exemption des indigents au régime national d'assurance maladie	n.d.	n.d.	Ciblage adéquat; plus de 50 pour cent des retombées vont aux pauvres
Uniformes scolaires gratuits dans les écoles primaires des zones pauvres	n.d.	n.d.	Ciblage adéquat; prévision de 50 pour cent des retombées sur les pauvres
Kenya			
Protracted Relief and Recovery program (Programme d'aide et de rétablissement prolongé) et cantines scolaires (PAM)	Géographique	Enfants scolarisés; femmes et enfants pauvres des districts à forte insécurité alimentaire	n.d.
Hunger Safety Net Program (Programme de filet social contre la faim)	Géographique	n.d.	n.d.
Cantines scolaires	Géographique	n.d.	n.d.

suite du tableau page suivante

Programme	Méthodes de ciblage	Groupes cibles	Commentaires sur l'efficacité du ciblage
Lesotho			
Pension de vieillesse	Catégoriel; universel chez les plus de 70 ans sauf ex-fonctionnaires	Plus de 70 ans	Près de la moitié des prestations vont à des ménages non pauvres; ne couvre que 4,4 pour cent des individus très pauvres
Bourses aux OEV	Catégoriel; quota annuel par district; les administrateurs des bourses au niveau du district identifient les bénéficiaires	Orphelins du cycle secondaire	L'état de pauvreté des bénéficiaires n'est pas connu, mais la pauvreté des orphelins ne semble pas beaucoup plus élevée que celle des autres enfants
Prestations aux enfants	Géographique; catégoriel; ciblage à base communautaire; test multidimensionnel des moyens d'existence	Ménages pauvres avec OEV	Trop tôt pour évaluer l'efficience; ne couvre que 3,9 pour cent des ménages très pauvres (évaluations d'impact en cours)
Assistance Publique	Cas par cas; à la discrétion des bureaux de district sur la base des critères établis	Indigents	n.d.
Subventions nationales – fertilisants	Aucun ciblage	Aucun ciblage	n.d.
Foire aux intrants agricoles	Bénéficiaires sélectionnés par le personnel du MAFS en consultation avec les chefs et conseillers communautaires à partir des critères établis	Agriculteurs viables, mais vulnérables	Efficacité du ciblage non connue
Cantines scolaires	Toutes les écoles publiques	Élèves du cycle primaire	22 pour cent des élèves du quintile le plus pauvre; 43 pour cent des 2 quintiles inférieurs
Libéria			
Programme pilote de transferts monétaires Bomi	À base communautaire; déclaration vérifiée des ressources basée sur l'entrevue	Ménages très pauvres inaptes au travail	Le programme a tout d'abord utilisé le ciblage à base communautaire qui a entraîné d'importantes erreurs d'inclusion. L'introduction de tests multidimensionnels des moyens d'existence au niveau du ménage a amélioré le ciblage et l'efficacité même si cette méthode reste coûteuse
Allocation de soutien aux orphelinats du ministère de la Santé et du Bien-être Social	Catégoriel; mais soutien à l'orphelinat si certains critères sont satisfaits	Orphelins	n.d.

suite du tableau page suivante

Programme	Méthodes de ciblage	Groupes cibles	Commentaires sur l'efficacité du ciblage
Transferts monétaires de Save the Children	Catégoriel	Filles-mères associées aux groupes armés dans certaines régions	n.d.
Travaux publics du *Libéria Emergency Employment Program* et du *Employment Action Program* (programmes d'emploi d'urgence et d'action emploi)	Auto-ciblage à partir du salaire	Surtout ex-combattants	La capacité réelle des bénéficiaires à tirer parti de l'emploi à court terme est mal connue; à travers l'épargne ou les investissements; afin de réduire la vulnérabilité
Travaux communautaires du *Youth Employment Skills program* (Programme de compétences pour l'emploi des jeunes)	Sélection à partir du niveau de risque; du chômage et de la vulnérabilité; auto-ciblage à partir du salaire	Adultes à risque de 18 à 35 ans	80 pour cent des participants dans les 3 quintiles inférieurs; mais seulement 14,5 pour cent dans le quintile le plus bas
Livelihood Asset Rehabilitation program (Programme de réhabilitation des moyens de subsistance)	Sélection à base communautaire; les ménages sont retenus sur la base de leur accès aux marchés alimentaires ou de leur capacité de production alimentaire	Populations souffrant d'insécurité alimentaire	n.d.
Nutrition maternelle et infantile pour la santé	n.d.	Femmes enceintes et allaitantes malnutries et toutes les filles-mères (15 – 19 ans) et leurs enfants (6 – 24 mois) dans les pays avec taux de malnutrition chronique très élevés	n.d.
Cantines scolaires (PAM)	Géographique; basé sur les écoles	Élèves du cycle primaire dans les pays à forte insécurité alimentaire	n.d.
Cantines scolaires – rations à emporter (PAM)	Géographique; basé sur les écoles; catégoriel	Filles du cycle primaire dans les pays à forte insécurité alimentaire	n.d.
Madagascar			
Tsena Mora	Géographique dans les grandes zones urbaines; bénéficiaires sélectionnés par le personnel des points de vente à partir de listes préexistantes de résidents vulnérables	Ménages avec 3-5 dépendants au chômage; ménages avec revenus instables; femmes qui travaillent dans le secteur informel	Inconnu mais glissements importants vers les non-pauvres soupçonnés
Cantines scolaires (PAM)	Géographique; ciblage des districts du sud à faibles indicateurs d'éducation et de sécurité alimentaire, à partir de cartes de la vulnérabilité	Tous les élèves des écoles appuyées	n.d.

suite du tableau page suivante

Programme	Méthodes de ciblage	Groupes cibles	Commentaires sur l'efficacité du ciblage
Programmes de travaux publics (tous)	Multiples étapes : Zomba géographique; auto-ciblage des participants à partir du salaire annoncé; lorsque la demande excède l'offre, sélection des ménages bénéficiaires par la communauté avec consultation des dirigeants communautaires	Groupes multiples	Taux salarial fixé au-dessus du taux du marché
Malawi			
Dispositifs de transferts monétaires sociaux	À base communautaire	Ménages très pauvres et incapables de travailler	Erreurs d'exclusion de ménages très pauvres mais quand même l'un des meilleurs programmes de transferts monétaires avec ciblage progressif; couverture de 62 pour cent des pauvres extrêmes et inaptes au travail
Farm Input Support Program (Programme de subvention aux intrants agricoles)	À base communautaire incluant leurs dirigeants	Agriculteurs pauvres	Les subventions sur intrants ont été largement utilisées en tant qu'outil politique. Cependant les chefs villageois ont exhorté les bénéficiaires à partager les intrants avec d'autres membres de la communauté; par conséquent l'efficacité du ciblage est réduite et entraîne des erreurs d'inclusion
Programme de travaux publics du Malawi Social Action Fund (Fonds d'action sociale du Malawi)	Ciblage géographique; auto-ciblage à partir du salaire; sélection à base communautaire	Ménages ruraux vulnérables et souffrant d'insécurité alimentaire; emploi dans les régions pauvres	93 pour cent des ménages ont été correctement identifiés comme pauvres et vulnérables
Dispositifs villageois d'épargne de crédit	Auto-ciblage	Groupes organisés des communautés pauvres	n.d.
Mali			
Bourse maman TMC	À base communautaire et test multidimensionnel des moyens d'existence	Filles et garçons des ménages pauvres déjà inscrits au cycle primaire (1-6e année) dans 9 écoles pilotes des régions pauvres de Kayes et Mopti où les services éducatifs existent, mais où la demande est faible	Erreurs d'exclusion très importantes en raison des contraintes de financement et de la faiblesse des méthodes de ciblage des pauvres

suite du tableau page suivante

181

Programme	Méthodes de ciblage	Groupes cibles	Commentaires sur l'efficacité du ciblage
Distribution alimentaire à travers les banques céréalières	Géographique; auto-ciblage basé sur les prix des produits; auto-inscription	Communautés souffrant d'insécurité alimentaire	Aucune information sur le nombre réel de bénéficiaires
Programme d'Emploi des Jeunes par l'Approche Haute Intensité de Main-d'œuvre	Autorités locales responsables de la sélection des bénéficiaires; auto-ciblage	Jeunes, notamment âgés de 15 à 40 ans des zones pauvres et vulnérables	Salaire offert beaucoup plus élevé que le salaire minimum et du marché; aucune tentative d'inscription des plus pauvres au programme
Exemptions de frais de santé	Catégoriel	Personnes âgées et indigents	n.d.
Maurice			
Aide sociale	Déclaration vérifiée des ressources. La loi stipule les catégories d'éligibilité; notamment chefs de ménage incapables de subvenir aux besoins de leurs dépendants; épouses abandonnées; ménages faisant face à une perte soudaine d'emploi; dépendants de prisonniers et toxicomanes	Pauvres et indigents	Ne rejoint que 2,3 pour cent des ménages pauvres. Sont tout particulièrement exclus les pauvres travailleurs qui ont souvent plusieurs enfants, mais que l'emploi rend inéligibles. 29 pour cent des bénéficiaires sont pauvres (après transfert); 80 pour cent des ménages appartiennent aux 2 quintiles inférieurs
Soutien au revenu	Les bénéficiaires d'aide sociale sont automatiquement éligibles au soutien au revenu; sinon, ciblage basé sur la consommation d'électricité	Pauvres et indigents	n.d.
Pensions non contributives	Catégoriel; universel	60 ans et plus; handicapés; veuves; orphelins; enfants dépendants; tuteurs	n.d.
Fonds national de solidarité	Déclaration vérifiée des ressources	Ménages vulnérables	n.d.
Programmes de cantines scolaires	Universel	Tous les enfants du cycle primaire	n.d.
Soins médicaux outremer	Universel	Personnes avec besoins médicaux	n.d.
Subventions au transport par autobus	Universel	Élèves; personnes âgées; handicapés	n.d.
Soutien en nature à la scolarisation (manuels scolaires; fournitures; subventions)	Déclaration vérifiée des ressources	Élèves pauvres	n.d.

suite du tableau page suivante

Programme	Méthodes de ciblage	Groupes cibles	Commentaires sur l'efficacité du ciblage
Mauritanie			
Transferts monétaires pilotes (PAM et Catholic Relief Services)	Géographique; à base communautaire; test multidimensionnel des moyens d'existence	Ménages urbains affectés par la sécheresse et la hausse des prix alimentaires	n.d.
Mozambique			
Programme de subventions alimentaires	Catégoriel	Personnes âgées; handicapés; femmes enceintes pauvres inaptes au travail	Faible précision du ciblage
Programme d'assistance sociale directe	Catégoriel	OEV et personnes pauvres ayant subi un choc (mortalité; maladie; chômage; incendie du domicile; etc.)	Faible précision du ciblage
Vivres contre travail	Géographique et/ou auto-ciblage à partir du salaire	n.d.	n.d.
Rwanda			
Vision 2020 *Umurenge* - Soutien direct	Géographique; approche Ubudehe au ciblage basée sur la capacité de travail du ménage et l'accès à la terre; bétail; habitat et autres actifs	Ménages pauvres inaptes au travail	Profite essentiellement aux ménages avec personnes âgées qui n'ont pas les moyens de satisfaire à leurs besoins
Vision 2020 *Umurenge* - Travaux publics	Géographique; approche Ubudehe au ciblage basée sur la capacité de travail du ménage et l'accès à la terre; bétail; habitat et autres actifs	Ménages pauvres aptes au travail	Glissage important vers des bénéficiaires non éligibles
Fonds d'Assistance aux Rescapées du Génocide	Catégoriel; sélection communautaire validée par le Secrétariat exécutif du secteur et le district	Survivants du génocide dans le besoin (orphelins; survivants âgés inaptes au travail; survivants avec handicap)	n.d.
Sierra Leone			
Argent contre travail; *National Social Assistance program* (Programme national d'assistance sociale)	Géographique (analyse complète de la sécurité alimentaire et de la vulnérabilité du PAM) et auto-ciblage. Implication communautaire en certains endroits	Jeunes au chômage et à risque	L'évaluation a constaté que 54 pour cent des bénéficiaires provenaient des 2 quintiles supérieurs et seulement 27 pour cent des 2 quintiles inférieurs (l'évaluation n'a pas considéré le ciblage géographique)

suite du tableau page suivante

Programme	Méthodes de ciblage	Groupes cibles	Commentaires sur l'efficacité du ciblage
Swaziland			
Pensions de vieillesse	Catégoriel; universel	Toutes les personnes âgées de plus de 60 ans	n.d.
Assistance publique	Déclaration vérifiée des ressources	Handicapés pauvres, indigents	n.d.
Prestations pour enfants	Catégoriel	Enfants en famille d'accueil	n.d.
Subventions à l'éducation des OEV	Catégoriel et à base communautaire	Orphelins et enfants vulnérables	n.d.
Cantines scolaires	Universel	Élèves du cycle primaire et du secondaire	n.d.
Vivres/argent contre travail	Géographique; auto-ciblage	Ménages souffrant d'insécurité alimentaire	n.d.
Distribution alimentaire	Géographique; auto-ciblage	Ménages souffrant d'insécurité alimentaire	n.d.
Exemption des frais de santé	Catégoriel et déclaration vérifiée des ressources	Personnes âgées et indigents	n.d.
Tanzanie			
Cantines scolaires	Géographique; basé sur les écoles	Élèves du cycle primaire dans les districts sujets à la sécheresse et à l'insécurité alimentaire	Aucune évaluation ne permet de voir si le programme profite surtout aux pauvres, aux pauvres extrêmes ou aux non-pauvres; même si les données de l'Analyse exhaustive de la sécurité alimentaire et de la vulnérabilité indiquent que les retombées sont concentrées dans le second quintile inférieur plutôt que dans le quintile inférieur
Vivres contre biens	Géographique; ciblage des ménages guidé par la communauté; auto-ciblage à partir du salaire	Ménages aptes au travail dans les districts affectés par l'insécurité alimentaire	Aucune évaluation ne permet d'identifier de façon catégorique l'état de pauvreté des bénéficiaires de transferts
Enfants les plus vulnérables	Géographique; éligibilité des enfants évaluée par des comités villageois; visites de suivi par assistants sociaux	Ménages avec OEV des districts affectés par l'insécurité alimentaire	n.d.
Groupes vulnérables; *Tanzania Social Action Fund* (Fonds d'action sociale de la Tanzanie)	Géographique; ciblage des ménages guidé par la communauté	Petits groupes d'individus vulnérables, par exemple les veuves; victimes du sida; jeunes chômeurs	n.d.

suite du tableau page suivante

Programme	Méthodes de ciblage	Groupes cibles	Commentaires sur l'efficacité du ciblage
Programme de travaux publics; *Tanzania Social Action Fund* (Fonds d'action sociale de la Tanzanie)	Géographique; ciblage des ménages guidé par la communauté; auto sélection à partir du salaire	Pauvres aptes au travail dans les districts affectés par l'insécurité alimentaire	Aucune donnée ne permet de savoir si le programme profite aux pauvres ou pas
Transferts monétaires conditionnels; *Tanzania Social Action Fund* (Fonds d'action sociale de la Tanzanie)	Géographique; ciblage à base communautaire; test multidimensionnel des moyens d'existence; catégoriel	Personnes âgées à faible revenu avec enfants à charge	n.d.
National Food Subsidy program (Programme national de subventions alimentaires)	Géographique; ménages identifiés par comité villageois; endossement par le gouvernement local	Ménages des districts affectés par l'insécurité alimentaire; agriculteurs avec < 1 ha.	Aucune donnée adéquate sur l'exactitude du ciblage. Les rapports anecdotiques suggèrent que même si les ménages pauvres et vulnérables sont ciblés, les comités villageois tendent à répartir les vivres de façon plus générale afin de maintenir la cohésion sociale, ce qui entraîne des rations moins importantes et une couverture plus étendue
Togo			
Distribution alimentaire ciblée	Géographique	Enfants malnutris; femmes enceintes et personnes les plus vulnérables des régions du Nord affectées par l'insécurité alimentaire et les inondations	n.d.
Cantines scolaires	Géographique; basé sur les écoles	Élèves des communautés pauvres des régions affectées par les inondations et les prix alimentaires	n.d.
Programmes d'argent contre travail	Géographique et auto-ciblage à partir du salaire	Jeunes défavorisés des communautés rurales pauvres	Au moins 75 pour cent des travailleurs vivent sous le seuil de pauvreté
Zambie			
Social Cash Transfer Scheme (Dispositif de transferts monétaires sociaux)	Géographique; catégoriel; à base communautaire; test multidimensionnel des moyens d'existence	Ménages inaptes au travail avec VIH ou tuberculose; ménages avec enfants de moins de 5 ans; personnes âgées; ménages dirigés par une femme ou une personne âgée avec orphelin	n.d.
Pensions de vieillesse pilotes	Catégoriel; universel	Plus de 65 ans	n.d.

suite du tableau page suivante

Programme	Méthodes de ciblage	Groupes cibles	Commentaires sur l'efficacité du ciblage
OEV du STEPs (*Sustainability Through Economic Strenghtening Prevention and Support program*; Programme de durabilité à travers le renforcement économique; la prévention et le soutien) et programme de bourses pour OEV	Catégoriel; à base communautaire	OEV et personnes atteintes du VIH sida	Les simulations indiquent que le ciblage des personnes âgées ou de ménages dirigés par une femme, avec orphelin, ou encore avec handicapé rendrait 56 pour cent des personnes qui ne souffrent pas de pauvreté extrême éligibles et 38 pour cent d'entre elles non éligibles
Cantines scolaires	Géographique	Élèves du cycle primaire	n.d.
Sécurité alimentaire pour les groupes vulnérables du SPLASH (*Sustainable Program for Livelihoods and Solutions for Hunger*; Programme durable de soutien aux moyens de subsistance et solutions contre la faim) (aide alimentaire; coupons; PAM)	Géographique	Ménages avec un membre sous antirétrovirus; traitement antituberculeux; sous-alimentés	n.d.
PUSH (*Peri-urban community self help*; auto-assistance périurbaine communautaire)	Géographique; test multidimensionnel des moyens d'existence, auto-ciblage	Pauvres urbains au chômage	n.d.
Paquet pour la sécurité alimentaire	Catégoriel	Agriculteurs pauvres avec caractéristiques de vulnérabilité	n.d.
Programme de soutien aux intrants agricoles	Test multidimensionnel des moyens d'existence	Petits exploitants agricoles	Seulement 14 % des petits exploitants agricoles ont reçu des engrais du Programme, comparativement à plus de 50 % des exploitations agricoles les plus importantes; les petits exploitants ont également reçu des quantités d'engrais moins substantielles (169 kilogrammes comparativement à 657 kilogrammes chez les exploitants de grande taille)

Source: Evaluations des filets sociaux.

Déclaration sur les avantages environnementaux

Le Groupe de la Banque mondiale s'est engagé à réduire son empreinte environnementale. À l'appui de cet engagement, la Division des éditions et de la connaissance tire maintenant parti des options d'édition électronique et des possibilités d'impression à la demande, à partir de centres régionaux situés partout dans le monde. Ensemble, ces initiatives permettent une baisse des tirages et des distances de transport, ce qui favorise une réduction de la consommation de papier, de l'utilisation de produits chimiques, des émissions de gaz à effet de serre et des déchets.

La Division des éditions et de la connaissance suit les normes relatives à l'utilisation du papier recommandées par l'Initiative Green Press (Initiative pour une presse verte). Lorsque possible, les livres sont imprimés de 50 pour cent à 100 pour cent sur un papier post-consommation recyclé, et au moins 50 pour cent de la fibre utilisée dans la version papier est soit écrue ou blanchie à travers un procédé totalement sans chlore (*Totally Chlorine Free*, TCF), de traitement sans chlore (*Processed Chlorine Free*, PCF), ou élémentaire sans chlore amélioré (Enhanced Elemental Chlorine Free (EECF).

Davantage d'informations sur la philosophie environnementale de la Banque sont disponibles à l'adresse suivante : http://crinfo.worldbank.org/wbcrinfo/node/4.

g green
press
INITIATIVE